実践・倫理学

——現代の問題を考えるために

児玉聡

keiso shobo

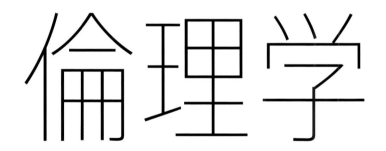

はしがき

本書の目的は、水泳の泳ぎ方を身につけるのと同じような意味で、現代社会における倫理的問題について哲学的に考える仕方を読者に身につけてもらうことである。水泳でも一定の知識は必要だが、泳げるようになるためには実際に泳いでみる必要がある。本書では、哲学的に考えるために重要な概念や理論について、著者の見解も交えつつ紹介するが、それを足がかりに自分自身でも考えてみてほしい。それによって、倫理的な問題を哲学的に考える仕方が学べるだろう。つまり、本書は倫理学についての知識よりもむしろ考え方を身につけたいと思う人々に向けて書かれたものである。

以下では各章の主題とその主題を取り上げた意図を簡潔に説明する。章の並びには一定の意図があるが、読者は関心のある章から読んでもらってかまわない。

第1章では、倫理および倫理学とは何か、また何でないかについて、筆者の考えを示している。倫理学は規範的な学問であり、その目的は、死刑を廃止すべきか、ベジタリアンになるべきかといった問いに関して、合理的な解答を与えることである。

第2章では、死刑制度を廃止すべきかという問題に関して、代表的な賛成論と反対論を検討している。本章で死刑の存廃論を取り上げたのは、倫理学では本章でなされているように論点を一つ一つ吟味することが求められるということを示すためである。

第3章は、嘘をつくことは一般的によくないと考えられているが、例外的に嘘をついてもよい場合があるか、という問題を扱っている。また、この問題を検討するために、「嘘をつくことはそれがよりよい結果を生み出す場合には許される」という功利主義的な思考と、「結果がどうあれ嘘をついてはいけない」という義務論的思考を紹介している。この二つの対照的な思考法は、現代の倫理学において中心となるものであり、本書でも繰り返し論じられる。また、章末の少し長いコラムでは、倫理学における思考実験の意義について解説してある。

第4章では、自殺が倫理的に許される場合があるかという問題が前半で扱われ、それと関連して後半では、安楽死が倫理的に許される場合があるかという問題が検討されている。自殺および安楽死については、それらを例外なく倫理的に不正とみなす義務論的な思考が伝統的にあるが、その考え方を批判的に吟味している。

第5章では、喫煙規制の問題を取り上げ、政府が個人の自由を規制してよいのはどのような場合か、という問題を検討している。喫煙規制は現代日本でしばしば問題になるテーマだが、倫理学的には、このテーマを通じていわゆる他者危害原則やパターナリズムの問題を考えることが重要である。

第6章は、喫煙規制に比べると日本ではまだ議論が盛り上がっていないベジタリアニズムについて論じている。なぜ動物を食べるべきでないのかについて簡単な議論を提示したあと、ベジタリアニズムに対してよく出される反対論を検討している。読者の多くはふだん肉を食べていると思うが、本章を読んで肉食の是非についてよく考え、もし議論に納得したら、肉を食べる量を減らしてもらえたらと思う。倫理学は実践についての学問であるため、倫理的問題を哲学的に考えた結果、正しいと思われる結論に至ったなら、自分の行動を変えることが要求される。

第7章では、我々には困った人を助ける義務があるか、という問いを検討する。しばしば我々は、他人に迷惑をかけなければ何をしてもよいと考えがちだ。しかし、哲学的に考えた場合には、積極的に人を助ける義務が存在する可能性がある。より一般的な問題としては、倫理的に許容されている行為と禁止されている行為の他に、義務である行為というカテゴリーが存在するかどうかをよく検討する必要がある。

第8章では、前章に関連して、動機が善くないと倫理的に善い行いをしたとは言えないのか、という問題が扱われる。この問題を扱う主な理由は、「どんな善行も、自分がやりたくて（すなわち自分自身のために）やっているのだから、それは結局利己的な行為である。そのため、人が純粋に利他的に行為することは不可能である」という考え方が人々の間に根強くあると思われるからだ。本章ではこれを「利他主義についての懐疑」と呼び、この考え方の是非を検討している。

第9章は、災害時に例外的に要求される倫理として、「津波てんでんこ」として知られる教え（大津波のさいには、家族や他人を助けようとせず自分の命を助けることだけを考えて行動せよ）の倫理性を検討している。

一見すると利己的なこの教えが、義務論あるいは功利主義によって正当化できるのか、また、行為者の性格を問題にする徳倫理学の観点からはどう考えるべきかといった問いが論じられる。

最後の第10章で論じられているのは、法と道徳という古典的なテーマである。今日では学問の専門分化が進んでいるせいか、倫理学で法と道徳というテーマが取り上げられることは少ない。だが、倫理学は単に道徳について論じるだけではなく、もう一つの重要な社会規範である法も射程に論じるべきであり、とくに両者の関係がどうあるべきかについて検討をする必要がある。

本書では、読者の便宜を考えて注や文献引用を詳しく付けたが、最初は注を極力読み飛ばして著者と一緒に考えてもらいたいと思う。また、各章には簡単な読書案内を付けたので、関心のある読者はさらに読み進めていただきたい。

目次

コラム

凡例

・引用文への引用者による補足は〔 〕によって示した。
・外国文献からの引用の際、邦訳がある場合はそれを参照したが、一部文言を変更した場合がある。
・本書のなかで関連する話題を扱っている章や節を、「(⇒第2章)」「(⇒7・3)」といった形で本文中に示した。

第1章　倫理学の基礎

オリエンテーションという言葉がある。大学や企業が、新入生や新入社員のために実施する説明会や案内のことを指す。語源的には東（オリエント）がどちらにあるか見当をつけるということであろう。本章では、倫理学がどういう学問なのか皆目見当のつかない人、またおそらくは倫理学についていくらか誤解をしている人のためのオリエンテーションを行なう。

1　結合性双生児のジョディとマリーのケース

最初に、英国で二〇〇〇年ごろに問題となったジョディとマリーの結合性双生児のケースについて、少し時間を取って考えてみてほしい。

結合性双生児の分離手術

ジョディとマリーは、二〇〇〇年の八月初旬に生まれた一卵性双生児である。二人は生まれつき体が腰と尻のあたりで結合している（図1‐1）。これは結合性双生児（以前はシャム双生児と呼ばれた）というめずらしい症例である。日本では八〇年代にベトちゃんドクちゃんというベトナム人の結合性双生児の事例がよく知られていたので、覚えている読者もいるかもしれない。

さて、図1‐2にあるように、マリーの心臓と肺は機能しておらず、ジョディの心臓と肺が二人の血液を循環させている状態である。そのため、そのまま成長すればジョディの心臓に二人分の負担がかかって半年以内に二人とも死ぬ。しかし、仮に二人を分離する手術をすると、ジョディは生きられる可能性が高い。ただし、心臓などの臓器が十分に機能していないマリーは確実に死ぬ。つまり選択肢は、次のいずれかである。

(1)手術をしてジョディを助ける。ただしジョディから切り離されたマリーは死ぬ。
(2)手術をしない。その結果、ジョディもマリーも半年以内に死ぬ。

我々はいずれの選択肢を選ぶべきだろうか。

読者はどのように考えただろうか。この話は実例であり、以下の顛末を辿った。二〇〇〇年八月上旬に誕生した二人について、病院側は分離手術を望んだが、敬虔なクリスチャンである夫婦は、「二人の生死は神の御心に任せる」と主張して手術に反対した。そのため、病院側は手術の許可を求めて裁判所に訴え出た。一審の高等法院（同年八月二五日判決）でも、控訴院（同年九月二二日判決）でも、ジョディとマリーそれぞれの最善の利益が考慮され、手術はジョディにとっては最善の利益になるが、必ずしもマリーの最善の利益にはならないと考えられた。しかし、手術はジョディの正当防衛の観点から正当化されると主張された。一一月七日に分離手術が行なわれ、マリーは死亡したが、ジョディは無事だった。その後、ジョディは家族とともに故郷のマルタ島に戻り、元気に育っているという。

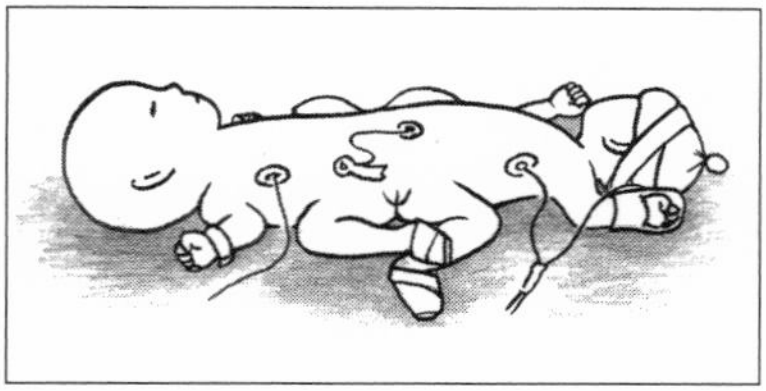

図１－１　結合性双生児のジョディとマリー

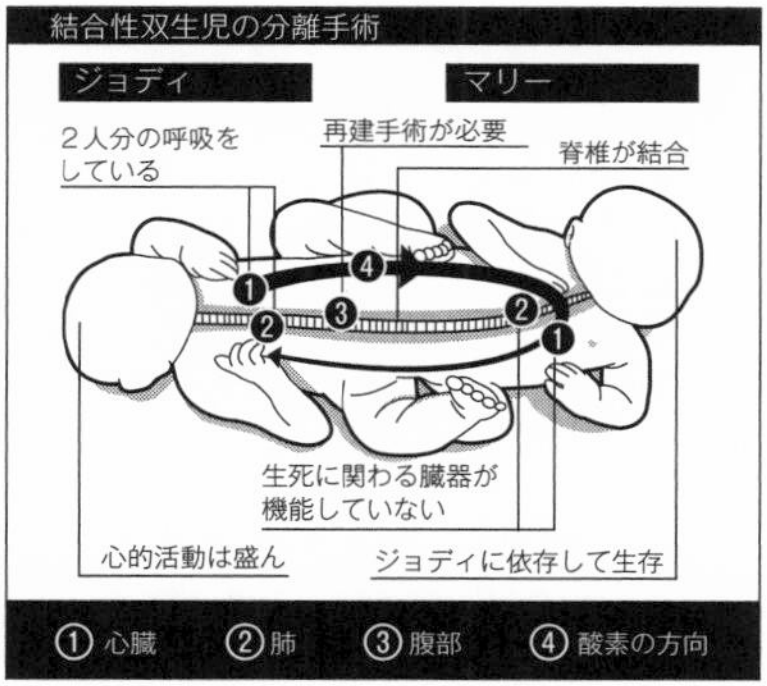

図１－２　ジョディとマリーの医学的状況 [1]

2　倫理学とは何か

先に述べたように、ジョディとマリーの事例は現実の事例である。この事例においてどのような判断を下すべきかは困難な問題であるが、答えは出されなければならない。倫理学（ethics）は、この事例のような、困難なジレンマを解決するための合理的方法を模索する学問だと言える。ジレンマ（dilemma）とは、二つ（あるいはそれ以上）の選択肢のいずれを取っても問題があると思われるような、解決が困難な状況を指す。他にも、こうしたジレンマはたくさんある。本書で扱う内容から具体例を挙げると、死刑を廃止すべきか、患者に病名を告知しないことは許されるのか、安楽死を認めるべきか、などである。

こうしたジレンマは、個人の選択、すなわち我々一人ひとりがどう生きるかの選択として現れてくる場合もある。また、死刑廃止論のように、社会の選択、すなわち我々が社会としてどのように選択すべきかとして立ち現れる場合もある。倫理学の研究範囲を個人の生き方のみに限定し、個人がどうやって幸福になれるかを問う学問と理解する場合もある。しかし、本書では倫理学は個人の生き方と社会のあり方のいずれをも問題にする学問と捉えて、私がどうすべきかという問題だけでなく、社会がどうあるべきかという問題についても論じるつもりである。

倫理学の領域をこのように広く捉えた場合、とくに法との関係が問題になる。ジョディとマリーの事例についても、とりわけ法律を勉強した人は、「法的にはどうなのか」と問いたくなるであろう。法と道徳についての詳しい議論は、第10章で行なうことにして、ここでは次のように述べるに留めておく。

倫理（ethics）と道徳（morality, morals）はしばしば同義に用いられることがあるが、本書では、道徳を法と対比される社会規範の一つとして理解し、倫理を、法や道徳を含む社会規範一般を指す語として用いる。したがって、倫理学とは、道徳規範や法規範を含む規範一般を扱う学問である。

コラム　倫理と道徳の関係

倫理と道徳が同義に用いられる例として、例えば「わたしはこれらの語（倫理と道徳）を交換可能なものとして扱う」（シンガー 1999, chap. 1）、また、「ここでは倫理と道徳という二つの語を同じ意味で使います」（品川 2015, 5）などがある。ただし品川哲彦はヘーゲルの「道徳」と「倫理（人倫）」の区別も紹介している（品川 2015, 192ff）。

また、柘植尚則は「この本では、倫理と道徳を同じ意味で用いることにします」（柘植 2021, 2）と述べているが、それと同時に、「この本では、社会のルール全般という広い意味で倫理を捉え、礼儀、作法、法律を倫理のなかに含めることにします。とくに、法律については、倫理のうちでとりわけ重要なものが法律とされる、と考えることにします」（柘植 2021, 2）とも述べている。すると、「倫理＝道徳」の中に法律が含まれることになり、法と道徳の関係という古典的な問題を問うことができなくなる。そのため本書では、倫理と道徳を同義としては扱わず、（本文で述べたように）道徳を法と対比される社会規範の一つとして理解し、倫理を、法や道徳を含む社会規範一般を指す語として用いる。

なお、法と道徳を区別する別の仕方として、工藤和男は道徳をすでにある規範の遵法精神として、また倫理をその規範を吟味して新しい規範を作る立法精神として理解している（工藤 2010 序論；2009 序論）。また、バーナード・ウィリアムズは、道徳を「倫理的なるものの特殊な発展形態、現代の西洋文化において特に重要な意味を持つ形態」と理解し、「倫理的」という語は「この学が当然主題にすべき事柄を表わす広義の表現」として用いるという形で両者を区別している（ウィリアムズ 1993, 11）。道徳は西洋近代における特定の道徳理解およびそれを基礎づける哲学的思考を指し、他方の倫理は、「人はどう生きるべきか」というソクラテス的な問いを問題にするものであり、これは道徳的考慮だけに限らず、人生についてのより一般的な問いであるとする立場である。

道徳だけでなく法も扱うとするこのような倫理学の理解は、明示的に述べられることは少ないが、現代の倫理学者の多くが採用しているものである。例えば加藤尚武は、『現代倫理学入門』において倫理学の課題を次のようにまとめている。

> どうしても決めておかなくてはならないのは、法律的・公共的に悪いと決められるものと、許されているものとの違いである。「してよいこと」と「して悪いこと」の違いを明らかにするのが、倫理学の目的であって、言葉を換えれば「許容できるエゴイズムの限度を決めること」が、倫理学の課題である。（加藤 1997, 57–58）

引用文中に「許容できるエゴイズムの限度を決めること」とあるように、許される行為（してよいこと）と禁止される行為（して悪いこと）の線引きをすることが倫理学の課題だと述べられている。つまり、社会が法や道徳によって個人の生き方をどこまで規制してよいのか、という問題設定になっている。

筆者の倫理学理解も、加藤のものに近い。しかし、加藤の課題設定は、若干狭いように思われる。というのは、我々の行為には、「してよいこと」と「して悪いこと」の他に、「しなければならないこと」あるいは「やるべきこと」、つまり（道徳的な意味での）義務もあるように思われるからである。例えば子どもの世話をしたり、困った人を助けたりすることである（図1-3の「義務」の領域）。読者の中には、困った人を助けることは「やれば褒められるがやらなかったとしても責められないこと」と理解している人もいるかもしれない。本書では我々は通常思われているよりも多くの道徳的義務を負っている可能性を論じるつもりである（⇒第7章）。

話がやや複雑になったのでまとめておこう。倫理学の主要な目的は困難な倫理的ジレンマを解決するための合理的方法を模索することであり、倫理とは、法や道徳を含む社会規範一般を指すものとして本書では用いる。

3　記述と規範

倫理学は法や道徳を含む規範一般を扱うと先に述べた。しかし、社会学や心理学も法や道徳を対象に研究することがあるだろう。例えば、社会学や心理学では、日本人が死刑について実際にどのように考えているかとか、医療者が病名告知についてどのような意見を持っているかなどについて、調査によって明らかにしようとするかもしれない。

禁止	許容	義務

図1-3　倫理に関する行為の類型

これらは現在や過去に実際に人々が抱いている規範を記述しようとするという意味で、規範に対する記述的（descriptive）なアプローチである。

それに対して、倫理学は法や道徳などに対して規範的（normative）なアプローチを取る。例えば、死刑制度や安楽死などについて我々がどういう態度を取るべきか、また社会制度がどうあるべきかを問題にする。言い換えると、人々が現在や過去においてどう考えていたかではなく、そのような考え方が正しいのか間違っているのか、また今後どうあるべきなのかを問題にする。例えば、不倫について考えるとすると、社会学研究者であれば日本人の不倫の現状や歴史について調査すると考えられるのに対し、倫理学研究者は、不倫はなぜ不正なのか、また、場合によっては不倫は許されるものなのかについて検討を試みるだろう。英米では説明（explanation）と正当化（justification）という区別を用いて同じことが言われる場合もある。すなわち、記述的アプローチでは、ある倫理的な慣行の説明を試みるのに対し、規範的アプローチでは、そうした慣行の正当化の試みを行なうという風に区別できる。

4　「倫理に正解はない」のか

ところで、倫理学は法や道徳を含む規範一般に関して正当化を試みる学問だというと、次のように思う読者もいるかもしれない。日本人の道徳規範などを記述することは可能だが、そもそも道徳規範を正当化することなどできるのだろうか。道徳は人それぞれである。法律だって国によって違う。結局のところ、倫理に「正解」などない。せいぜいのところ、多数派が決めたことがその時代の「正解」として認められるだけだ、と。

このような意見は、現在の日本において広く流布しているようだ。実際、小学校の学習指導要領の解説にも、「学校生活を送る上では、例えば、相反する道徳的価値について、どちらか一方の選択を求められる場面も数多く存在する。その場合の多くは、答えは一つではなく正解は存在しない」と説明されている。(2)

今日の社会では価値観の多様性が重視され、価値観の違いに対する寛容さも奨励されている。筆者が出席したある研究会で、一人の哲学研究者が動物実験全廃論を唱える発表をしたら、フロアにいた動物実験を実際に行なっている研究者が、「あなたは私とは価値観が違うんですね」という趣旨の発言をした。この研究者も、「そもそも価値観の問題には正解はないのだから、それぞれの人が好きな立場を選んでよい」と考えているように思われた。

しかし、本当に倫理に正解はないのだろうか。少し引用が長くなるが、次の例を考えてみよう。これは、二〇一六年一月に東京のマンションで礼人《あやと》ちゃんという三歳の男の子が死亡し、二二歳の母親の交際相手の二〇歳の容疑者が傷害容疑で逮捕された事件の内容を説明した新聞記事である。

事件が起きたのは、今月二五日午後八時半ごろ。マンションでの夕食中、容疑者は礼人ちゃんが「自分をにらみつけてきた」と激高した。

さらに「テレビのほうを見た」「またにらんだ」などと次々と因縁をつけ、暴行はエスカレートしていった。

母親は「容疑者が息子をつかみ、ボーリングのボールを投げるようにしてガラス戸棚に投げ飛ばした。正座させて平手打ちしたり、かかとを頭に振り下ろしたりもした」と説明。容疑者はさらに、ベランダを指さし「行け。死んでしまえ」などと話し、床に包丁を突き立てたという。部屋はマンション四階だった。

身長一メートルに満たない礼人ちゃん。けいれんを起こして過呼吸を起こしたところで、凶行は終わった。約一時間半後のことだった。

母親は翌二六日、礼人ちゃんに水や食事を与えたが、嘔吐（おうと）を繰り返し、失禁もしていた。左耳からは血が流れ出ており、「ママ、苦しい」と漏らしたという。

暴行から丸一日以上が過ぎた二七日未明になって母親が「子供に熱があって、反応がない」と一一九番通報。すでに心肺停止の状態で、搬送先の病院で死亡が確認された。

暴行の激しさを物語るように、遺体には顔、手足、臀部などほぼ全身に無数のあざがあり、頭蓋内や両眼底に出血も確認された(3)。

この事例について、「そもそも倫理には正解はないのだから、それぞれの人が好きな立場を選んでよい」と言って、寛容を唱える人はどのくらいいるだろうか。おそらくほとんどいないであろう。もちろん、容疑者については、このような犯罪をするに至った生育環境や、犯行時にどのような精神状態にあったかなど、考慮に入れるべきことはあるかもしれない。しかし、行為の正しさ、不正さのみに焦点を絞って考えた場合、彼のした虐待行為について、いかなる理由があろうと許されないということは確実に言えるように思われる。もしその通りだとすると、「倫理に正解はない」と一般的に言うことはできないだろう。先の図で示したように、我々の行為には倫理的に許容されるものと、禁止あるいは義務であるものがある。許容されている行為については、それぞれの人が好きに選んでよいかもしれないが、この例からわかるように、禁止されている行為や、義務である行為については、そうは考えられないだろう。

とはいえ、最初に挙げたジョディとマリーの事例のように、倫理的ジレンマとして問題になるような事例においては、このように自明と思われる答えがすぐにわかるものは少ない。だが、答えるのが難しいからといって、正解がないとすぐに結論することはできない。それは、我々が数学の難問に出会ったからといって、数学に答えがないとは結論しないのと同じである。このように述べると、数学の問題と倫理の問題はそもそも種類が異なると主張する読者もいるかもしれない。しかし、「数学には正解はあるが、倫理に正解はない」という前提を無批判に置いて話を始めようとするならば、これは論点の先取りである。筆者としては、このような前提を置くことなく、倫理の問題は数学の問題と同様に易しいものもあれば難しいものもあると考え、正しい答えとその根拠（証明）を求めるという態度で問題に向きあうのがよいと思っている。

5　倫理学の下位分類

「倫理に正解があるか」というのは、実際のところ、これ自体が倫理学の重要な問いの一つとして、研究対象となっている。メタ倫理学（metaethics）という倫理学の一分野がある。そこで扱われるのは、はたして倫理に客観性はあるのか、仮に「倫理的事実」なるものがある場合、我々はどうやってそれを認識できるのか、我々は「善い」や「正しい」といった言葉をどういう意味で用いるべきなのか、といった問題である。これらがメタ倫理学の問いであると言われるのは、「我々は何をなすべきか」という通常の規範的な問いを超えて、そもそも倫理とは何なのかを問う研究領域だからだ。このような研究は、英米では二〇世紀初頭以降、倫理学における主要な領域の一つとしての地位を占めるに至っている。

それに対して、今述べた「我々は何をなすべきか」という問いに理論的に取り組む領域は、規範倫理学（normative ethics）と呼ばれる。この領域はプラトンやアリストテレスが活躍した古代ギリシア以来の長い伝統を持つが、とくに近現代の英米では、後の章で詳しく扱う功利主義や義務論といった倫理理論が議論の主題となっている。とはいえ、これらの倫理理論を検討する場合でも、理論のよしあしを論じるだけに留まらず、我々が何をなすべきかを知り、それに基づいて行為するということが最終的な目標としてあると言える。

さらに、応用倫理学（applied ethics）は、二〇世紀前半に英米でメタ倫理学が流行し、半世紀以上にわたり倫理学が具体的な問題に取り組まなかった反省から生まれてきたものである。(4) 今日、生命倫理学や環境倫理学などがよく知られているように、応用倫理学とは医療や医学、環境問題など今日の社会的問題を倫理学の立場から検討するものである。生命倫理学や環境倫理学の他にも、企業倫理学、情報倫理学などがある。応用倫理学は、単に既存の倫理理論を具体的な問題に「応用」するというだけでなく、例えば安楽死や地球温暖化といった現実的な問題に関して、これまでの賛成論や反対論の検討を行ない、場合によっては政策提言のような実践的な解決策を提案する倫理学の一領域である。しかし、それだけに留まらず、そうした検討を通じて出てきた理論的な知見や問題を通して、倫理学の理論的洗練を行なうことも考えられる。言いかえると、応用倫理学では、医療や環境問題といった領域をフィールドとして、規範倫理学やメタ倫理学の見地から理論と実践の擦り合わせを行なっていると言える。本書もこのような理解に基づき、現実の社会的問題をテーマに論じる中で、倫理理論について解説し、検討を行なうつもりである。

前述した三つの分野、すなわちメタ倫理学、規範倫理学、応用倫理学が、一般に倫理学の下位分類として位置付けられる。この他に、近年では人々にどのように道徳を教えるべきかという道徳教育の問題も注目されている。

6　直観に基づく倫理と理由に基づく倫理

「倫理に正解はない」というのと並んで、人々がしばしば考えていることに、「道徳は心の問題である」とか「道徳は直観的にわかる」というものがある。証明ぬきに答えを直ちに観てとることや、その観てとった内容を直観（intuition）と言うが、倫理には直観的に自明と思われる事柄が確かにある。

例えば、先の児童虐待死の事例において、容疑者がしたとされることが倫理的に間違っていることは自明であり、それがわからない人は心が歪んでいると言われても仕方ないだろう。同様に、万引きやカンニングや遅刻が悪いことは誰でも知っている。このように、倫理的直観があればとくに倫理学を学ばなくてもよいのではないかと考える人もいるだろう。（また、本書の他のところでも述べるように、子どもに対しては、このような倫理的直観を育てるよう教育すべきであろう。）

しかし、最初にジョディとマリーの事例を引いて示したように、倫理学は困難なジレンマを解決するための合理的方法を模索する学問である。ジレンマ状況においては、答えは自明ではなく、人々の意見が分かれるため、直観だけでは解決が着かない。それは、数学の難しい証明問題においては、直観的にはその正しさがわからない場合があるのと同様で、その場合には、時間をかけて証明を試みる必要がある。

そこで、倫理的ジレンマについて倫理的判断をするさいには、根拠を提示することが重要である。また、先の児童虐待死の事例についても、「不正なことは直観的に自明」だけで済ますべきではなく、理由を提示できるようにしておくべきであろう。このような事例に関して、なぜ虐待をしてはいけないのかという質問をすることは、通常の状況ではそれ自体が非倫理的と考えられるかもしれないが、あえてなぜ不正であるのかを考えておくことは倫理学的には意味があることだと思われる。

ところで、この場合に提示される根拠には、よい理由（good reasons）とそうでない理由がある。どういうものがよい理由と考えられ、どういうものがそうでないかについては、これからの各章で探究するが、少なくとも次のことは確かである。すなわち、ヘーゲル（G. W. F. Hegel, 1770-1831）が言うように、倫理学に関してもきちんとした判断ができるようになるには訓練が必要である。

学問、芸術、技術、手仕事のすべてについては、それを獲得するには多面的な労苦をともなう学習と訓練が必要だ、と一般に信じられている。が、哲学にかんしては、いまや、おかしな偏見が広く行きわたっている。目と指をもち、その上に皮と道具が手に入れば、それでもう靴を作れるかといえば、そうはいかないのに、もってうまれた理性があれば、それが哲学の尺度となるから、もういきなり哲学することも哲学を判定することもできるというのだ。足さえあれば靴作りができるといわんばかりだ。(ヘーゲル 1998, 44)

英国の哲学者のR・M・ヘア(R. M. Hare, 1919-2002)は、倫理学(彼の言葉では道徳哲学)の目的について、「道徳的問題についてよりよく——すなわち、より合理的に——考える方法を見つけることである」と述べた(Hare 1989, 175)。本書で行なうことも、読者が倫理的問題に関して筋道立てて考える道具を提供し、その使い方を訓練することに他ならない。やるべきでない行為は何か。やってもよい行為は何か。そして、やるべき行為は何か。練習をつめば、あなた自身で、こうした問いに合理的な答えを与えられるようになるはずである。

オリエンテーションはこのぐらいにして、次章では死刑廃止をめぐる議論を扱う。

読書案内

ジョディとマリーのケースについては、小林亜津子『はじめて学ぶ生命倫理』(ちくまプリマー新書、二〇一一年）でも丁寧な説明がなされている。

オーストラリア出身の哲学者ピーター・シンガーの『実践の倫理』（昭和堂、一九九九年）の第一章は、「倫理学とは何でないか」という形で、現代英米の倫理学の特徴を述べている。裏を返すと、これから倫理学を学ぼうとする人々が持つイメージは、倫理学を教える者が持つそれとはずいぶん異なるということだろう。本章もそのことを意識しつつ書いている。筆者の『功利主義入門』（ちくま新書、二〇一二年）の第一章でも、倫理学とは何かを別の仕方で書いているので、関心のある方は参照してほしい。

倫理に正解はない、あるいは国や文化によって正解は変わるという考え方については、米国の哲学者ジェームズ・レイチェルズの『新版　現実を見つめる道徳哲学』（晃洋書房、二〇一七年）、および加藤尚武『現代倫理学入門』（講談社学術文庫、一九九七年）などが参考になるだろう。

規範倫理学、メタ倫理学についてより詳しくは、赤林朗・児玉聡編『入門・倫理学』（勁草書房、二〇一八年）、田中朋弘『文脈としての規範倫理学』（ナカニシヤ出版、二〇一二年）、佐藤岳詩『メタ倫理学入門』（勁草書房、二〇一七年）などが参考になるだろう。応用倫理学や実践倫理学の英米における発展についてはDale Jamieson の論文（Jamieson 2013）に詳しい。

第2章　死刑は存続させるべきか、廃止すべきか

日本全国の弁護士が加入している職能団体である日本弁護士連合会（日弁連）は、二〇一六年一〇月七日に開催された人権擁護大会において、「二〇二〇年までに死刑制度の廃止を目指す」との宣言を採択した[(1)]。その背景には後述する袴田《はかまだ》事件の再審開始決定で再燃した冤罪の懸念と、世界的な死刑廃止の潮流がある。

死刑制度を廃止した国は一九六〇年代にはわずか八ヶ国であった。だが、国連総会で「死刑の廃止を目指す市民的及び政治的権利に関する国際規約・第二選択議定書」、いわゆる死刑廃止条約が採択されて以降、その数は大きく増加した（日本は未締結国）。国際人権団体であるアムネスティ・インターナショナルによると、二〇二〇年末現在、死刑を廃止している国は一〇八ヶ国あり、一〇年以上死刑執行がなく事実上廃止している国と合わせると一四四ヶ国になる。つまり、死刑制度を保有している国はすで

に少数派ということだ。とりわけ、G７諸国の中で死刑廃止をしていないのは米国と日本だけだと言われる。その米国でさえ、死刑を廃止・執行停止している州が半数近くある。(2)

このように先進国の多くで死刑が廃止されたためか、今日では英米圏の応用倫理学では死刑に関する議論があまり見られず、古い議論の繰り返しになる傾向がある。その影響もあるのか、近年では、国内でも死刑について論じる哲学者が少ない。応用倫理学の分野でも刑罰論や応報的正義の議論は全般的に下火になっている。

しかし、日本は死刑存置国であり、民主主義国家で死刑が行なわれている以上、あなたが死刑制度に反対していなければ、死刑を肯定しているとみなされてもおかしくない。外国に行ったときに、「日本は死刑をまだ行なっている野蛮な国ですね」と言われたら、あなたはどのように答えるだろうか？

前章では、倫理学が「私は何をなすべきか」といった規範的な問題に関して筋道立てて考えるための学問であり、また、その探究の一つとして、規範的主張を支持するためのよい理由とそうでない理由を区別する作業が必要であると述べた。本章では死刑をめぐる議論を主題として、よい理由とそうでない理由というのが、具体的にはどのようなものであるのかについて検討する。読者は、死刑制度の是非について、自分なりの答えを出すつもりで本章を読み進めてほしい。

1　日本の死刑制度

まず日本の死刑制度に関する事実を簡単に確認してみよう。(3)

表2‐1　近年の死刑確定および死刑執行に関するデータ

	2005	2006	2007	2008	2009	2010	2011	2012	2013	2014	2015	2016	2017	2018
執行者数	1	4	9	15	7	2	0	7	8	3	3	3	4	15
確定者数	11	21	23	10	17	9	23	9	8	6	4	3	3	4
執行前死亡	1	0	0	1	2	4	2	3	0	3	5	1	4	0
確定者総数	77	94	107	100	106	111	131	133	130	129	126	129	123	116

（出典：アムネスティ・インターナショナル）[5]

今日の日本では、刑法上の殺人罪や強盗致死罪の他、内乱罪や現住建造物等放火罪などの一二の犯罪に関して死刑が規定されている。また、刑法の他にも、人質殺害罪や組織的な殺人罪など、七つの特別法でも死刑が規定されている。[4]死刑が確定する人数は、九〇年代は毎年一〇名に満たなかったが、二〇〇〇年代に入ってから年によっては一〇名から二〇名の死刑確定者が出るようになっている（表2‐1）。

また、死刑囚は死刑が執行されるまで東京や大阪その他の拘置所の独居房で過ごし、法務大臣による死刑執行の命令が出されると、死刑場において絞首刑によって死刑が執行される。

なお、日本の殺人発生率は二〇一七年には一〇万人当たり〇・二四件で、統計のある一七四ヶ国中一六八位とほぼ最下位に近い低水準である点も覚えておくべきであろう。一位は六一・七一件でエルサルバドル（通常犯罪に関しては死刑廃止済）、米国は五・三二件で六五位、韓国は〇・五九件で一五五位となっている。[6]

2　死刑制度の存廃論①——賛成論

死刑制度の存続論と廃止論の両方について、以下に代表的な論点を挙げ、詳しく検討することにしよう。読者はそれぞれ、どのぐらい説得力のある論拠だと思うだろうか。ここで少し時間をとって、あなたが決定的だと思う論拠にはA、決定的ではないが一つの論拠になると思われるものにはB、論拠として不適切と思われるものにはCを付けてみてほしい。(7)

死刑制度の存続論の代表的論拠

1. 人を殺した者は、自らの生命で罪を償うべきだ（死による贖罪論）
2. 一定の極悪非道な犯人には死刑を科すべきだというのが国民の一般的な考え方だ（世論による支持論）
3. 最高裁の判例上、死刑は合憲とされている（合憲性の議論）
4. 死刑の威嚇力は犯罪抑止に必要だ（抑止力による議論）
5. 凶悪な犯罪者による再犯防止を図るためにも死刑は必要だ（再犯防止論）
6. 被害者や遺族の心情に配慮すれば死刑制度は不可欠だ（遺族の心情論）

死刑制度の廃止論の代表的論拠

1. 死刑は憲法三六条が禁止する「残虐な刑罰」に該当する（残虐性による議論）
2. 国家による殺人行為は許されない（国家による殺人論）
3. 死刑廃止は国際的潮流であり、日本も従うべきだ（国際世論による議論）
4. 死刑は執行すると取り返しがつかないので、誤判がありうる以上は廃止すべきだ（誤判可能性論）

5. どんな犯罪者でも更生の可能性はある（更生可能性論）

本節ではまず賛成論について、順に検討してみよう。

1. 死による贖罪論——人を殺した者は、自らの生命で罪を償うべきだ

「もし彼が人を殺害したのであれば、彼は死なねばならない。この際には正義を満足させるに足る（死刑以外の）どんな代替物もない」とカント（Immanuel Kant, 1724-1804）は言う（カント 1972b, 475）。犯罪を行なった者は罪を償うべきだ。他人の命を奪ったのであれば、自分の命で償うべきだ。この発想は「目には目を、歯には歯を」という言葉で知られるタリオの法（*lex talionis*）と呼ばれ、応報刑の中心にある思想である。*lex* はラテン語で「法」、*talion* は「報復」の意味であり、「同害報復の原則」と訳されることもある。この考え方に魅力を感じる人は多いだろう。応報刑とは、カントの議論が典型であるが、刑罰の目的を正義の確保、すなわち犯罪行為によって動揺させられた道徳秩序の回復にあると見る考え方である。

カントは刑罰を通じた犯罪抑止や犯罪者の矯正といった目的を否定し、刑罰は「常にただ彼（犯罪者）が罪を犯したがゆえに彼に課せられるといったものではなくてはならない」と言う。なぜなら、「人は決して単に或る他者の意図のための手段としてだけ取り扱われ」てはならないからだ（カント 1972b, 473）。後の章でもより詳しく見るが、カントの考えでは、たとえ犯罪者であろうと、何か善いことを生み出すための手段としてのみその人を扱うなら、当人を人格としてではなく物件、つまりモノとして扱

うことになる。したがって、刑罰は純粋に、犯罪をなしたものは罰せられなければならないという観点のみからなされる必要がある。正義の秤《はかり》を乱した者はそれゆえに罰せられ、またその秤を乱した程度に応じて罰せられる。これがカントの応報刑の発想である。

しかし、これを厳密に実践することは難しい。カントは「もし彼が人を殺害したのであれば、彼は死なねばならない。この際には正義を満足させるに足る（死刑以外の）どんな代替物もない」と、他には釣り合いのとりようがないと述べている。殺人犯が奪った人命と釣り合う価値のあるものは他にないという考えである。だが、例えば複数の人を殺した犯人を複数回殺すことはできない。また、他人の子どもを殺した犯人については、「目には目を、歯には歯を」という考えを延長していくなら、我々は犯人に子どもがいれば、犯人自身ではなくその子を殺すべきようにも思われる。しかし我々はそうしない。我々がカントの口吻をまねて「もし彼が女性を強姦したのであれば、彼は強姦されねばならない」と言わないのであれば、なぜ殺人犯の場合だけ死なねばならないと言えるのだろうか（cf. Bedau 2004, 41）。さらに、一時的な精神錯乱などで人を殺した場合は、通常は減刑などの措置が取られるが、これも応報の発想を貫徹させているとは言えないように考えられる。(8)

このように、まったくの同害報復は無理であるとすると、重要なのは罪と罰の釣り合いをとることであろう。これは、罪の重さと罰の重さの間には均衡（proportionality）がなければならないという考え方である。罪と罰に釣り合いがあることは、応報という観点だけでなく、あとで見る犯罪抑止の観点からも重要である。なぜなら、犯罪抑止の観点から言えば、犯罪を思い留まるのに十分なだけの——また、それ以上ではない——刑罰を科しておけばよいのであり、また、より軽い犯罪にはより軽い刑罰を科し、より重い犯罪にはより重い刑罰を科すというように釣り合いを取ることで、これから犯罪を行なおうとする者が、より重い犯罪を行なうことを思い留まる可能性があるからである(9)。

しかし、実際にはこの均衡をどのように測定するかは大きな問題である。例えば、被害者が被った苦痛と、加害者が刑罰で被る苦痛を等しくすべきだろうか。ここには、ある人の苦痛の程度と別の人の苦痛の程度をどうやって比較するかという問題があるだけではない。仮にそのような測定がある程度可能だとしても、被害者以外の人々——例えば家族や社会一般など——の苦痛を考慮に入れるべきか、という問題もある（cf. Ellis 2012, 44）。さらに、釣り合いのとり方には懲役の期間を延ばしたり、罰金を重くしたりするなど、いろいろな仕方がありうる。殺人犯についても、死刑にするよりも、無期懲役あるいは終身刑にして、生涯罪を償わせた方が、犯罪と刑罰の釣り合いが取れるという考え方も成り立ちうる。死刑に反対する立場で言われる「犯人には、被害者・遺族に弁償させ、生涯罪を償わせるべきだ」という主張も、こうした考え方を反映したものであろう。

このように考えると、「人を殺した者は、自らの生命で償うべきだ」というのはそれほど自明ではない。たしかに殺人を行なった者は罪を償うべきであり、また犯罪と刑罰に釣り合いが必要だというのも理に適っていると言える。しかし、その適切な償い方や釣り合いの取り方については、議論の余地があり、死刑を正当化するには、上記の主張の自明性に依拠することなく、さらなる議論が必要だと言える。

2．世論による支持論——一定の極悪非道な犯人には死刑を科すべきだというのが国民の一般的な考え方だ

死刑についての日本国民の支持は高いとされる。二〇一九年一一月に行なわれた内閣府の世論調査では、「死刑もやむを得ない」とした回答が八割に上っている。[10] すると、この事実をもって、日本では死刑を存続させるべきだと主張することはできるだろうか。

一般に世論は、政策決定の場面では重要な役割を果たす。だが、倫理学の議論においては、世論は重要な根拠にはならない。それどころか、世論に訴えることは「衆人に訴える誤謬」(*argumentum ad populum*) と呼ばれ、よくない議論だとされる。それはなぜか。

それには大きく二つの理由がある。第一に、多くの人々の考えが間違っている可能性がある。ある国で多くの人々が奴隷制度を支持していたとしても、その事実によって奴隷制度が正しくなるわけではない。例えば国民の八割が「黒人は奴隷であるべきだ」と考えていた場合に、八割の支持があるからという理由でその主張が正しいことになるだろうか。仮にその支持者と議論するとき、あなたが「なぜ黒人は奴隷になるべきだと思うのですか？」と尋ねると、支持者が「国民の八割が支持しているから」と答えたとすると、あなたはそれで納得するだろうか。むしろ、あなたは次のように聞き返すのではないか。「あなたを含め、国民の多くがそのように黒人を奴隷とすることを支持していることは承知していますが、そのように奴隷制を支持する理由は何ですか？」と。そうだとすると、重要なのはある主張の支持者の多寡ではなく、その主張を支える理由のよしあしだということになる。そしてもしその理由が間違っていれば、我々は国民の八割が支持しているという事実を重要だとはみなさないだろう。

別の言い方をすると、もし世論によって何が正しく、何が間違っているかが決まるとすれば、「世論ではAという意見が支持されているが、Aという意見は誤っている」という意見は矛盾した考えであることになる。しかし、例えば米国で黒人差別に反対する運動を展開したマーチン・ルーサー・キング牧師のような人物を考えてみよう。その場合、彼が、「国民の八割は黒人は奴隷であるべきだと考えているが、それは誤った考えだ」という考えを持っていたとしても、我々は彼の意見が矛盾しているとは言わないだろう。したがって、我々は世論によって支持されている意見が必ず正しいものとは考えていないのである。

第二に、とりわけ死刑について言えば、このような国民の意見は、死刑制度が長く続いているからこそ形成されている可能性があり、いったん死刑制度がなくなれば、人々の考え方は一変するかもしれない。例えば、フランスでは国民の約六割が死刑存続を支持する中、一九八一年に死刑が廃止されたが、二〇〇六年には死刑制度の復活を望む者は四割となり、反対に死刑廃止を支持する者は五割を超えている(11)。

したがって、死刑制度の存廃を議論するさいに、一般市民の支持の多寡に訴えることはできない。

このように述べると、多数決原理を基本とする民主主義はどうなるのかという疑問を読者は抱くかもしれない。多数決原理は、国政選挙や住民投票のように、人々の間で集合的な意思決定が必要な場面において「多数派を占める意見が正しい」とみなすことで、明確な回答を出すための集合的意思決定の原理である。しかし、科学において何が正しいかを単純に多数決で決めることができないのと同様に、倫理学においても何が正しいかを単に多数決で決めることはできない。あくまで倫理的主張がよい理由によって支えられているということが、その正しさの根拠になるのだ。[12]

3. 合憲性の議論——最高裁の判例上、死刑は合憲とされている

死刑制度を合憲とした日本の判例はいくつかあるが、代表的なものとして最高裁判所大法廷昭和二三年（一九四八年）三月一二日の判決がある。当時新たに作られた日本国憲法の第三六条が公務員による残虐な刑罰を絶対に禁ずる旨を定めているのを論拠として、死刑の規定は憲法に違反しているという訴えがなされた。それに対し、最高裁は「一人の生命は全地球よりも重い」としつつも、死刑は「まさに窮極の刑罰であり、また冷厳な刑罰ではあるが、刑罰としての死刑そのものが、一般に直ちに同条にいわゆる残虐な刑罰に該当するとは考えられない」と主張した。[13]

このように、最高裁の判決によれば、死刑は国の最高法規である現行の憲法に違反しないとされる。だが、死刑制度の存続についての倫理的議論においては、世論に訴えることができないのと同様に、権威に訴えることもできない。最高裁の判決は判決理由が述べられているので多いに参考にはなるが、単にその結論だけを参照して「最高裁が認めているから死刑は認められる」と主張するなら、「権威に訴える誤謬」（*argumentum ad verecundiam*）を犯すことになる。

たしかに最高裁の判決は現在の法的見解を知るには有用である。だが、第1章で述べたように、倫理学においては道徳規範だけでなく法規範がどうあるべきかも検討されるため、死刑の倫理性を考えるうえではこの判決は決定的な考慮とはならない。問題は、このような判例が正しいかどうかであるからだ。[14]

4．犯罪抑止論——死刑の威嚇力は犯罪抑止に必要だ

応報と並んで刑罰のもう一つの主要な目的は、犯罪の抑止（deterrence）である。近代刑罰論の創始者の一人と目されるチェザーレ・ベッカリーア（Cesare Beccaria, 1738-94）は、次のように主張した。「刑罰の目的は、感覚ある存在である人間を苦しめ苛むことではない。すでになされた犯罪を帳消しにすることでもない。（中略）刑罰の目的は、その犯罪者が仲間の市民たちに対してふたたび害を与えるのを阻止するということ、そして誰か他の者が同じことをしないように図るということ、これ以外ではありえないはずだ」（ベッカリーア 2011, 41）。

また、ベッカリーアから大きな影響を受けた功利主義者のジェレミー・ベンタム（Jeremy Bentham, 1748-1832）も、刑罰の一番重要な目的は犯罪者やその他の者の今後の行為の仕方に影響を及ぼすことにより、さらなる犯罪を生み出さないようにすることだとして、被害者の報復感情の充足などは二次的なものと捉えている（Bentham 1970, chap. 13 note）。

抑止という発想は、刑罰はこれから起きうる犯罪を防ぐためのものであるとして将来志向的（forward-looking）である。これに対して、応報の発想は、刑罰は過去の犯罪を償うものであるとして過去志向的（backward-looking）であると言われる。なお、犯罪抑止論は、応報思想に基づく刑罰論（応報刑論）と対比して目的刑論とも呼ばれる。

あえて単純化した例として、以下のような架空の社会を考えてみよう（表2-2）。毎年一〇人の殺人犯の死刑が執行されている中で、四〇〇名の殺人事件の犠牲者が出ている社会があるとする（死刑になっていない残りの犯罪者は、無期懲役など、死刑以外の刑罰を科されていると考える）。そこで仮に死刑を廃止した

場合に、毎年五〇〇名の殺人事件の犠牲者が出るようになるとする。そうすると、この社会では、死刑制度があることで死刑囚を含めて四一〇名の命が失われるが、死刑制度がなくなると、五〇〇名の命が失われることになる。これが死刑の抑止力を主張する人の考え方である。ただし、表でも注記しているように、このような数字の根拠となる確かなデータはない点に注意しなければならない。

　正確に言えば、他の人が同種の犯罪をすることを予防する目的の場合には一般予防（general prevention）と呼ばれ、同じ人物による再犯予防が目的の場合には特殊予防（special prevention）と呼ばれる。死刑は、特殊予防としては最も確実であろう。しかし、一般予防の観点から死刑が抑止力を持つかどうかは実際に調査してみなければわからない。厳密に言えば、死刑が抑止力を持つということだけでなく、無期懲役や終身刑などの代替刑罰に比べて優れた抑止力を持つということが示されなければならないだろう。

表2-2　死刑の抑止力の考え方

	死刑有	死刑無（無期懲役のみ）
死刑で死ぬ人	毎年10人	—
殺人事件で死ぬ被害者の数	毎年400人	500人
死者合計	410人	500人

＊このような数字の根拠となる確かなデータはない点に注意せよ。

　だが、筆者の知る限り、死刑の抑止力についてはこれまで明確な結論は出されていない。[15] したがって、死刑には抑止力があると主張する人は、そのエビデンス（根拠）を出すための方策を考えなければならない。

　ここで、エビデンスについて少し立ち入って考えてみよう。二〇世紀の終わりごろから、医学の領域ではエビデンスに基づく医療（evidence-based medicine, ＥＢＭ）が提唱されてきた。これは、これまで主に医療従事者の経験や専門家の意見に基づいて行なわれてきた医療を、研究のデータベースなどを用いてより科学的知見に基づいたものにしようとする動きである。そこでは、研究デザインにより、エビデンスのレベルないし質を大きく分け、そのうえで個々の研究のよしあしを評価するということが行なわれている。(16)

例えば、専門家の意見やコンセンサスはエビデンスのレベルとしては非常に低く、そもそもエビデンスとして認められない場合もある。また、個々の患者の症例を報告した症例報告も、原則としてエビデンスのレベルは非常に低いと判断される。さらに、コホート研究のような観察研究も、エビデンスレベルはやや低いと判断される。コホート研究とは、集団を喫煙者と非喫煙者といった二群に分けるなどしてその二群がどのような病気に関するイベントを経験するかを追跡するような研究デザインを指す。コホート研究のエビデンスが低いと考えられる一つの理由は、喫煙者と非喫煙者という二群は、喫煙しているかどうかという特徴以外の特徴も持っているかもしれず、その別の要因が健康に影響を与えている可能性があるためである（例えば喫煙者には飲酒が多い傾向があるため、喫煙ではなく飲酒が病気の原因になっているなど。これを交絡要因 confounding factor と呼ぶ）。つまり、こうした観察研究では、喫煙をしていたから病気になったという因果関係が特定しにくいのだ。

一方、研究デザインで最も優れているとされるのは、ランダム化比較試験（randomized controlled trial, ＲＣＴ）である。これは、研究を行なうさいに介入（実験）を行なうという点で、先の観察研究とは異なる。喫煙の例で言えば、実験として人々に長期間喫煙させてみるという研究が考えられる（実際には倫理的配慮から不可能であるが）。そして、実験を行なう介入群と、実験を行なわない対照群（コントロール群）とに分けて、比較を行なう。そのさいに、いずれか一方の群に特定の特徴を持った人が偏在するのを避けるために、二群への割り付けをランダム（無作為）に行なう。こうすることにより、上記のような交絡要因が入るのを避けることができる。このような研究デザインを持って行なわれた研究や、さらには複数のＲＣＴの結果を統合して分析するメタアナリシスが、医療におけるエビデンスとして最も優れているとされている。

意思決定の根拠としてエビデンスを求めるこのような発想は、現在は医療だけでなく、政策立案一般についても言われるようになっている[17]。我々はこのような発想を死刑の抑止力の有無を調べるためにも用いる必要がある。専門家の意見については、米国では犯罪学者の九割近くが死刑は殺人の抑止にはならないと答えており、同様に九割近くが死刑廃止をしても殺人件数が増えるとは考えていないという調査がある（Radelet and Lacock 2009）。しかし、上記のエビデンスのレベルで言えば、専門家の意見はエビデンスとしてはかなり弱い。同様に、死刑を廃止・執行停止した国や州において、死刑廃止前後の比較をするという研究もあるが、こうした観察研究では、他の要因の影響を排除することが難しく、死刑の抑止力に関して決定的な答えが出ないという問題がある。

死刑の抑止力に関するエビデンスについては、「死刑の抑止力に関して決定的な統計的エビデンスがない限り、死刑に抑止力があると主張する根拠はない」という主張がある一方で、このような主張に反対する者もいる。例えば死刑存置論者のポイマンは、死刑は多くの者にとって抑止力があるという常識的な感覚を考慮に入れるべきだと主張している（Pojman 2004, 59–63）。彼は功利主義者で殺人犯に対する死刑の存置論者だったジョン・スチュアート・ミル（John Stuart Mill, 1806-73. 以下J・S・ミル）の次の発言を好意的に引用している。

死刑の欠点と呼ばれているもの〔死刑が抑止力を持たないという主張〕については、誰がそれを判断できるだろうか？　我々は、死刑によって犯罪を思い留まらなかった人々については多少とも知っている。だが、死刑によって犯罪を思い留まった人々や、幼少期から殺人の観念と死刑とが連想づけられることがなかったら殺人者になっていたかもしれない人々が死刑の存在によってどれほど多く救われたかを、知っている者がいるだろうか？（Mill 2006, 269）

つまり、ミルによれば、幼少期からの影響のように、統計的エビデンスとして出すことは困難だが、人々が常識的な感覚として知っているところでは、死刑は多くの者にとって抑止力として働いていると言うのだ。

このように死刑の抑止力に関しては、実証研究によるさらなるエビデンスの収集が必要であると同時に、どのようなエビデンスがあれば十分と言えるのか、という議論も必要だと考えられる。

なお、殺人犯の中には、「死刑になりたくて人を殺した」と供述する者もいるため、こうした者に対して死刑は抑止力にならないという意見もある。例えば、二〇〇一年に大阪教育大学附属池田小学校の児童八人が殺害された事件では、犯人は「エリート校の子供をたくさん殺せば、確実に死刑になると思った」と動機を供述したとされる。また、二〇〇八年に茨城県土浦市の駅などで九人を殺傷した犯人は、

「死刑になるため」なら「誰でもよかった」と供述していた。実際のところ、二人とも地裁での死刑判決後に控訴を取り下げたため、死刑が確定され、その後死刑が執行されている(18)。

このような「死刑願望」を述べる犯罪者は供述が一貫しないことが多く、「死刑になりたい」というのは必ずしも本当の動機ではないかもしれない。だが、仮に本当の動機であった場合、そうした人にとっては、死刑は抑止力を持たないだろう。とはいえ、これは他の刑罰にも当てはまることで、罰金や懲役を何とも思わない人がいれば、そういった人には罰金刑や懲役刑は抑止力にならないだろう。重要な問題は、そのような人がどのぐらいいるかである。我々のほとんどが自分の生命や自由を大事にしていると考えているからこそ、国家はそれを奪う刑罰を用意している。上記のようないわば「例外的な人物」が非常に多くなり、死刑は大半の者にとって抑止力がないとみなされるようになれば、別の刑罰を科すべきだと思われる。

したがって、この点についても実証的な観点が必要であり、殺人事件のどのぐらいがそのような動機から本当になされているのかを確認する必要がある。また、もしかすると彼らは死刑が廃止された場合でも同じように行動するかもしれず、あるいはハイジャックや人質立て籠りなど、別の種類の反社会的行動に出る可能性もないとは言えない。したがって、死刑を廃止することによってそういう人がどういう行動に出るかも考える必要があるだろう。

5. 再犯防止論――凶悪な犯罪者による再犯防止を図るためにも死刑は必要だ

先述のように、再犯防止は犯罪予防の一種（特殊予防）である。近年、刑法犯に占める再犯者の犯罪割合が高いことから、再犯対策へ注目が集まっており、二〇一六年には再犯防止推進法も策定された。再犯防止のために死刑は必要と言えるだろうか。

たしかに、凶悪な犯罪者が再犯を行なう可能性を防ぐ最も確実な方法は、その犯罪者を死刑にすることだろう。これは死刑の利点である。しかし、仮釈放なしの終身刑を代わりに作れば、脱獄の可能性が高くない限り、同様に再犯を防ぐことはできる。また、教育を通じた更生によっても、ある程度までは再犯防止が可能かもしれない。再犯防止は刑罰にとって重要な考慮であるが、死刑制度があることで再犯を効果的に防止できるのか、あるいはそれと同程度に効果的な制度がありうるかを検討する必要があるだろう。

6．遺族の心情論——被害者や遺族の心情に配慮すれば死刑制度は不可欠だ

二〇一五年に福岡県豊前《ぶぜん》市で小学五年の女児が殺害された事件があった。被告はわいせつ目的で女児を車に乗せて誘拐し、豊前市内の民家で性的暴行を加え、首を圧迫して殺害したとされる。その後、遺体をバッグに詰めて自宅に運び、押し入れに遺棄していた。被告は過去にもわいせつ事件で服役した経験があった。検察側は死刑を求刑し、遺族も次のように述べて極刑を望んでいた(19)。

これほど残虐なことをしても、何の反省もせず、自分のことばかり考えている被告人は、社会に戻れば、また繰り返すと思います。娘はとても優しい女の子でした。自分のようなつらい思いを、もう誰にもさせたくないと思っているはずです。私たち遺族が受けたこれ以上ない悲しみと苦しみを、他の

誰にも経験させてはなりません。娘のためにも、これからの被害者を出さないためにも被告人には死刑しかないと思います。これが遺族の思いです[20]。

しかし、二〇一六年一〇月の裁判員制度による地裁判決では無期懲役判決が出された。二審の高裁判決でも無期懲役となり、二〇一七年一〇月に最高裁が被告側の上告を棄却したため、無期懲役が確定した。これを受けて女児の遺族は「被告が上告したこと自体、全く反省していない証拠であり、許せない気持ちに変わりない。なぜ死刑にならなかったのか理解できず、本当に悔しい」とのコメントを出した[21]。

今日、犯罪被害者や家族・遺族の支援や心のケアが重視されている。それだけでなく、全国被害者支援ネットワークが一九九九年に作成した「犯罪被害者の権利宣言」で「犯罪被害者は、刑事司法手続きおよび保護手続きの中で、意見を述べることができる」と述べられているように、刑事制度に関しても犯罪被害者の声を聞くことが重視されるべきだとの考え方が広まってきている[22]。二〇〇四年に成立した犯罪被害者等基本法でも、刑事に関する手続きへの参加の機会を拡充するための制度の整備(第一八条)や、保護、捜査、公判等の過程における配慮(第一九条)などが謳われている。

このように、当事者である犯罪被害者や家族・遺族の心情に配慮した制度作りは重要である。また、正義とはそもそもこうした復讐感情や被害者への共感から成り立つものであり、近代リベラリズムは私的制裁による混乱を避けるために刑罰の執行を国家に委ねているのだから、復讐感情を尊重するなら死刑は不可欠だという議論もありうる(例えば島内 2003, 22)。しかし、彼らの心情に配慮すれば死刑制度は不可欠だと言うことはできない。それには少なくとも三つ理由がある。

第一に、被害者や遺族の心情は、世論と同様に、死刑制度があるかどうかで変わる可能性がある。人々の心情はある程度までは制度のあり方に依存している。そのため、彼らの心情に配慮すべきだとは言えても、死刑制度が不可欠だとは言えないと考えられる。もし死刑が廃止されたなら、殺人事件の遺族は犯罪者を死刑にしたいと望まないかもしれない。仮釈放のない終身刑が極刑である社会では、彼らは犯人が終身刑になることを何より強く望むかもしれない。

第二に、被害者や遺族の心情に配慮するなら、さらなる厳罰化が必要になるかもしれない。例えば酔っ払い運転による歩行者等の死亡事故、レイプ犯などを考えてみよう。これらの犯罪についてはすでに厳罰化が実施ないし議論されているが、一部の被害者や遺族は、懲役刑では飽き足らず、犯人を殺してやりたいと思うかもしれない。その場合には、彼らの心情に配慮して、犯罪者を死刑にすべきだろうか。中にはそう思う人もいるかもしれないが、犯罪抑止の観点からすれば、死刑にすることはできないだろう。仮にレイプ犯が死刑になるのであれば、レイプをした者は「捕まればどうせ死刑になる」と考えてレイプ後に殺人も犯すようになるかもしれない。この意味でも犯罪と刑罰の釣り合いを重視する必要がある。

第三に、被害者の遺族によっては、「犯人が死刑で死んだとしても、死んだ家族は戻ってこない」などの理由から、殺人犯の死刑を望まない場合もあるだろう。すると、こうした遺族の心情に配慮するなら、死刑を行なわない方がよいことになる。ここには被害者や遺族の意見に従って刑罰の重さを決めることが許されるかという問題があるが、原則論としては、犯罪による被害は被害者や遺族のみに留まらず、地域の安寧を脅かすことなどを通じて社会全体の不利益をもたらすものであるため、被害者や遺族など当事者のみによって量刑を決めることはできない(23)。いずれにせよ、被害者や遺族の心情に配慮することは重要だが、被害者や遺族の心情のみを根拠にして死刑制度を不可欠だと言うことはできないだろう。

ここまで死刑存続論を見てきたが、倫理学的な論証としては、よい議論も悪い議論もあることが理解されたことと思う。

筆者が説得力を感じるのは4の抑止力に訴える議論である。先に人数で示したように、死刑制度があることによって、凶悪犯罪が減り、結果的により多くの人命を救えるとすれば、死刑制度があった方がよいと言えるだろう。ただし、これは実証的根拠が必要であり、もし死刑以外の刑罰と同等かそれ以下の抑止力しかないことが明らかになったならば、不要な死をもたらしていることになるため、死刑制度の廃止を考えるべきだろう。また、仮に抑止力があることが認められたとしても、他にも重要な考慮がある場合は、それらと比較衡量して考えるべきである。すなわち、抑止力の問題は非常に重要であるが、それだけで死刑存廃の是非が決まる決定的な根拠ではない。

また、5の再犯防止を根拠にした死刑の存続論にも一定の力があると考えられるが、再犯防止が他の手段によっても同程度にできるのであれば、必ずしも死刑を維持する必要はないと思われる。

3　死刑制度の存廃論②——廃止論

次に、死刑制度の廃止論の検討に移ろう。先述の死刑廃止論の根拠を再掲する。以下ではこれらを一つずつ考察してみよう。

死刑制度の廃止論の代表的論拠

1. 死刑は憲法三六条が禁止する「残虐な刑罰」に該当する（残虐性による議論）
2. 国家による殺人行為は許されない（国家による殺人論）
3. 死刑廃止は国際的潮流であり、日本も従うべきだ（国際世論による議論）
4. 死刑は執行すると取り返しがつかないので、誤判がありうる以上は廃止すべきだ（誤判可能性論）
5. どんな犯罪者でも更生の可能性はある（更生可能性論）

1. 残虐性による議論——死刑は憲法三六条が禁止する「残虐な刑罰」に該当する

日本において死刑は死刑場において絞首刑によって行なわれる。具体的には、死刑囚は頸部に縄をかけられた状態で高所から落下する。二〇〇二年に社民党の大島令子議員（当時）が引用している法医学者の文章によれば、絞首刑を執行された死刑囚は、次のようになる。

「がくりと首を折り、飛び出した眼球。人によっては鼻血を吹き散らし、口からは舌とともに白いような粘液を吐いてことされている死刑囚。つい二〇分足らず前には、自分の足で処刑されるべく歩いていた一個の人間。ひとつの生命体が、こんな無惨な変わり果てた姿になって、だらりと吊るされている」[24]。

昭和三〇年（一九五五年）四月六日の最高裁判決によれば、「現在各国において採用している死刑執行方法は、絞殺、斬殺、銃殺、電気殺、瓦斯《がす》殺等であるが、これらの比較考量において一長一短の批判があるけれども、現在わが国の採用している絞首方法が他の方法に比して特に人道上残虐であるとする理由は認められない」として、絞首刑という死刑の執行方法は公務員による残虐な刑罰を禁止する憲法三六条に違反するとは言えないとしている。しかし、先に述べたように、倫理的な議論において、最高裁の判決が必ずしも正しいとは限らない。そこで、ここでは最高裁の意見は参考にしつつも、「死刑は野蛮で残酷であるから廃止すべきだ」という主張がどの程度よい議論と言えるのかをさらに考えることにしたい。

さて、「死刑は野蛮で残酷であるから廃止すべきだ」を前提と結論に分けた場合、次のようになるが、この二つの前提はいずれも議論になりうるものである。

大前提：野蛮で残酷な刑罰は廃止すべきである。
小前提：死刑は野蛮で残酷な刑罰である。
結　論：死刑は廃止すべきである。

「死刑は野蛮で残酷であるから廃止すべきだ」という主張には、何が野蛮で残酷かを客観的に決められるという暗黙の前提がある。しかし、しばしば「わいせつ」の基準が主観的だと言われるのと同様、野蛮や残酷という基準も主観的になりがちだ。何が野蛮で残酷と人々が考えるか（感じるか）は、時代や個人によって変わる可能性が高い。

例えば、死刑は残虐な刑罰に当たらないとして死刑の合憲性を認めた昭和二三年（一九四八年）三月一二日の最高裁判決では、次のような留保が付けられている。

ただ死刑といえども、他の刑罰の場合における同様に、その執行の方法等がその時代と環境とにおいて人道上の見地から一般に残虐性を有するものと認められる場合には、勿論これを残虐な刑罰といわねばならぬから、将来若し死刑について火あぶり、はりつけ、さらし首、釜ゆでの刑のごとき残虐な執行方法を定める法律が制定されたとするならば、その法律こそは、まさに憲法第三六条に違反するものというべきである。

すなわち、現在の絞首刑という死刑執行の方法は残虐ではないという判断であるが、何が残虐と考えられるかは「その時代と環境」によって変わると認められている。ここで、読者に少し時間をとって考えてもらいたい。死刑が野蛮で残酷かどうかについて人々の意見が分かれた場合、多数決で決めるべきだろうか。あるいは、そのような基準は不確かなものとして、そもそも使うべきではないのだろうか。

筆者は後者だと考える。多数決で決める十分によい根拠がないし、また、仮釈放なしの終身刑についても野蛮で残酷だという議論もありえて、きりがないからだ。

また、仮に死刑が客観的に野蛮で残酷であると確定できるか、あるいは少なくとも日本国民の全員が死刑は野蛮で残酷だと考えるようになったとしよう。しかし、その場合でも、なぜ野蛮で残酷な刑罰は廃止すべきなのかについて、憲法で禁じられているという以上の答えを用意する必要がある。仮に死刑が野蛮で残酷だと認めたとしても、他に殺人を抑止する有効な手段がなければ、死刑を存続させるべきだという議論も可能であろう。

なお、死刑の残虐性という論点と関連して、死刑は死刑を執行する刑務官に過度の負担を強いるから廃止すべきだ、という議論もある。一ノ瀬正樹は「実をいえば、私自身は、あらゆる死刑廃止論のなかで、この執行人の苦悩からする廃止論に最も強い説得力を感じた」と述べている（一ノ瀬 2011, 54）。そして、死刑制度には賛成するが、裁判員として死刑の判決を下すことには消極的だという世論調査の結果について、肉食はするが屠殺は自分ではしないという肉食に関する問題と同じ「欺瞞」があると論じている。つまり、人や動物を殺すことに関して、一般論としては支持しつつ、自分では手を下したくないと考えているのはおかしいということである。

だが、このような「人や動物を殺すことの不正さは、殺さなければならない立場の人の心理的負担に存する」という議論は本当に説得力があるだろうか。たしかに、例えば戦争をするべきでない理由の一つは、勝つにしろ負けるにしろ、その後トラウマを負う兵士がいることだろう。しかし、トラウマを負う兵士がいるがゆえに、防衛戦争も含めてあらゆる戦争が行なわれるべきでない、という主張は支持できない。戦争をしなければ、それよりも大きな被害が出る可能性があるからだ。同様に、死刑執行をする刑務官の苦痛は残念であり、極力その心理的負担を減らすべきである。しかし、仮に死刑にその他にメリットがあるならば、刑務官の心理的負担のみをもって死刑を廃止すべきであるとは言えないだろう。

以上をまとめると、「死刑は野蛮で残酷であるから廃止すべきだ」を前提と結論に分けた場合、再掲すると次のようになるが、この二つの前提はいずれも疑問に付されるということだ。

大前提：野蛮で残酷な刑罰は廃止すべきである。
小前提：死刑は野蛮で残酷な刑罰である。
結　論：死刑は廃止すべきである。

なお、このような大前提と小前提から結論として当為（なすべきこと）や価値判断を導く推論形式を実践的三段論法（practical syllogism）と呼ぶ(25)。倫理的議論を検討するさいには、主張とその根拠をこのように分解することで、どこに問題があるのかが見えやすくなる。議論が混乱した場合などに論点を整理するのに有効なので、読者もぜひ試してみてほしい。

2. 国家による殺人論——国家による殺人行為は許されない

「私人が殺人をするのが認められないのと同様、国家も殺人をするのは許されない」という主張がありうる。この議論は、次のように表すことができるだろう。

大前提：あらゆる殺人行為は許されない。

小前提：死刑は国家による殺人行為である。
結　論：死刑は許されない。

この議論は、一見もっともらしく思われるが、大前提についてよく検討してみる必要がある。例えば、国家間の戦争を認めるかどうかについて考えてみよう。国家間の戦争は、侵略のための戦争であれ、自衛のための戦争であれ、国家による殺傷行為が含まれるであろう。自衛のための戦争も含めて、あらゆる戦争を放棄するという立場であれば、国家による殺人を完全に否定することになるが、そのような立場を維持することは容易ではないであろう。また、仮にそのような立場を取るとすると、懲役刑の場合のように、国家が個人から自由を奪うことも一切許されないと言うべきことにならないだろうか（「私人が他人の自由を奪うことが認められないのと同様、国家も個人の自由を奪うことは許されない」）。しかし、もし国家が個人から自由を奪うことは正当な場合があると認めるのであれば、それがどのような場合であるかを考え、それと同じ理由によって、個人から生命を奪うことが正当な場合がないかどうかを検討する必要がある。例えば、国家は私人による暴力や殺人や仇討ちなどを禁止する代わりに刑罰を科す権限が与えられており、個人から懲役刑の場合のように自由を奪うことが認められていると考えるならば、なぜ同じ理由から死刑のように生命を奪うことが認められていないのだろうかと応答することができるだろう。

そこで、仮に自衛のための戦争を認めるとしよう。すると、国家による殺人行為の一類型についてはは容認したことになる。もし自衛戦争は容認して、死刑という形の別類型の国家による殺人行為は容認しないのなら、「国家による殺人行為は許されない」という根拠以外の根拠が必要になるだろう。もしそれが「死刑は野蛮で残酷だから」という理由であるなら、上の残虐性による議論が当てはまることになるだろう。

したがって、国家による殺人行為は許されないという主張は、一見するともっともらしいが、突き詰めて考えると一貫した基準を示すことが容易でないことがわかるだろう。このように倫理学では、議論の一貫性（consistency）が重視される。もしも死刑と戦争、あるいは死刑と懲役刑では話が異なると主張したいのであれば、両者の間にある倫理的に重要な違いを指摘する必要がある。(26)

なお、「国家による殺人行為は許されない」という議論は、伝統的に、国家や政府の正当な権力は人々の同意に由来するという社会契約説とも関係が深い主張である。前出のベッカリーアは、啓蒙期に一早く死刑廃止を唱えた人物であるが、その一つの根拠は、そのような社会契約説に基づくものであった。すなわち、人は自らを殺す（自殺する）権利がないのと同様に、そのような権利を他人に譲渡することはできないというものである（ベッカリーア 2011, 90）。

だが、死刑に関する社会契約説論者の意見は一枚岩ではない。ジャン゠ジャック・ルソー（Jean-Jacques Rousseau, 1712-78）は、このベッカリーアの意見を念頭において、次のように論じた。すなわち、人々は自殺する権利は持たないとしても、自分の生命を守るために生命の危険を犯す権利は持っている。そこで、自らが殺人者の犠牲になることのないよう、このような生命の危険を犯す権利を国家に譲渡することにより、国家に安全を守ってもらうと同時に、自分が殺人者になった場合には死刑になることを承諾しているというのだ（ルソー 1954, 54–55）。

ベッカリーアとルソーの議論を見ると、国家に対して我々がどのような自然的あるいは道徳的権利を持っているかという検討から出発する契約説では正反対の結論が導かれうるということがわかる。これらの議論は十分な検討が必要と考えられるものの、契約説の発想だけで死刑存廃の問題を解決するのは困難のように思われる。(27)

3. 国際世論による議論――死刑廃止は国際的潮流であり、日本も従うべきだ

国際的圧力は現実の政治においては重要な考慮であるが、倫理的議論をするさいにはこうした権威に訴える論証を使うことはできない。この点は賛成論のところでも見た通りである。死刑を存置している日本が国際的に少数派になりつつあることは確かであるが、少数派であることが、その立場が間違っていることの決定的な根拠にはならない。倫理的議論をするさいには「権威」や「世論」はいったん脇において、議論そのもののよしあしを検討しなければならない。言い換えると、なぜ多くの国は、死刑を廃止すべきだと考えているのか、その根拠を問う必要がある。

4. 誤判可能性論――死刑は執行すると取り返しがつかないので、誤判がありうる以上は廃止すべきだ

誤判を根拠にした死刑廃止論は一つの有力な論点になっており、日弁連もこれまでに起きた冤罪事件を引き合いに出して、死刑廃止の根拠の一つとしている。(28) ただ、この論点については、大きく分けて二つの問題があるように思われる。

第一に、誤判の議論は解釈の仕方によっては死刑以外にもいろいろな制度を廃止しなければならなくなるという難点を抱えている。例えば、誤判の議論が次のような三段論法で示せるとしよう。

大前提：誤って人が死ぬ可能性のある制度は廃止すべきである。
小前提：死刑は誤って人が死ぬ可能性のある制度である。
結　論：死刑は廃止すべきである。

しかし、誤判可能性論の背後にこのような大前提があるとすると、この前提を受け入れるならば、例えば自動車交通も廃止すべきことにならないだろうか。警察庁の統計によれば、二〇一八年の交通事故死者数は約三五〇〇人である。これは、ピークだった一九七〇年の死者数（一万六七六五人）と比べると、約五分の一まで減ったとされるが、それでも毎年数千人の死者が出ている。誤って人が死ぬ可能性のある制度は廃止すべきではないだろうか。だが、ほとんどの人はそう考えず、自動車交通は有益さも大きいため、シートベルトの着用義務や飲酒運転の禁止など、死傷者を減らすために適切な規制をすれば全面的に禁止する必要はないと考えているだろう。すると、死刑についても同じことが言え、誤判などの問題を極力減らすために制度を整えるべきであり、廃止すべきだという結論はすぐには出てこないはずである。

また、別の解釈では、次のような大前提があるとも考えられる。

大前提：誤ると取り返しのつかない制度は廃止すべきである。
小前提：死刑は誤ると取り返しのつかない制度である。
結　論：死刑は廃止すべきである。

しかし、このような前提を受け入れるとすれば、死刑だけでなく、懲役などの自由刑もすべて「取り返しがつかない」という理由から廃止すべきことになるだろう。ここでも一貫性の観点が重要である。実際のところ、懲役刑については、死刑とは異なり「取り返しがつく」と主張されることがある。というのは、一度有罪判決が出て刑務所で長年過ごしたとしても、無罪であることが示されたなら釈放され、場合によっては補償も受けることができるからだ。

しかし、二〇一六年八月に再審無罪となった大阪府住吉区の事件を考えてみよう。この事件では、当時三〇代の男女が小学六年生の娘を焼死させたとして、殺人罪などで無期懲役が確定していたが、のちに自白の信憑性が問題となり、二人は約二〇年の歳月を経て無罪となった。

この二人については、死刑ではなく懲役刑だったので「取り返しがつく」、と本当に言えるだろうか？　自分が同じ立場だったらどうか、考えてみてほしい。

この点に関して、例えば最高裁判事を務めた経験があり、誤判可能性を主な根拠に死刑廃止を唱えていた著名な刑法学者の団藤重光（1913-2012）は次のように述べている。

誤判の問題は何も死刑事件に限りません。（中略）例えば、懲役刑などにしても長いこと刑務所に入って、後で無実だということが分かって出されても、失われた時間、失われた青春は再び戻っては来ないという意味では、これもたしかに取り返しがつかないものです。しかし、そういう利益はいくら重要な利益であろうとも人間が自分の持ち物として持っている利益ですが、これに対して、生命は全ての利益の帰属する主体であるところの人間そのものです。死刑は全ての元にあるその生命そのものを奪うのですから、同じ取り返しがつかないと言っても、本質的にまったく違うのであります。その区別がわからない人は、主体的な人間としてのセンスを持ち合わせていない人だというほかありません。
（団藤 2000, 160–61）

このように述べ、団藤は、「死刑事件以外の場合の誤判と、死刑事件の誤判とでは、質的な違いがある」と結論している。筆者には、冤罪で人生の大半を失うことと、人生そのものを失うことに本質的な区別があるようには思われない。団藤は、「人間が自分の持ち物として持っている利益」を失うことは、「全ての元にあるその生命そのもの」が奪われるよりもはるかにましだと考えているようだが、例えば仮に、前述の住吉区の事件で二人が懲役刑に服していた約二〇年の間に、最愛の親や、最愛の子どもが亡くなっていたとしよう。そのような場合に、この二人は死刑によって生命を奪われなかっただけましと言えるかどうかは、筆者にはわからない。

だが、百歩譲って、「取り返しのつかなさ」には質的な違いがあり、死刑の場合にはまったく取り返しがつかないが、上記のような例の場合には「生きている限りはある程度は取り返しがつく」と言えるとしよう。そのうえで、次のような二つの架空の冤罪事件を考えてみてほしい。読者は、二つの冤罪事件における取り返しのつかなさに関して、団藤の言う「質的な違い」があると考えるだろうか。

二つの冤罪事件

・死刑：ある四〇代の男性は、殺人罪で、死刑を言い渡された。彼は、死刑が確定してから五年後、死刑執行により亡くなった。しかし、彼の死後、新たな証拠が見つかり、彼は真犯人ではないことが明らかになった。

・懲役刑：ある四〇代の男性は、殺人罪で、無期懲役を言い渡された。彼は、五年服役後、がんが見つかりまもなく刑務所の病院で亡くなった。しかし、彼の死後、新たな証拠が見つかり、彼は真犯人ではないことが明らかになった。

前者は死刑廃止論者が懸念しているような誤判の事例である。後者は懲役刑であるが、死刑の場合と同様に、死んだあとに無罪とわかる事例である。筆者には、これは「生きている限りはある程度は取り返しがつく」とは言えず、死刑執行のあとに冤罪とわかった場合と同様にまったく取り返しのつかない事例だと思われる。

団藤は、死刑について「死刑事件については、たとい「百人」「千人」に一人であろうとも、いやしくも無実の者の処刑が許されてはならないのではないでしょうか。ということは、とりもなおさず、死刑を廃止する以外にないということだと思うのです」と述べていた（団藤 2000, 184）。つまり、誤判が一例でもありうる限り死刑を廃止すべきだということだ。すると、懲役刑についても、上記のような事例が一例でもありうる限り廃止すべきことになる。だとすれば、無期刑を含め、自由刑はすべて廃止すべきだという議論もできることになるだろう。だがこの結論は馬鹿げている。したがって、誤判可能性に基づく議論は間違っている。このような推論――ある議論は受け入れられない結論をもたらすため、その議論は誤っているとする論法――を帰謬法ないし背理法（*reductio ad absurdum*）と言う。

この議論に対しては、懲役刑を科されて服役中に死んだ囚人に関しては、死刑の場合と違って、裁判官が判決を言い渡したさいには囚人を殺すことを意図していなかったため、状況が違うという反論もあるかもしれない。懲役刑の服役中に死んだ場合、男性が死んだのは死刑によるものではなく、病気によるものであるから、同列には語れないということだ。

しかし、誤判の取り返しのつかなさは、判決で死が意図されていたかどうかにはかかわらない。倫理的に重要なのは、冤罪とわかった場合に何らかの意味で取り返しがつくかどうかである。上記の懲役刑の場合でも、冤罪で服役していた囚人は無念のまま死んでいき、死んだあとには死刑囚の場合と同様に、まったく取り返しがつかないのだ。

もしここまでの議論が正しいとすると、「取り返しのつかなさ」という根拠から死刑を全面的に廃止するのであれば、懲役刑についても廃止しなければならなくなる。これが受け入れがたい結論だとすると、この議論はうまく行っておらず、むしろ死刑を含む刑罰に関しては次の推論のように、慎重な運用が必要だと結論すべきことになると思われる。

大前提：誤ると取り返しのつかない制度は慎重に運用すべきである。

小前提：死刑は誤ると取り返しのつかない制度である。
結　論：死刑は慎重に運用すべきである。

第二の論点は、誤判を論拠にした死刑廃止論の強さに関するものである。死刑は憲法第三六条に規定された「残虐な刑罰」に当たらないとした昭和二三年（一九四八年）三月一二日の最高裁判決では、「生命は尊貴である。一人の生命は、全地球よりも重い」と述べられていた。このような精神に則り、団藤の言うように仮に一人の無辜（無実）の人が死刑になったことがわかったならば、それを理由に死刑を廃止すべきだろうか。あるいは、仮に冤罪が数件あったとしても、死刑には抑止力があり、死刑の存置によって一般の人々が殺されることが防げるならば、死刑を存続させるべきだろうか。

前者は、誤判が実際に（あるいは理論的にでも）ある限り、死刑制度にどのようなメリットがあるにせよ、廃止すべきだ、という主張である。ここではこれを、絶対的誤判論と呼ぶことにしよう。それに対して後者は、誤判の可能性は一つのデメリットであるが、他のメリット（例えば抑止力）と比較衡量し、デメリットがメリットを上回るのであれば、廃止すべきものと考える主張である。これを、相対的誤判論と呼ぶことにしよう。筆者が本章の冒頭で読者に尋ねた論拠の評価基準で言えば、絶対的誤判論というのはA（これだけで決定的な論拠になる）であり、相対的誤判論というのはB（決定的ではないが、一定の重みを持つ）である。

両者の違いを、先ほど抑止力のところで用いた架空の社会での想定を用いて説明するとこうなる（表2-3）。先と同じ想定で、毎年一〇人の殺人犯の死刑が執行されている中で、四〇〇名の殺人事件の犠牲者が出ている社会がある。そこでは一〇年に一人の割合で死刑執行後に冤罪がわかるとする。つまり、死刑囚の一〇〇人に一人は無罪で死刑にされている。他方、仮に死刑を廃止した場合に、毎年五〇〇名の殺人事件の犠牲者が出るようになるとする（一〇年で五〇〇〇人）。そうすると、この社会では、死刑制度があることで、冤罪で死刑になる死刑囚を含めて一〇年間に四一〇〇名の命が失われるが、死刑制度がなくなると、五〇〇〇名の命が失われることになる。

絶対的誤判論であれば、仮に一人でも冤罪による死刑囚が生じるのであれば、死刑を廃止した場合の他のデメリットがどれほどあるにせよ、死刑は廃止されなければならない。すなわち、上記の想定の場合だと死刑を廃止すると殺人事件による死者が九〇〇人増えるが、冤罪による死はそれとは比較にならないほどの不正義であるため、死刑廃止を選ぶべきである。

それに対して、相対的誤判論であれば、冤罪で死刑になる人がいることは、当人が受ける甚大な不利益を考えても、また司法制度に対する信頼の喪失という観点からも、非常に望ましくないことであるが、一定のレベル以下に抑えられている限りは、それのみを根拠として死刑を廃止すべきだということにはならない。したがって、もしそれを上回る利益があると考えられるなら、死刑を存続することもこの立場では認められる。

表2-3　誤判論の考え方

	死刑有	死刑無 （無期懲役のみ）
死刑で死ぬ人	10年で100人	―
うち、冤罪で死刑になる人	10年で1人	―
殺人事件で死ぬ被害者の数	10年で4000人	10年で5000人
死者合計	4100人	5000人

＊このような数字の根拠となる確かなデータはない点に注意せよ。

筆者は相対的誤判論であれば受け入れることができる。死刑制度に限らずどのような制度も、そうしたデメリットがありうるからだ。例えば先述のように自動車交通は我々の生活に大きな利便性をもたらしているが、その一方で、国内だけでも毎年数千名の交通事故の死者が出ている。また、排気ガスによる地球温暖化の影響や大気汚染の問題もある[29]。しかし、我々の多くは自動車交通のメリットとデメリットを比較衡量して、制度の存続を認めている。それと同様に、死刑制度のデメリットの一つとして誤判や冤罪の問題を理解するのであれば、死刑のメリットと比較衡量して総合的に判断する必要がある。だが、その場合は、抑止力の問題と同様、誤判がどのぐらい頻繁に起こっているのか、また誤判による死刑がどのぐらい起きているのかを可能な範囲で調査することが重要になるだろう。

その一方、絶対的誤判論については、これを支持することはできない。本来あってはならないことはいえ、先に論じたように死刑以外のさまざまな制度においても「取り返しのつかない死」が生じることは予期しうるものである。我々にできることは、そのようなリスクをできるだけ下げる試みをすることであり、また常にその制度を維持するメリットとデメリットを考えることであろう。しかし、「過ちを起こすと取り返しがつかないから」という理由のみでもって、そのデメリットの程度を問題にすることなく死刑のみを廃止しようとする考えは、ここまで述べてきたように説得力がない。我々は誤判によって失われる命のことを考えるだけでなく、(仮に死刑に抑止力があるとすれば)死刑制度を廃止することによって失われる命のことも考えなければならない。

5. 更生可能性論——どんな犯罪者でも更生の可能性はある

罪を犯した者には罰が下されなければならないという応報の発想には、人々が理性や自由意志に基づいて犯罪をなすことが前提されているように思われる。しかし、例えば一九六〇年代末に連続ピストル射殺事件を起こして九七年に死刑執行がなされた永山則夫のように、悲惨な境遇で育ったり、あるいは十分な教育を受けられなかったりしたことが一因となり、犯罪に及ぶことも考えられる。そのような場合に、重要なのは応報ではなく、犯罪者の教育を通じた更生であると言う者もあるだろう。犯行当時に一〇代であった殺人犯が死刑になることは少ないが、それはこうした更生可能性の考慮が大きく働いていると考えられる。では、たとえ罪のない人を複数人殺した殺人犯であっても、更生の可能性はあるから、死刑にすべきではない、と言えるだろうか。

どんな犯罪者でも更生の可能性はあるというのは実証的な主張であり、調査研究が必要である。『平成二二年版犯罪白書』によれば、同種重大犯罪の再犯率は、殺人〇・八％、傷害致死三・九％、強盗八・三％、強姦九・四％、放火七・五％であり、とくに強盗、強姦及び放火で再犯の可能性が比較的高いことが指摘されている。殺人犯が再度殺人に及ぶ割合は少ないものの、殺人・傷害致死を含む粗暴犯や財産犯の再犯率は高いとされる（それぞれ、五・五％、七・六％）。こうした実態からは、受刑者に対する処遇に改善の余地があるとも言えるが、犯罪者の更生は、少なくとも一部の犯罪者にとっては、困難だという証拠にもなるだろう。

また、犯罪者を更生させることが刑罰の唯一の目的なのかという問題もある。「この殺人犯は反省しており、更生の可能性も十分にあるが、更生可能性があるからといって死刑を免れることはできない。応報または犯罪予防の見地からは、死刑がふさわしい」という判断も可能かもしれない。ここからも、そもそも刑罰は何のためにあるのかについて検討する必要があることが見てとれるだろう。

刑罰は本質的に犯罪者の道徳教育を目的としているという議論がある。この議論によれば、刑罰は応報を通じた正義の実現とか、犯罪者を罰することを通じた一般予防といった目的ではなく、「犯罪者の利益のために」なされるものである。刑罰は犯罪をなした者に対する義務的な道徳教育であり、刑罰を通じて犯罪者に対して道徳的なメッセージが送られることになる。犯罪者は概して説教するだけでは自らのしたことの罪の重さを理解しない。そこで、被害者が受けたのと同じくらいの刑罰を科すことにより、自分の行為の不正さを理解させるというのだ（Hampton 1995, 131）。

この議論は死刑に関しては理論的に興味深いパラドクスを生み出す。すなわち、殺人など重大犯罪を行なった者に十分に反省させるには死刑を科すしかない可能性があるが、しかし、死刑が科されることで十分に反省した者を死刑に処する理由はもはやないと思われるというパラドクスである。

実際のところ、死刑囚だった永山則夫は数々の文学作品を生み出し、反省や謝罪の意も表明していたが、これは死刑という極刑に追い詰められていたからこそのことだった可能性があるだろう。だが、真摯に反省したのであれば、道徳教育としての刑罰の目的は達成されたのであるから、もはや死刑にする必要はないということになる。しかし、もし無期懲役であれば、同じような反省には至らなかったかもしれない。道徳教育としての刑罰という観点からは、このパラドクスを解決することは困難であり、死刑に関しては別の正当化が必要になると考えられよう。

まとめ

以上、死刑廃止の議論について詳しく検討した。本章の冒頭で述べたように、死刑を廃止すべきかどうかの倫理的な議論の根拠として、よい理由と悪い理由がありうることがこれまでの議論を通じて理解されたことと思う。倫理については「蓼食う虫も好き好き」という風に、議論ができないと考える向きもあるが、このような具体例を通して考えるならば、そのようなことはないとわかるであろう。

筆者の考えでは、誤判可能性を理由にした死刑廃止論は決定的な論拠にはならず、相対的な重みしか持たない。そのため、抑止力のあるなしも含めて、総合的に判断することが求められる。また、重要なのは、死刑を含めた刑罰制度の目的を明確にすることである。刑罰制度には、応報や抑止、再犯防止や更生といったいろいろな目的がありうる。死刑がどの程度こうした刑罰の目的に適ったものなのかについても吟味する必要がある。

なるほど、死刑を廃止すべきかどうかについて本章で決定的な結論を出せたわけではないかもしれない。また、ここでは検討されなかった重要な論点が他にある可能性もあるだろう。とはいえ、どのような議論が行なわれるべきであるのかや、どのような実証的根拠が必要なのかについては一定の方向性を示したつもりである。第1章で述べたように、倫理的問題には難問が多くあり、すぐに明確な答えは出せないかもしれないが、だからといって答えがないことにはならないのだ。

筆者が懸念しているのは、死刑について十分に倫理的な議論がなされないままに著名な冤罪事件が出てくると、それに世論が流されることである。次の事例を考えてみてほしい。

英国では、妻と娘を殺害したとして、一九五〇年に殺人罪で死刑にされたティモシー・エヴァンズの事例が有名である。死刑執行後、実は隣人の男性が殺人犯であったことがわかり、エヴァンズは死後に恩赦された。この事件をきっかけに、死刑廃止の気運が高まり、一九六五年に死刑執行が停止された。(30)

国内で最近問題になったのは袴田事件である。この事件では、二〇一四年に再審開始が決定し釈放されるまで、元プロボクサーの袴田巌は四五年以上死刑囚として独房にいた。エヴァンズの場合と異なり、袴田の場合は死刑が執行されていなかったとはいえ、誤判の被害者として人生を台無しにされて、その苦悩は筆舌に尽くしがたいものであろう（その後、二〇一八年に高裁で再審請求が棄却されたが、釈放されたままである）。今日、袴田事件を受けて死刑廃止の気運が高まっている。今後さらに、死刑執行後に無罪と判明するような事件が起きれば、日本でも英国と同じような経過を辿る可能性は十分にあるだろう。

冤罪が不正義であることは間違いない。誤判の可能性が少しでも低くなるよう、刑事司法制度の見直しが行なわれることが重要であろう。しかし、特定の被害者にばかり目を向けていると、全体像を見失う可能性がある。(31)死刑制度があるために死ぬ人（死刑囚）は目に付きやすいが、死刑制度があるために死なない人（仮に抑止力があるとすれば、殺されずに済む人）は目に付きにくい。我々が死刑制度について考えるさいには、誤判による被害者の苦悩を考慮するだけでなく、明らかに誤判ではなかった死刑判決によってなされた正義や、死刑制度がなければ起きていたかもしれない凶悪犯罪の被害者やその家族のような、潜在的な被害者の境遇にも思いを馳せる必要がある。死刑については、存続するにせよ、廃止するにせよ、十分に議論をすることが重要である。

また、仮に存続するのであれば、個々の事案において、どういう要件を満たせば死刑を科すことが許されるのかという問題や、どのようにすれば誤判を減らせるのかといった問題について、引き続き議論する必要があるだろう。

最後に、死刑について考えることは、「死はなぜそれほど悪いものなのだろうか」という哲学的問題につながっている。なぜ死刑は一般に懲役刑よりも重い刑罰と考えられているのだろうか。命が奪われることが悪いのは、なぜなのだろうか。この問題は、自殺や安楽死を検討するさいにも問題になる、重要なテーマである。

読書案内

日本の死刑の議論について、本文で挙げたもの以外には、加藤尚武『応用倫理学のすすめ』（丸善、一九九五年）の第八章、井田良・太田達也編『いま死刑制度を考える』（慶應義塾大学出版会、二〇一四年）、萱野稔人『死刑　その哲学的考察』（ちくま新書、二〇一七年）などがある。本文では批判的に言及したが、団藤重光『死刑廃止論　第6版』（有斐閣、二〇〇〇年）は元最高裁判事で刑法学者による、日本における死刑廃止論の古典である。

刑罰一般に関する哲学的議論については、ジョナサン・ウルフの『「正しい政策」がないならどうすべきか』（勁草書房、二〇一六年）の第五章や、テッド・ホンデリックの議論（Honderich 2006）がある。カントの刑罰論については、北尾宏之の「カントの刑罰論」（北尾 2012）が参考になる。倫理的推論や誤謬論については、マイケル・ダン／トニー・ホープ『医療倫理超入門』（岩波書店、二〇二〇年）の第三章がわかりやすい。

戦争の倫理については、加藤尚武『戦争倫理学』（ちくま新書、二〇〇三年）、松元雅和『平和主義とは何か』（中公新書、二〇一三年）、眞嶋俊造『正しい戦争はあるのか？』（大隅書店、二〇一六年）などの文献がある。社会契約説について詳しくはジョナサン・ウルフ『政治哲学入門』（晃洋書房、二〇〇〇年）、重田園江『社会契約論』（ちくま新書、二〇一三年）などを参照せよ。

本章は児玉聡「死刑」（児玉 2019c）を改訂したものである。

第3章 嘘をつくこと・約束を破ることの倫理

「人間、嘘をついてはいけません。嘘は泥棒の始まりという言葉がありますね。私は嘘つきは大嫌いです」と思想家の梅原猛は述べた（梅原 2007, 154）。我々は子どもに嘘をつかないようにと教える。しかし、我々はあらゆる場合に嘘をついてはならないのだろうか。「嘘も方便」という慣用句もあるように、我々は一定の範囲で嘘をつくことを容認しているとも思われる。この二つの態度は、日常的にはあまり問題にならないが、突き詰めて考えると、矛盾しているのではないだろうか。

前章では死刑存廃論を検討することを通じて、倫理的主張を支持するよい根拠とそうでない根拠がありうるという点を強調した。本章では、嘘をつくことや約束を破ることの倫理を検討し、それを通じて、功利主義と義務論という二つの主要な倫理理論の基本的な考え方を説明する。

1　嘘をついてよい場合はあるか

最初に、次の事例を考えてほしい。

> **病名告知の事例**
>
> 　あなたは二〇代で、入院している大好きな祖父の見舞いに家族と一緒に行く。病院で祖父に会う前に、医師から重要な話があると言われ、家族と一緒に説明を聞く。医師は患者は肺がんで体の他の部分にもがんが転移していると家族とあなたに説明する。祖父は七〇代で、入院するまでヘビースモーカーだった。すでにがんを手術で取り除くことは不可能で、選択肢は抗がん剤を用いた化学療法をするか、苦痛を和らげる緩和医療のみを提供するかのいずれかである。

化学療法を選べば余命は六ヶ月から一年であるが、副作用に苦しむことも考えられる。緩和医療のみであれば余命は三ヶ月と考えられる。また、化学療法を用いた積極的治療をする場合には、事前に患者に病名の告知と、治療に対するインフォームド・コンセント（医療者が十分な説明を行なったうえで患者の同意を得ること。⇒5・4）が必要である。医師は、本人に知らせるかどうかを家族で決めてほしいと言う。

家族は、祖父はがんを告知されるとショックを受けて死期が早まる可能性があるから伝えるべきでないという意見と、積極的治療を検討するためにも告知をすべきだという意見に分かれる。あなたはどちらの意見に賛成するだろうか。また、その理由はなんだろうか。

がん告知に関しては本人に正直に伝えるべきだという考えが欧米だけでなく日本でも近年広まっている。朝日新聞が二〇〇〇年に行なった調査によれば、自分ががんに罹った場合、「知らせてほしい」という人は七六％（一九八九年の調査では五九％）、家族のがんについて「本人に知らせると思う」は三七％（同、二一％）と告知を望む声が高まってきており、約半数の医師も患者にがんであることを「知らせる方がよい」と答えたという。(1)

これは、日本人の倫理観が改善し、以前よりも嘘つきが減って正直者が増えたからだろうか。おそらくそうではなく、以前は不治の病だったがんが、治療が可能になってきたという要因が大きいと考えられる。その背景には、がん検診の普及等によりがんの早期発見・早期治療が可能となったという事情や、また放射線治療や化学療法などの技術が進んだという事情がある。

一般に、嘘をつくのがいけない理由の一つに、嘘が他人の利益を損なうということがある。がん告知に関しても、患者本人に本当の病名を伝えないと、自分で治療法の選択ができなくなり、結果的に当人の利益が損なわれる可能性がある。だから、悪い知らせであっても患者本人に伝えるべきだという主張が成り立つ。したがって、がん告知が進んだのは、日本人の倫理観が改善したというよりは、医学の発展によって、告知しない場合よりも告知した場合の方が利益が大きいと判断されるようになってきたからだと考えられるだろう。

では、嘘が他人の利益を損なわないか、あるいは他人の利益を積極的に促進する場合には、嘘をついてもよいのだろうか。真実が人を傷つけることもある。本当のことを言うことで他人が傷つくのであれば、真実を告げないことも時によっては許されるのではないか。このような考え方は、次の社説にも現れている。

例えば「うそも方便」ということわざがある。うそをつくことは道徳的に許されないことだ。しかし、重病の患者を元気づけるため周囲の人たちが軽い病名を告げるなど、状況によってはやむを得ない場合も考えられる。(2)

「方便」とは手段や手立てのことで、「嘘も方便」とは、よい結果をもたらすためには、嘘をつくという手段が正当化される場合もあるということだ。だとすると、厳密にはどのような場合に嘘をつくことが許されるのだろうか。また、なぜ我々は一般に嘘をつくべきではないのだろうか。これらの問いを考える前に、嘘の定義について確認しておこう。

嘘をついてよいかという問題や、真実告知の問題の奥には、嘘とは何か、真実とは何か、という概念的な問題が潜んでいる。これは、非常に哲学的な問いであると同時に、実践的にも重要な問いだ。例えば、がんの患者に病名や余命を聞かれたときにあいまいに答えたりわかりませんと言ったりして本当のことを言わなければ、嘘をついたことになるのだろうか。本当のことを言わないことは、嘘をつくことと同じだろうか。

嘘をつくとは、どういう意味だろうか。嘘をつくとは真実を話さないことだろうか。そうすると、友人があなたに「カンヌ映画祭の「パルムドール」はどういう意味か?」と尋ねてきて、あなたが「金獅子賞と訳されるから、金の獅子という意味だろう」と答えたとしよう。だが、実際には金獅子賞はヴェネチア国際映画祭の賞のため、あなたは間違ったことを言ったことになる。しかし、あなたは嘘をついたことになるだろうか。通常はそうは言わないだろう。したがってこれはうまい定義ではない。間違った情報を心から真実だと思っていて、その通りに伝えた場合、我々はその人が嘘をついたとは言わないだろう。そこで、嘘をつくという場合には、相手に誤った見解を抱かせるという意図を持って、虚偽の情報を伝えたり、あるいは情報を差し控えたりすることが必要だと思われる。

2 義務論の考え方

もしかしたら、読者の中には「嘘は絶対についてはいけない」と考えている人がいるかもしれない。では、次のような事例はどうだろうか。

友人を家に匿う事例

あなたの家に友人が逃げ込んできた。友人は人殺しに追われていると言う。しばらくして、その人殺しがあなたの家の玄関に来て、友人が家に隠れているのではないかと尋ねる。ここであなたには、友人は家の中にいますよと正直に言うか、向こうへ走っていったと嘘をつくかのいずれかの選択肢しかないとする。あなたはどうすべきだろうか。

少し時間をとって考えてみてほしい。もしこの状況でさえ嘘をついてはいけないと言うのであれば、カントがあなたの味方である。上記の事例はしばしば嘘論文と呼ばれるカントの有名な「人間愛から嘘をつく権利と称されるものについて」から拝借したものである(3)(カント 2002)。カントはこの論文において、嘘をつくことはいかなる場合でも絶対に許されないという主張を行なっている。

カントによれば、義務を守る場合に得られる利益と守らない場合に得られる利益を秤にかけるという考え方は、そもそも倫理的ではない。カントの考えはこうだ。あなたが道徳的に行為したければ、自分の従うルールが我々みなの従う規範として通用することを意欲できる必要がある。カント自身の言葉では、「あなたの意志の格率がつねに同時に普遍的立法の原理として妥当しうるように行為せよ」(カント 1972a, 274) である。仮に、自分の都合の悪いときに嘘をついたり、約束を守らなかったりすることが許されるというあなたのルールが、我々みなが従う倫理として認められた場合を想像してみてほしい。そのような社会においては、そもそも誰も他人の言うことを信じなくなってコミュニケーションが成立しなくなるし、約束という規範も成り立たなくなるだろう、とカントは考える。すると、自分の都合の悪いときに嘘をついたり約束を守らなかったりしてよいというあなたのルールは道徳規範にはなりえないことになる。したがって、どのような場合であれ、例外を認めることはできず、常に正直でなければならないのだ。そこで、仮に嘘をつくことで友達が助けられるとしても、義務違反という不正を犯すことでよい結果を得るのは正義に反している(4)。

今日、カントは義務論（deontology）という倫理理論の代表的論者として説明されることが多い。カントの考え方に見られるこのような「義務を守った結果としていかなる帰結が生じるかに拘らず、義務は守らなければならない」という発想は非帰結主義（non-consequentialism）と呼ばれ、義務論の最大の特徴となっている。この特徴は、第2章で見たカントの応報論に基づく死刑論にも現れている。すなわち、カントによれば、刑罰は犯罪抑止論のようにそれがもたらす利益を考慮して行なわれるのではなく、応報を通じた正義の達成のためになされなければならない。したがって、死刑を行なうことでいかなる利益あるいは不利益が生じたとしても、それは倫理や正義とは無関係である。死刑を支持するカントとは方向が逆になるが、誤判が一つでもある限り死刑にいかなる利益があっても廃止されるべきだという絶対的誤判論も、同様に義務論的（非帰結主義的）だと言える。(5)

カントがこのような非帰結主義を支持する理由の一つには、そもそも道徳は幸福や利益とは根本的に無関係だという発想がある。理性の命令である道徳は、幸福や何らかのものを追求するためにあるのではない。カントにとっては、義務を果たすかどうかという話と、行為によって利益が得られるかどうかという話は、いわば別次元の事柄である。(6) したがって、ある行為が結果として当人や社会全体に利益をもたらすか否かということは、道徳的には重要ではない。重要なのは、義務が守られ、正義がなされることなのだ。(7)

カントの嘘論文に現れているもう一つの論点は、行為の結果は水物《みずもの》だというものだ。上記の例では、あなたが人殺しに対して「ええ、友人なら家にいますよ」と言った場合に、友人はすでに裏口から逃げていて助かるかもしれない。逆に、「ええ、友人なら向こうへ走っていきましたよ」と嘘をついた場合、実際に友人は裏口からそちらの方に向かって逃げており、人殺しと鉢合わせになるかもしれない。このように行為の結果は偶然に任されており、我々は正確には知りえない。したがって重要なのは義務を守るかどうかである。カントによれば、あなたが真実を言えば、それであなたの義務は果たされる。たとえそれによって友人が人殺しに殺されたとしても、気の毒な話ではあるが、あなたに責任はない。義務に反したのは人殺しの方であり、捕まって刑罰を受けるのはあなたではなく人殺しの方なのだ。

また、カントの倫理学にとっては本質的であるが義務論一般にとっては必ずしも本質的ではない特徴として、絶対主義（absolutism）が挙げられる。すなわち、約束を守るとか真実を告げるといった義務は絶対に守られねばならず、例外は一切存在しないということだ。「誠実は一つの義務であって、契約に基づくあらゆる義務の基礎とみなされなくてはならず、もしこれに少しの例外でも認めさえすれば、義務の法則は動揺して役に立たなくなるのである」（カント 2002, 220）。蟻の穴から堤も崩れるという成句があるが、例外を認めれば道徳は崩壊するとカントは考えている。

これに対して、英国の哲学者W・D・ロス（W. D. Ross, 1877-1971）のような義務論者は、個々の事例においていくつかの義務が衝突することを認める。そこで、例えば人を助けるという義務を果たすために真実を告げるという義務を果たさなくてよい場合があると論じることもできる。したがって、義務の絶対性については、義務論者の間でも意見が異なると言える(8)。

さらに、やはりカントの倫理学にとっては本質的であるが義務論一般にとっては必ずしも本質的でない特徴として、動機の純粋性がある。カントは義務を果たそうとする動機以外は、すべて道徳的には不純な動機だと考えた。例えばパン屋の主人が、店の経営にとっては正直が一番の策だと考えて客に嘘をつかないとすると、カントはこれは義務に適った行為をしているという意味で「適法的（合法的）」だと考えるが、義務からの行為ではないため主人の行為に道徳性はないと考える。これがいわゆる合法性（Legalitaet; legality）と道徳性（Moralitaet; morality）の区別である。(9) また、カントにとって道徳は、「もうけたければ正直に行為すべし」といったような条件付きの命令ではなく、「正直に行為すべし」という無条件な命令である。カントは前者の条件付きの命令のことを仮言命法（hypothetischer Imperativ; hypothetical imperative）、後者の無条件な命令のことを定言命法（kategorischer Imperativ; categorical imperative）と呼んでいる。道徳は定言命法であり、仮言命法は道徳ではない。

したがってカントによれば、どのような状況においても絶対に嘘をついてはならないだけでなく、それを義務感（カントの言葉では道徳法則に対する尊敬の念）という動機から果たさなければ、義務を果たす行為に合法性はあっても道徳性はないのだ。そこで最初の病名告知の例について言えば、「嘘をついてはならない」という義務を果たそうとする動機から、本当のことを言った結果どうなるかは度外視して、祖父に真実を告げなければならないだろう。

カントの倫理学の特徴についてはまだ他に述べるべきことがあるが、他の章で扱うことにして、嘘論文を中心にしたカントの主張を評価しておきたい。読者はここまでのカントの主張をどのように考えるだろうか。以下は筆者の意見である。

日本にも「ならぬものはならぬ」という言い方があるように、道徳も法も自分の都合によって易々と捻じ曲げられてよいものではない。義務と私益の衝突という状況においては、倫理の厳格性を強調するカントの主張には一定の魅力がある。しかし、人を助けるために嘘をついてよいかどうかという問題は、義務と私益との衝突ではなく、人を助ける義務と嘘をつかない義務という義務同士の衝突であり、利己的な理由からの道徳の違反ではない点にまず注意する必要がある。

どのような場合でも嘘をついてはならないというカントの議論は、筆者が考えるに、よい理由に支えられているとは言えない。筆者がそう考える理由はこうである。第一に、一定の例外を認めても倫理は必ずしも崩壊しない。正直である義務が絶対的であるか、倫理が崩壊するかのいずれかである、つまり一か〇かというカントの発想は極端である。たしかに、嘘をついてはならないとか約束を守らなければならないといった規則に例外が多すぎれば、規則を守ろうとする我々の動機は弱まるだろう。しかし、例えば古代ローマの政治家でありストア派哲学者でもあったキケロ（Cicero, 106BC-43BC）は、以下のような状況においては約束を破る積極的な義務があると考えた。

> 人が正気のときに、お前のところに自分の剣を託し、発狂して、それを返せと要求したとせよ。それを彼に返すのは罪悪であって、そうしないのが、おまえの義務であろう。（キケロー 1974, 200）

この事例のように、約束を守ることによって約束した本人あるいは第三者に大きな不利益が生じる場合など、特定の状況においては約束を守らないという例外を作ったとしても、一般に約束を守るべきだという規範の力が大きく失われることはないだろう。加藤尚武は、約束に関するキケロの議論を受けて、⑴誰もが認める自分の基本的利益（生命など）を守るため、⑵相手を救うため（子どもに薬を飲ませる）、⑶自分あるいは第三者を暴力や詐欺から守るため、⑷相手が誠実でないときの場合は、嘘をつくという例外的行為が許されると述べている[10]（加藤 1997, 20）。加藤の四つの分類が適切であるかどうかはここでは論じないが、いずれにせよ、こうした限定された状況において約束を守らないことや嘘をつくことが正当化されることを認めたからといって、約束や真実に関する義務が崩壊するようには思われない。我々は、原則的には嘘をつくことはいけないと認めつつ、人殺しから友人を守るためといった特定の状況において嘘をつくことは正しいと、矛盾なく主張することができる[11]。

第二に問題だと思われるのは、人殺しに正直に伝えた場合に行為の結果に対して責任はないという主張である。確かに友人を殺すのは人殺しであり、あなたではない。しかし、だからといって人殺しがあなたの友人を見つければ殺す可能性が高い状況において、本当のことを言えば友人が見つかることが合理的に予測でき、しかも嘘をつけばそれを回避できる状況だとすると、本当のことを言って友人が殺された場合にあなたには何の責任もないと言えるだろうか。例えば、次のタラソフの事例を考えてみよう。

タラソフの事例

米国の男子大学院生のポダーは、女子学部生のタラソフと一時期恋愛関係にあったが、短期間で関係が終わってしまい、タラソフのことを殺したいと思うようになった。彼は精神科医の診療を受けたさいにそのことを医師に告げたが、医師は診療中に知りえた情報を他言しないという守秘義務と本人や家族に危険を告げる義務のいずれが優先するかについて悩んでいる。

この事例は現実には次のような経過をたどった。結局、精神科医は家族や本人に告げず、結果的にタラソフはポダーに銃で撃たれて死んでしまったのである。カントならば、殺したのはポダーであるから、医師には責任がないと言うかもしれない。だが、現代では、医師が合理的に第三者の危険を予測できるのであれば、守秘義務よりも、危険を警告する義務の方が優先しうるという考えが主流なものとなっている。(12)

また、カントは仮に人殺しに本当のことを告げたからと言って、結果がどうなるかはわからないと言うが、我々には結果を合理的な範囲で予測して行為する責任があると考えるべきだと言えるだろう。(13)したがって、あなたの友人を追ってきた人殺しに嘘をつくかどうかという事例においても、このような例外的状況において嘘をつくことは正当化されうるのであり、また、行為の結果について予測がつかないとか、友人が殺された場合に責任は人殺しにあるといった主張は、あなたが嘘をつかないことを正当化するよい理由とは言えないと考えられるのだ。

3　功利主義の考え方

義務論と対照的な考え方に功利主義（utilitarianism）がある。義務論と異なり、功利主義は、行為や政策の正しさは結果（帰結）のよしあしのみによって決まると考える点で、帰結主義（consequentialism）の立場をとる。(14)また、帰結のよしあしは行為や政策が人々の幸福に与える影響によって評価される。それ自体としてよいのは人々の幸福や利益のみであり、それ以外の、例えば自由や権利といったものは幸福を促進する限りでよいものである。この意味で、功利主義は厚生主義（welfarism）を取る。さらに、選択可能な行為のうち、人々の幸福や利益の総和を最大化する行為が正しいという総和最大化（sum-ranking, maximization）の考えをとる。このような考え方をする代表的な思想家には、ジェレミー・ベンタム（ベンサム）、J・S・ミル、ヘンリー・シジウィック、R・M・ヘア、ピーター・シンガーなどがいる。

ジェレミー・ベンタムの思想が功利主義の典型であるので、簡単に紹介しよう。ベンタムによれば、行為が正しいかどうかは「利害関係者の幸福を増やす傾向があるか減らす傾向があるか」によって決まる。この場合の「行為」には、個人の行為だけでなく、政府が行なう政策も含まれる。ベンタムはこの正と不正の基準を功利性の原理（the principle of utility）と呼んでいる（ベンサム 1979, chap. 1）。

また、ベンタムは幸福を快楽と苦痛によって理解している。「自然は人間を快楽と苦痛という二人の統治者の支配下においた」と比喩的に述べているように、ベンタムによれば、人々が実際になす行為は快苦によって決定されていると同時に、人々がなすべき行為やなすべきでない行為も快苦によって決まる。[15] ここで言われる快苦は単に身体あるいは五感がもたらすものだけに限らない。ベンタムは単純な種類の快苦として、一四種類の快楽と、一二種類の苦痛を挙げ、人間の感じるあらゆる快楽と苦痛はこれらの種類あるいはその組み合わせによって説明されると言う。例えば、善意、評判、想像力、記憶、予期などのさまざまな精神活動によっても快苦がもたらされるとしている。のちにJ・S・ミルが功利主義は豚のための哲学ではないと論じることになるが、[16] 人間のあらゆる行為を快苦の視点から一元的に説明しようとするところに快楽説（hedonism）の特徴がある。

さらにベンタムは、快楽計算（hedonic calculus）として知られる快苦の計算方法も提案している。それぞれの快苦はその強度、持続性、確実性（確実に得られるかどうか）、近接性（いつ得られるか）などの七つの基準によって評価される。この計算を行為や政策によって影響を受ける関係者が得るすべての快苦に関して行なうことにより、行為の正しさが判定されるという。この快苦計算はある種の理念であり、実際にこのように快苦の計算を行なう功利主義者はベンタムも含めほとんどいないが、行為の正・不正をその結果に基づいて評価する帰結主義の特徴を表していると言える。(17)

功利主義についてのここまでの説明からわかるように、功利主義は自己利益の追求を是とする理論ではない。しかし、日本でもしばしば功利主義は自己利益を追求するのを是とする立場として描かれることがある。日本語の「功利的」という言葉は、とくにこの意味で用いられることが多い。実際のところ、これは古くからある誤解であり、J・S・ミルも『功利主義論』（1861）の第二章で次のように述べている。

功利主義が正しい行為の基準とするのは、行為者個人の幸福ではなく、関係者全部の幸福なのである。自分の幸福か他人の幸福かを選ぶときに功利主義が行為者に要求するのは、利害関係をもたない善意の第三者のように厳正中立であれ、ということである。（ミル 2010, 478）

ミルはまた、同じ著作の中で、ベンタムの格言として、「だれでも一人を一人として数え、だれも一人以上に数えてはならない」という言葉を記している（ミル 2010, chap. 5）。このように、自分も他人も、さらには快苦を感じられる人間以外の生物も、平等に快楽計算に入れなければならないというのが功利主義の考え方である。

病名告知の例に戻って義務論と功利主義の違いを考えてみよう。義務論者も、功利主義者も、例えば、告知すべきなのは嘘をつくべきでないからだとか、本人の自己決定を尊重すべきだからと言ったりなど、似たような主張をするかもしれない。だが、その根拠は大きく異なっている。義務論の場合は、これらは結果のよしあしとは関係しない（あるいは、結果だけに依存しない）主張であり、例えば仮に患者がショックを受けて死期が早まろうとも、真実を告げることは正しいことであるから、告知をすべきだと言うだろう。

それに対して、功利主義では、告知をした場合に患者および家族や医療者等の利害関係者にもたらされる快苦と、告知をしなかった場合に患者および他の人々にもたらされる快苦を比較したうえで、結果の比較衡量に基づき、告知の是非を決めることになる。例えば、そのような比較衡量には、告知しなくてもやがて本人が気づいて余計にショックを受けるとか、その後も嘘をつき通すのは難しいとか、告知すれば患者は自分で自分の終わりを決めることができてより幸福な仕方で終わりを迎えられる、などの結果に言及して、告知の是非を判断するだろう。

また、前章で扱った死刑の議論で言えば、義務論が応報刑を支持する傾向があるのに対して、功利主義は刑罰の犯罪抑止効果を重視する。ベンタムの『道徳と立法の諸原理序説』（1789）は、もともと刑法典の序説として書かれたものであるが、彼も刑罰の主要な目的は犯罪を防止することだと考えていた。誤判について言えば、功利主義では相対的誤判論、すなわち誤判は刑罰制度の望ましくない特徴であるものの、それ自体で死刑を廃止する決定的な根拠とはならず、他のメリットとデメリットとの比較衡量の対象となるものだという立場が支持されると考えられる[18]。

なお、誤解のないように付言すれば、功利主義のような帰結主義はいわゆる結果論を意味しているわけではない。結果論とは、実際に出来事が生じたあとで、その結果のよしあしを知ったうえであぁしておけばよかったこうしなければよかったという風に論じるものである。だが、帰結主義は通常、行為の予期される結果や、あるいは行為の一般的傾向に基づき、行為の正しさを評価するものである[19]。

功利主義の特徴については他の章でもさらに論じることにして、ここでは嘘や約束に関わる限りでの功利主義に対する批判を少し検討する。次の事例について、(1)功利主義者であればどう考えるはずか、(2)あなたはどう考えるかに分けて、少し考えてみてほしい[20]。

無人島での約束の例

私と友人が遭難して無人島にたどり着いた。友人が私に自分の全財産を競馬クラブに寄付してほしいと言い残して死んだ。私はそうすると約束した。その後私は助けられたが、競馬クラブよりも病院に寄付した方がより多くの善を生み出すと考え、約束を守るべきかどうか悩んでいる。

さて、この事例を作った功利主義者のＪ・Ｊ・Ｃ・スマート（J. J. C. Smart, 1920-2012）は、二人が交わした約束について他の人は知らないし、自分は良心の呵責を少しばかり覚えるかもしれないが、それでも全体の利益を考えれば病院に寄付すべきだと述べる。つまり、約束を破るべきだというのだ。続けてもう一つの事例についても上記と同じように二つの問いに分けて、少し考えてみてほしい。

シェリフの事例

一九五〇年代後半、白人と黒人の人種間の緊張関係の強い地域で、ある白人女性が強姦され、それによって黒人に対する反感が高まっている。こうした中、シェリフ（保安官）が次の二つの選択肢のいずれかを選ばないといけない状況になった。一つは、みなが疑わしいと感じているがシェリフは無実であることを知っているある黒人を強姦の容疑で逮捕すれば、白人による黒人への暴動とそれによる何名かの死を避けられるという選択肢。もう一つは、犯罪者を探すことにして、その結果、黒人に対する暴動が生じるがその被害をなるべく最小限にするという選択肢である。シェリフは暴動を避けるために嘘をつくべきかどうか迷っている。

この事例を作ったマクロスキー（H. J. McCloskey）は、功利主義者なら嘘をついて無実の者を有罪することを支持するだろうと主張し、功利主義は正義に反するとして批判している。

このように行為の結果を重視する功利主義では、約束や正直さ、あるいは司法の正義といった重要な事柄がないがしろにされてしまうという批判がよくなされる。つまり、全体の幸福に役立つのであれば、義務はいつでも破ってよいという発想につながるというわけである。しかし我々はそのように義務を軽んじてよいと考えていないため、そのような常識に照らせば、功利主義はもっともらしくないということになる。カントの義務論はあまりに厳格であるように思われたが、それに対して、功利主義はあまりに「何でもあり」になってしまうということだ。

これに対して功利主義者にはいくつかの答え方がありうるが、その代表的なものは約束や誠実さといった義務を一般的に守ることの有用性を功利主義の観点から説くことである。例えばヒューム（David Hume, 1711-76）は『道徳原理研究』（1751）において、正義を守ることを自明視する当時の主流の考え方に反して、正義はそれを人々が遵守することが社会にとって有用だから守られるべきであるという形で正当化を行なっている（Hume 1998, chap. 3）。すなわち、例えば正義の一類型として所有権の尊重があるが、そもそも所有権は自然権に基づく神聖不可侵のものではなく、社会に住む多くの人が他人の所有物を尊重することによって初めて協力活動が可能となり、その結果社会全体にとって有用であるから守られるべきものである。したがって、個々の事例では一見正義に反することをした方がよく見えたとしても、所有権制度が制度として持つ有用性をも考慮に入れた場合、そうすべきではない、と考えられる。

また、ベンタムと同時代人のペイリー（William Paley, 1743-1805）も社会の一般的規則の重要性を説いている。彼によれば、暴君を暗殺することが有用に思える場合や、金持ちからお金を盗んで貧しい人々に与えたり、賄賂を使って国会議員になったりした方が社会に善行をなすことができると思われる場合があるが、それは間違いである。なぜなら、行為の結果には、その行為が直接もたらす特定の悪い結果と、一般的規則を破ることによる一般的な悪い結果があり、仮にある暗殺の事例で特定の悪い結果がなかったとしても、政府による適切な手続きなしに誰かを罷免してはならないという一般的な規則が破られるために、社会にとって大きな害悪が生じる可能性があるからである。ペイリーは一般的規則は我々の行為指針としても重要であると考え、規則を持つことの有用性を強調している（Paley 2002, chaps.

6-7)。

このように、約束や正義といった倫理的規則や制度の有用性を考え、個々の行為ではなくそうした規則に対して功利性原理を適用する立場を規則功利主義(rule-utilitarianism)と呼ぶ。この場合、個々の意思決定においてはいちいち功利主義的に考えることはせず、むしろ功利主義によって正当化された規則を遵守すべきである。これに対して、個々の事例において功利主義的な考え方をするべきというスマートのような立場は、行為功利主義(act-utilitarianism)と呼ぶ。

規則功利主義の立場であれば、約束や誠実さといった義務に関する我々の考えに即した説明を功利主義的に行なうことができる。また、暴動の発生を防ぐために無実の者に罪を着せるといったことも、司法の安定性の観点から認めてはならないと答えることができるだろう。

また規則功利主義では、カント的な義務論における絶対主義、すなわち約束は常に守らないといけないという考えを持つ必要は必ずしもなく、「かれこれの状況においては必ず約束を守るべきである」という風に状況設定に限定を加えることにより、義務に制約を付けることができる。例えば病名告知の状況においては、「直ちに真の病名や病状をありのまま告げることが患者に対して過大の精神的打撃を与えるなど、その後の治療の妨げになるような正当な理由があるときには、真実を告げないことも許される[21]」というような例外を設定して、そのうえで原則的には真実を告知する義務があると述べることができる。このような例外が正当化できるかどうかは、社会的有用性によって決めることができる。例えば、暴君の暗殺や故意の冤罪については、司法あるいは社会の安定性の観点から、あまりに負の影響が大きいために一切認めるべきではないという議論もできるであろう。

まとめ

本章での義務論と功利主義の説明はひとまずこのぐらいにしておこう。今後の章において、具体的問題を通じて両者の考え方をさらに検討する予定である。

本章では、厳密にはどのようなときに嘘をつくことが許されるのか、また、なぜ我々は一般に嘘をつくべきではないのか、について考えてきた。カント的な義務論においては、嘘をつくことはまったく許されない可能性があるが、その根拠はもっともらしくないと論じた。功利主義においては、嘘をつくことが場合によって許されるが、行為功利主義の立場だと嘘をつくことが許されすぎるという批判があること、またこうした問題を克服するために規則功利主義の立場が主張されていることを説明した。当然ながら議論はこれで尽きたわけではないが、ひとまず本章はこれで終えておきたい。

最後に、嘘をつくことや約束を守ることについて、我々は子どもたちにどう教えるべきだろうか。言葉が使えるようになった小さな子どもには、嘘をつくことは間違ったことであり、約束したら必ず守らなければならないという原則を教え込まなければならないと思われる(22)。これは、小さいうちは何が原則で何が例外かを教えても理解することが困難であり、また、病名告知の事例のような義務の衝突にはほとんど出会わないことが予想されるからだ。子どもはしばしば自分の都合にしか考えが及ばないため、最初は嘘をつかないこと、約束を守ることが大原則であり、それを破ることは許されないという発想を身に付けさせることが重要だと考えられる。

そして、子どもが徐々に大きくなるにつれ、例えば一人で留守番していて見知らぬ人が訪ねてきたときには「お父さんは部屋で寝ています」などの嘘をつくことが例外的に許されるということを教えるべきだと思われる。そのさいに、なぜそれが例外的に許されるのかについても説明すべきであろう。例えば、今の例であれば、不審者から自分の身を守るためにつく嘘は例外的に許されるなどである。このような形で、原則と例外について教えることで、原則はきちんと守りつつ、例外的な状況にも対応できる大人に育っていくと考えられる。

コラム　ギュゲスの指輪と思考実験

本章では扱わなかったが、なぜ嘘をつくべきではないのかという問いに対しては、もう一つ、重要な答え方が存在する。それは、「嘘はいつかはばれてしまい、ばれると結局は自分が損をするから」という自己利益に訴えるものである。これは、通常はその通りであろう。嘘をつき通すことは難しく、ほとんどの場合はばれてしまう。自分のためにならないから嘘をつくべきではない、と子どもに教えることは間違いではない。では、絶対にばれないという保証があれば、嘘は許されると考えるべきだろうか？　古代ギリシアの哲学者プラトンの『国家』に出てくる次の有名な物語を考えてみてほしい。これは、「不正を行なうことは常に自己利益に反する」というソクラテスの立場に対して、グラウコンがその反証例として出してくる物語である。[23]

ギュゲスの指輪（the Ring of Gyges）とは、羊飼いのギュゲスがたまたま見つけた黄金の指輪のことだ。この指輪の玉受けの部分をひねると自分が見えなくなることを知った彼は、指輪をうまく利用して自分が仕えていたリュディア王の妻を寝とったうえに、妻と共謀して王を殺害し、王座に就いてしまう。

この話をしたあと、グラウコンは次のように論じている。「かりにこのような指輪が二つあったとして、その一つを正しい人が、他の一つを不正な人が、はめるとしてみましょう。それでもなお正義のうちにとどまって、あくまで他人のものに手をつけずに控えているほど、鋼鉄のように志操堅固な者など、ひとりもいまいと思われましょう。（中略）正しい人のすることは、不正な人のすることと何ら異なるところがなく、両者とも同じ事柄へ赴くことでしょう」（プラトン 1979, 109–10）。

つまり、グラウコンの考えでは、結局のところ人々は、「不正がばれたら困る」と考えてしぶしぶ道徳や法律に従っているのであり、もし不正がばれないのであれば誰でも不正を行なった方が得だと考えるだろうし、逆に不正がばれないとわかっていても不正を行なわない人がいれば、我々はそういう人を愚かな人間だと思うだろうということだ。

グラウコンが言うように、倫理は自分の利益になる限りで従うべきもので、自分の利益にならなければ従わないでよいのだろうか。これは、「なぜ道徳的になるべきか（Why Be Moral?）」の問題として知られているものである。

ギュゲスの指輪のような架空の事例を用いて考えてみることを、思考実験（thought experiment）と呼ぶ。思考実験は、ちょうど実験室で行なわれる実験のように、日常的には存在しないような理想的な状況を人工的に作り出すことで、倫理的問題に対する我々の直観的な判断を得ることを目的とする。ギュゲスの指輪の話であれば、グラウコンの思考実験は、「ばれなければ不正を行なうことは本人の利益になる。だから自分の利益になる場合は不正を行なってもよいのだ」という考え方に説得力を与えていると言える。本書でもすでにいくつかの思考実験を提示した。例えば、無人島での約束の事例や、シェリフの事例である。

こうした思考実験については、そういう事例はありえないのだから考えても無駄だという批判がある。とくに、近年有名になったトロリー問題について、こういう批判がなされることがある。[24] 思考実験に対するこうした批判については、古くからあったようで、キケロはギュゲスの指輪の話を説明したあとに、次のように述べている。

悪意は少しもないが、あまり明敏の士でもない一部の哲学者達はプラトンのこの物語は架空な作り話だと広言している。あたかも、それが実際にあったことだとか、あるいは可能なことであると、彼が断言しているかのごとく。(中略) 彼等はいう、「かかる仮定条件は不可能だ」と。勿論だ。しかし、私の質問は、彼等が不可能だと宣言していることが、もし可能ならば、一体、彼等は何をするだろうかということである。(中略) 彼等は「もし可能ならば」という私の言葉の意味がわからないのである。何故かというに、もし彼等が発見されずにすめば、何をするだろうかと我々が尋ねるのは、彼等が発見されずにすむか、どうかを尋ねているのではなく、いわば彼等を拷問 (試練) にかけているのであって、もし彼等が罰せられずにすむことが保証されれば、一番自分の利益になることをするだろうと返事をしたとすれば、それは彼等に罪を犯す気があることを告白することになるだろうし、又、もし彼等がそういう事をしないといえば、不道徳な一切の事は、それ自体避くべきだということを認めることになるだろう。(キケロー 1974, 164–65)

キケロの言うように、思考実験は、「もし悪事が絶対に見つからなければ」のような仮の条件を導入することで、なぜ不道徳なことをすべきでないのかについての我々の思考を深めるために用いられる。日常的には起こらない極端な状況を仮定して考えてみることで、我々が普段用いている考え方の特徴や限界が露になることがある。したがって、そのような事例はそもそも起こりえないというような批判は往々にして的外れと言える。アインシュタインも思考実験を好んだことで知られているが、「光と同じスピードで走ると、光線はどのように見えるか」という思考実験について、そんなことはできないから考えても無駄だと言うなら、相対性理論は発見できなかっただろう。

また、思考実験によって二択を迫るのは非倫理的だという批判もある。たしかに、講義中に教員がギュゲスの指輪の例を出して、学生たちにどちらを選びますかと挙手させることは、各人の倫理観の核心の部分を聞き出すことになり、本音を言いたくない学生がいる場合は不適切かもしれない。しかし、そうした配慮は必要であるものの、各人がギュゲスの指輪の例で提示されたような思考実験や、それ以外の思考実験を検討しなくてよいことにはならない。第1章のジョディとマリーの実際の事例がそうであったように、人生はときに我々に暴力的に二択を迫るのだ。我々はそのときになって慌てぬよう、普段から準備をしておくべきである。思考実験は、こうした人生の困難な選択を切り抜けるための練習問題としても役に立つだろう。

読書案内

加藤尚武『現代倫理学入門』（講談社学術文庫、一九九七年）では第一章で「人を助けるために嘘をつくことは許されるか」という問題を扱っている。生命倫理における病名告知の問題については、児玉聡・なつたか『マンガで学ぶ生命倫理』（化学同人、二〇一三年）の第二章も参照。

シセラ・ボク『嘘の人間学』（TBSブリタニカ、一九八二年）は嘘の哲学についての古典的な研究である。カントの義務論や帰結主義的な議論の検討や、病名告知の問題などについても扱われている。亀山純生『うその倫理学』（大月書店、一九九七年）は嘘についてさまざまな角度から検討している。功利主義やカントの義務論の話もあるが、功利主義は利己主義的な解釈がなされているため、本書の説明とはだいぶ異なっている。Carson（2010）は前半で嘘の定義や理論的問題、後半で実践的な諸問題を扱っている。

W・K・フランケナ『倫理学　改訂版』（培風館、一九七五年）は第二章と第三章で義務論と功利主義に関する標準的な理解を比較的わかりやすく解説している。カントの倫理学については有福孝岳・牧野英二編『カントを学ぶ人のために』（世界思想社、二〇一二年）が参考になる。功利主義については児玉聡『功利主義入門』（ちくま新書、二〇一二年）、および児玉聡「幸福を増大することが正義なのか」（児玉 2019b）、さらに、安藤馨『統治と功利』（安藤 2007）も参照。ベンタムの思想全般については、スコフィールド（2013）、ディンウィディ（1993）がわかりやすい。W・D・ロスの議論について、詳しくはRoss（2002）、奈良雅俊「倫理理論」（奈良 2017a）、児玉聡『功利と直観』（勁草書房、二〇一〇年）の第五章などを参照。「なぜ道徳的になるべきか」の問題については大庭健・安彦一恵・永井均編『なぜ悪いことをしてはいけないのか』（ナカニシヤ出版、二〇〇〇年）を参照。

本章のコラムは、児玉聡「「思考実験」とは何か」（児玉 2019d）を改訂したものである。

第4章　自殺と安楽死

一般に、人を殺すことは許されない行為である。これは我々の社会の大原則だ。しかし、厳密に考えると、この原則には例外がある。例外の候補としては、例えば第2章で論じた死刑や、正当防衛、自衛のための戦争などが考えられる。本章で扱う自殺も、同じように考えられるかもしれない。つまり、一般に人は自殺をすべきでないが、この原則には例外があるかもしれない。本章では自殺と安楽死について検討することを通じて、この原則にはどのような例外がありうるのか、またそうした例外を認める理由はどのようなものかについて考える。なお、以下では、いじめや自殺といった社会的にも個人的にも深刻な問題に言及するが、倫理学を考えるうえでは避けて通れない問題であるため、読者は心の準備をしてから読み進めてほしい(1)。

1　自殺することは常に悪いことか

二〇一一年一〇月一一日の朝、滋賀県大津市で公立の中学校に通う二年生の男子生徒が一四階建てマンションの最上階から飛び降りて自殺した。数日後、生徒の親からの要請で、同級生たちにアンケートを実施したところ、その生徒はその年の夏休み後の九月ごろから、学校の同級生数名から深刻ないじめを受けていたことがわかった。家からお金を持ってこさせられた、廊下や男子トイレで一方的に殴られた、「自殺の練習」をさせられた、死んだハチをむりやり口の中に入れられそうになっていた、といった目撃談が同級生から寄せられたという。当初、いじめがあったことを否定していた学校側は、生徒のアンケートからいじめの事実が明らかになると、次は自殺といじめの間には因果関係がないと主張し、調査を打ち切った。

この対応に納得しなかった家族は、翌年二月に、大津市やいじめを行なったとされる生徒とその保護者を相手取って損害賠償請求を起こした。訴訟の過程でいじめの実態がメディアによって報道されて全国的な注目を集めると、大津市長の指示により第三者調査委員会が立ち上げられた。委員会は二〇一三年一月末に、いじめが自殺の原因であると結論づけた。また、大津地裁もこの委員会の報告書に基づき、いじめの存在を認定し、「学校や教育委員会は適切に措置していれば自殺を防げた」として大津市側に賠償責任を認め、二〇一五年三月に和解が成立した(2)。

この事件が一つのきっかけとなり、議員立法によりいじめ防止対策推進法が二〇一三年六月に成立した（同九月施行）。これにより、学校内にいじめ対策のための組織を設置することや、重大事案を自治体や文部科学省に報告することなどが学校の設置者および学校に対して義務づけられることになった。

この事例や他のいじめ自殺の事例について、「いじめられている生徒は自殺すべきではなかった」と我々は判断するだろう。このような表現をしても、決して自殺した生徒を非難しているわけではない。そのような誤解を避けるために、「いじめられていた生徒が自殺したという事態が生じたのは、非常によくないことであった」と言ってもよいだろう。しかし、いずれにせよ、倫理学的な問いはこうである。いじめられた生徒が死ぬべきではないのはなぜなのか。死ぬべきでないもっともな理由があるとすれば、それは何なのか。あるいは、次のように考えてみてもよい。仮にあなたが、いじめにあっている生徒がら自殺すべきかどうかについて悩んでいることを打ち明けられた場合、あなたはどのような助言をするだろうか。そしてもし、自殺するのは思い留まってほしいとあなたが助言するとしたら、そのさいにどのような根拠を持ち出すだろうか。少し時間を取って考えてみてほしい。

（ここで、読者の中にはこう考える人がいるかもしれない。「自殺について善いか悪いかを判断するのは本人自身なのだから、その人の自殺について善いとか悪いとかを他人である私が考えること自体、間違った行ないではないか」と。このように考える人は、次の二つのいずれかの想定をしているように思われる。一つは、いじめで自殺を考えている人を赤の他人と想定して、そのような他人のことに口を挟むのはよくないと考えている可能性である。その場合は、次のように考えてもらいたい。すなわち、いじめられて自殺を考えているのが、自分の親友あるいは大事な兄弟姉妹であると仮定した場合でも、同じように考えられるかということだ。もう一つは、筆者が右で問題にしている問いを、ある人が自殺してよいかどうかを誰が決めるかという問いと想定している可能性である。しかし、「誰の決定を尊重するか」という意思決定のルールと、「その決定は倫理的に正しいかどうか」という問題はまったく別の問題である。我々は多くの場合において「自分のみに関わることは自分で決めることができる」という自己決定（プライバシー）の権利を有している。しかし、だからといって、その決定の内容が善いか悪いかについて議論できないわけではない。例えば、社会の意思決定に関して多数決を尊重するとしても、多数決で決まったことについて、その結果を尊重しつつ、人々は間違った情報に基づいて判断をしたなどと批判することができる。同様に、自殺をするのを決める最終決定者は一般に当人であると認めたうえでも、自殺についての個々の決定を、正しいあるいは間違っていると他人が批判することは可能である。）

一般的な答えは次のようなものだと思われる。我々はいじめられている生徒が自殺することを容認すべきではない。その理由としては、第一に、「生きていればよいこともある」とよく言われるように、自殺してしまうと、将来得られた可能性が高いであろう幸福が得られないことになる。また、家族や友人も悲しむことになる。さらに、生徒が自殺によってしか自分の苦境は変えられないと思っていたとしても、それは思い込みであり、実際には適切な助けがあれば、いじめを止めることができるかもしれず、生徒は自殺以外の選択肢によって苦境から逃れることができる。つまり、いじめの問題を解決するのに自殺という手段は非常に望ましくないと考えられるため、自殺よりも望ましい選択肢があるなら、そちらを選ぶべきだということだ。

現在、日本の年間の自殺者数は約二万一千人である。その半数近くは、健康問題を理由としたものであり、その他に、経済・生活問題、家庭問題、勤務問題などが続いている(3)。多くの自殺については、今述べた自殺をすべきでない理由が当てはまるだろう。自殺を考えている本人にとっては、自殺以外に選択肢はないように思えるかもしれない。しかし、家族や友人、あるいは自治体やＮＰＯなどの適切な支援があれば、別の仕方で問題を解決できる。だから、一般に自殺はすべきではないと言える。

しかし、自殺はすべきではないというこの原則に、例外はないのだろうか。一つの大きな例外として今日議論になっているのが、医師の帮助による自殺（Physician-Assisted Suicide, ＰＡＳ）の問題である。(4)次の事例を考えてほしい。

ブリタニー・メイナードの事例

米国カリフォルニア州に住むブリタニー・メイナード（Brittany Maynard）は、二〇一二年秋に二八歳で結婚し、新婚生活を送っていた。結婚直後から原因不明の頭痛に悩まされていたところ、二〇一四年の一月に脳に悪性腫瘍があることがわかった。最初の診断後すぐに外科手術をしたが、四月には彼女の脳腫瘍は進行しており、しかも多形性膠芽腫であることがわかった。これは脳腫瘍の中でも最も重篤なものに分類されているがんであり、進行が速く有効な治療法のないものである。メイナードは余命六ヶ月と診断された。

彼女とその家族は、医師による自殺幇助を認めているオレゴン州に引っ越した。そして、同年の一〇月六日には、自分は約一ヶ月後の一一月一日に家族に囲まれたままいつものベッドで医師によって処方された致死薬を飲んで死ぬというメッセージをYouTubeで流し、世界中で大きな反響を呼んだ。(5) 彼女は実際に一一月一日に薬を飲んで死んだ。彼女の幇助自殺がメディアで大きく報道されたことがきっかけで、翌二〇一五年にはカリフォルニア州でも医師による自殺幇助を認める法律が成立した。

さてあなたは、「メイナードは自殺すべきではなかった」あるいは「メイナードが致死薬を飲んで自殺したことは間違っている」と考えるだろうか、それとも「メイナードは自殺すべきだとは言えないが、少なくとも個人の判断に基づき許容される」と考えるだろうか。そして、あなたがそう考える理由は何だろうか。あるいは、先と同様にこう考えてみてもよい。仮にメイナードが致死薬を飲んで自殺するかどうか悩んでいて、あなたが友人として彼女に助言する機会があったなら、どのような助言をするだろうか。また、もし自殺をしないように説得するとしたら、どのような根拠があるだろうか。いくつか考えられそうな答えを検討してみよう。(6)

まず、自殺してしまうと、将来得られた可能性が高いであろう幸福が得られないことになるという答えは、この場合では通用しないだろう。メイナードは、たしかに、新婚の夫との子どもを望んでおり、幸福な家庭を築くことを期待していた。しかし、不治の病のため、その可能性は断たれたのだ。

また、家族や友人も悲しむことになるというのは確かだが、少なくともメイナードの家族や友人は、彼女の死ぬという選択を尊重しようと考えている。つまり、辛いながらも、彼女の選択に納得しているのだ。これはいじめによる自殺の場合にはほとんど考えられないことであろう。

さらに、メイナードは自殺以外の仕方で自分の苦境を変えることはできるだろうか。例えば適切な医療や精神的ケアなどがあれば、別のより望ましい選択肢がありえただろうか。これも彼女の場合には難しかったであろう。彼女は自殺しなくてもまもなく死ぬが、自殺しない場合は、自宅で死ねる可能性は低く、病院で意識のないまま医師や家族に看取られることになる。また、彼女はすでに一度、ひきつけを起こして夫の名前を忘れてしまうという経験をしていたが、脳腫瘍によって記憶が失われたり、人格が変わったりする可能性もある。これは彼女には耐えられないことであった。彼女にとっては、病状が悪化したのちに意識がなくなって病院で死ぬよりも、致死薬を飲んで家族に別れを告げて自宅のベッドで死ぬことの方がはるかに望ましいのだ。

あるいは、そもそも自殺を望むのは不合理だという意見もありうる。すなわち、「まともな精神状態であれば自殺を選ぶことはありえず、逆に自殺を選択するということはうつ状態などに陥っていることの証左である。そのため、自殺を望む人がいたら、当人が自分に危害を与えることから守ってやらなければならない」という主張だ。これはいじめ自殺や過労自殺などの場合についてはとくに当てはまるように思われる。うつ状態になった人は将来について悲観的になり、うつ状態でなければ選ばなかったであろう自殺という選択肢を選んでしまう場合がある。

しかし、メイナードのような末期がんの自殺についてもそれが当てはまるだろうか。本人は理路整然と自分の選択について話すことができ、家族や主治医もその意見に納得している。だとすると、彼女が合理的な判断能力を失っているとみなすことは難しい。また、病気が進行して苦しみが増し、自分が自分でなくなる前に自らの選択で幕を引きたいという彼女の決定は、我々の多くが合理的な選択として理解可能なものである。ここで合理的な選択というのは、自殺することが、置かれた状況において本人にとって一番ましな選択肢だということである。それとは逆に、いじめられて自殺を選ぶという選択は、我々の多くは合理的な選択だと考えないだろう。追い詰められている本人は死ぬ以外の選択肢がないと思うかもしれないが、より第三者的に見ることのできる人々であれば、他にましな選択肢があると考えるだろうからだ。したがって、自殺は不合理だと思われる場合もあるが、常に不合理な選択というわけではない。また、それゆえ、メイナードが自殺を選択したという事実をもって彼女は合理的判断をする能力を失っていると判断することもできない。

では、次のような答えはどうだろうか。メイナードの自殺を認めると、自殺の禁止に例外を認めることになり、同様の状況にいる他の大勢の人々にも自殺を許すことになってしまう。その中には、メイナードのように自発的に自殺をする人も含まれるだろうが、中には本心では自殺することを望まないのに、家族や友人などの周りの心理的圧力によって自殺を選ぶ人も出てくるだろう。だからメイナードの自殺を認めるべきではない。

これは、原則に一つでも例外を認めるときりがなくなり、悪い結果が生じるため、一つも認めるべきではないという議論であり、すべりやすい坂論法（slippery slope argument）と呼ばれるものである。メイナードのときはよい結果がもたらされたかもしれないが、幇助自殺の慣習が一般化すると全体的には望ましくない結果の方が上回るというわけである。

この主張は、前章で見たカント的な義務論の持つ絶対主義を支持する論拠になりうるものだ。ただし、カントの場合とは異なり、行為や政策の結果に訴えるものであり、基本的には経験的な主張と言える。[7]確かに社会的弱者が自殺に追い込まれることは望ましくはないが、これは幇助自殺に関する立法等の仕方や、市民の教育等によって一定程度解決できる可能性がある。

例えばオレゴン州の法律を見てみよう。オレゴン州では医師による自殺幇助を認める尊厳死法(Death with Dignity Act)が住民投票により一九九四年に成立した。その後、反対派から違憲訴訟が起こされたが、連邦最高裁は訴えを認めず、一九九七年に再び住民投票により法の有効性が確認された。この法律によれば、医師による自殺幇助は以下の条件のもとで受けることができる。

〈オレゴン州の尊厳死法——誰が、どのように自殺幇助を要請できるか?〉

(田中・児玉 2017, 136-7 を参照)

◆誰が

・一八歳以上の成人で、判断能力のあるオレゴン州住民

・かつ、主治医と別の医師によって、医学的に治癒が見込めず不可逆的な疾患で余命六ヶ月未満とされる「終末期の疾患」と判定されている

・かつ、死にたいという希望を自発的に表明している

◆どのように

・主治医に対し、口頭および書面で自殺幇助の要請を行なう

・最初の口頭による要請から少なくとも一五日間隔てて、もう一度、口頭で要請する

◆有効な書面

・患者の署名、日付があること
・少なくとも二人以上の人が証人となること
・二人の証人のうち一人は、患者と血縁・婚姻・養子縁組関係にないこと
・要請が署名された時点の主治医は証人となることができない

このオレゴン州の規定では、先ほどメイナードの事例で検討した、余命が限られている、本人に合理的な判断能力があり自発的な同意をしているといった点を保証する工夫が見られることが確認できる。また、緩和ケアなどの代替手段があるかどうかも、患者が同意する前に医師によって説明されなければならないとされる(8)。つまり、自殺幇助による死が、他に可能な選択肢も十分検討した上で本人が合理的な仕方で選択した結果であることを担保する仕組みが作られていると言える。

オレゴン州が公表している年次報告書によると、一九九八年から二〇一五年までに一五四五人が致死薬の処方を受け、うち九九一人が実際に薬を服用して死亡している。実際に服用して死亡した人は年々増えており、一九九八年には一六人であったが、二〇一五年には一三二人だった。とはいえ、これは、オレゴン州の年間死亡者総数約三万四〇〇〇人中の〇・三八%にすぎない。疾患は、がんが約八割であり、ＡＬＳ（筋萎縮性側索硬化症）が一割弱、その他、肺疾患、心臓疾患、エイズ等である。自殺幇助による死を選ぶ主な理由は、人生を楽しむための活動をすることができない、自律性あるいは尊厳の喪失がほとんどであり、苦痛の緩和が不十分であると答えたのは四人に一人程度である。言い換えると、死を選ぶ理由は身体的な痛みに限られないということだ。また、三人に二人以上が六五歳以上であるが、

人種は白人が約九七％であり、大学を出ている者がほぼ半数を占めるなど、教育水準も高く、当初心配されていたような社会的弱者が幇助自殺を選択させられるということは、この二〇年間においては起きていないと考えられている。(9) これが事実であれば、オレゴン州では医師による自殺幇助を認める法律のおかげで、自分の望む形で死を迎えた人がこれまでに一〇〇〇人近くに上ることになる。オレゴン州やカリフォルニア州を含め、法律あるいは判例によりPASを認めているのは九つの州とワシントンDCである。また、オランダやスイスなどでも合法である。(10)

もしこのように、法律をきちんと作ることで誤用を防ぎながら、メイナードの事例のような場合に幇助自殺を認めることができるならば、自殺の禁止に対する例外を作ることは理に適っているように思われる。逆に自殺に関する絶対主義を貫くなら、メイナードのような人に対して、自殺禁止に関する例外を作ると誤用が起きるからという必ずしも実証的根拠のない理由から、望まない死に方を強要することになる。

この議論は、第2章で論じた死刑の誤判の議論と似ているところがある。本当は死にたくない人が死んでしまうことは望ましくないが、その可能性がほんのわずかでもある限り、幇助自殺は認められないというのは極端であり、我々はそのような可能性をできるだけ小さくして、本当に望んでいる人だけが死ぬことのできる制度を作る努力をすべきように思われる。そして、先に述べたように、オレゴン州などの例を見る限り、それは不可能なことではない。

したがって、いじめ自殺の場合とは違い、メイナードの事例のような場合において、致死薬の服用によって自殺することは、適切な規制の下においては許容できると筆者は考える。

2　自殺に関するヒュームとカントの議論

ここで少し自殺に関する哲学的な議論を見ておこう。

「わたしたちは、「殺してはならない」という言葉を人間に関して理解し、他人とあなた自身を殺してはならないという意味に解さねばならない。というのは、自分を殺す者は、人を殺す者にほかならないからである」(アウグスティヌス 2014, 63)。

キリスト教においては、アウグスティヌス (Augustinus, 354-430) が『神の国』において、「汝殺すなかれ」という戒律をこのように他殺だけでなく自殺にも当てはまると解釈した[11]。それ以降、自殺は殺人と同様に罪とみなされるようになり、フランス革命以前には法律でも禁止する国が多かった。例えばイギリスでも自殺は一九六一年の自殺法によって非犯罪化されるまでは犯罪として扱われており、未遂者は処罰を受けた[12]。

自殺が合理的でありうることを述べた有名な著作としては、ヒュームの「自殺論」(1777) がある (ヒューム 2011, 68–81)。この論稿が死後に匿名で出版されたという事実は、彼の主張が一八世紀後半の英国においては異端であったことを意味している。ヒュームは自殺が犯罪であるとすれば、それは神に対する義務か、隣人に対する義務か、自分自身に対する義務に違反しているからであろうと述べ、その三つの可能性をすべて否定している。まず、自殺が神に対する義務に反するという主張については、自殺は家を建てたり土地を耕したりする人間の他のあらゆる行為と同様に、人間の能力の自然な行使であり、自殺だけが神の摂理に反しているとして例外扱いする理由はないと応じている。また、もし生命に関する決定は神の独自の領分だとすると、自殺が禁じられるだけでなく、頭上に落ちてくる石をよけることで命を延ばすことや、友情や名誉のために命を危険にさらすことも犯罪行為になるはずだと背理法的に論じている。

次に、自殺が隣人に対する義務に反しているという主張に対しては、たしかに自分が社会に対して有益なことをできるうちはそのようにする義務があるとはいえ、自分自身に大きな害を加えるという多大な犠牲を払ってまで社会に対して善行をする義務はないと応じている。また、年齢や病弱による引退が認められているのと同様、自殺によって社会からいなくなることも認められるべきである。さらに、自分の存在が社会にとって負担となっている場合には、自殺することが社会にとって有益でさえあると指摘している。

最後に、自殺が自分自身に対する義務に反しているという主張に対しては、高齢や病気などによって人生が重荷となり、死んだ方がましだという状態がありうることを認める人であれば、むしろ自殺は自分にとって有益であり、また自分自身に対する義務と一致しうると応じている。とはいえ、彼は付言して、通常は死への本能的な恐怖から自殺を試みることはないであろうし、十分な理由なく自殺をする人は人生からすべての楽しみを奪うような深刻なうつ状態にあるからだろうと論じている。

一つ目の議論は世俗的な議論においてはあまり重要でないだろう。二つ目の議論は基本的にその通りのように思われる。三つ目の議論は、自殺が自分にとって有益でありうるという論点はよいが、「自分自身に対する義務」について明確にしていないため、若干疑問が残る。そこで、自分自身に対する義務とは何かを考えるために、カントの自殺に関する議論を見てみよう。

カントは『人倫の形而上学の基礎付け』（1785）において、自殺の禁止は「自分に対する完全義務」であるとして、より伝統的な結論を支持している。カントは二つの論証を提示している。カントはまず、「長く生きれば人生は楽しみを約束するよりむしろ災厄を与えそうだと思われる場合、自分で人生を短くすることを、私は自愛に基づいて自らの原理とする」というような格率（自分が従うルールのこと。⇒7・3）は、我々みなが守るべき普遍的な自然法則（すなわち道徳律）にはなりえないと論じている。なぜなら、「生命の促進へと人を向かわせる任務をもつ感覚自身により、かえって生命そのものを破壊する、ということを、みずからの法則とするような自然は、自己自身に矛盾し、それゆえ自然として存続しないであろう」からである（カント 1972a, 266）。これは難解な文章だが、こういうことであろう。本来、快楽や苦痛というのは人間が何を求め、何を避けるべきかを知らせる機能を果たしているのだから、生きるのに役立つもののはずである。それなのに、苦痛を理由に死を選ぶことはそうした感覚の機能の誤用である。

また、カントは別の議論として、自殺をすることは自分自身を単なる手段として用いることになる、という議論を行なっている（カント 1972a, 274）。第3章でも少し紹介したように、カントによれば、人間は理性を用いた自己決定ができる、すなわち自分で自分の目的を設定できるがゆえに人格と呼ばれ、単なる物（物件）とは峻別される。「お金で買えない価値がある。買えるものはマスターカードで」というコマーシャルがあるが、カントも価値を値段がつけられるものとそうでないもの（つまり、プライスレス）の二つに分けている。彼の言葉で言えば、価格（Preis, price）を持つ物は売り買いができ、単なる手段として扱ってよい。だが、お金で売り買いできない尊厳（Wuerde, dignity）を持つ人格は、単なる手段としてではなく、常に目的自体として扱われなければならない。この区別を踏まえると、自殺をすることは、生が耐えがたくなるのを避けるための手段として自分自身を使用することになり、結果的に人格を単なる物として扱うことになる、というわけである。

カントのこれらの主張は正しいのだろうか。一つ目の議論から検討しよう。たしかに、歯が痛いのは、苦痛がアラームのように歯に不調があることを知らせているためと考えられ、その場合は歯科医のところに行って治してもらって苦痛を取り除くのがよいであろう。生命を終わらせる以外にも苦痛を除く手段がある場合はこれでよい。また、メイナードはこれまでにない頭痛を感じたことで病院に行ったのであり、その意味で苦痛が生命の危機を知らせるアラームの役割を果たしたと言える。このように、通常は苦痛を感じることにより、我々は本能的に危機を回避したり、生存のために何をなすべきかを考えたりする。この意味で苦痛は有用である。

しかし、苦痛にそのような本来的な機能があるからといって、がんなどが進行して苦痛が激しくなった場合でも、生命の促進のために苦痛を耐え続けないといけないことになるだろうか。そのような状況においては薬を用いて苦痛を緩和させる場合もあるが、これは歯の治療のように苦痛を生み出している原因を取り除くのではなく、生命の危機を知らせるアラームを医学的に止めることであり、カントの立場ではおそらく認められないだろう。仮に薬を用いて苦痛というアラームを切ることが合理的手段として認められるとしたら、それは、苦痛がもはや生命の促進には役立っていないからであろう。すると、同様に苦痛がもはや生命の促進に役立っていないと思われる場合に、自殺によってアラームを止めることはなぜ許されないのか。苦痛を生命の危機を知らせるアラームとして考えた場合でも、自殺以外にはアラームを止めようがないのであれば、自殺は合理的手段でありうる。また、そのような対処法が例外的である限りは、こうした自殺によって自然あるいは人類が存続しなくなることはないであろう。もちろん、耐え難い苦痛を終わらせるための自殺を例外的に認めたからといって、歯痛やその他の軽微な苦痛の場合にも幇助自殺を認めるべきだということにはならない。

続いてもう一つの議論も検討してみよう。カントによれば、自殺は、他殺と同様、人間を単なる手段として扱うことになるとされる。これは、「汝殺すなかれ」を自殺にも当てはめたアウグスティヌスと同じ発想である。だが、カントの考えるように、自殺と他殺は同じ根拠で禁じることができるだろうか。たしかに、他人を単なる手段として扱う場合は考えられる。例えば、医師が新しい抗がん剤の研究のために、がん患者を本人の同意なしに被験者とした場合、それは患者を人として扱っておらず、単なる実験材料とみなしていると言いうるであろう。あるいは、他人を無理矢理奴隷のように働かせた場合、それは人を物として扱っていると言えるだろう。

しかし、どうしたら自分自身を単なる手段として扱うことになるのかを考えるのは難しい。例えば、研究者が自分の作った薬を試しに自分で飲んでみるとき、その人は自分を単なる手段として用いたことになるだろうか。しかし、本人が自分で目的を設定して行なっているのであれば、自分の決定を尊重していることになるように思われる。また、映画俳優が役作りのために体重を一五キロ増やした場合、それは自分を単なる手段として用いたことになるだろうか。同じ理由から、そのようには思われない。

一方、今日酒を飲みすぎて、翌日に二日酔いで苦しむときには、今日の自分が翌日の自分を犠牲にしたと言いうるようにも思われる。だが、自殺はそのようなものではなく、むしろ翌日以降の自分がさらに苦しむことがないように、今日の自分が死ぬことに伴う恐怖を乗り越えて人生を終わらせるものと理解しうる。そのように考えると、自分が目的を設定して自分で命を断つという意味での自殺は、それにより自分自身を単なる手段として扱ったことになるとは思われない。

次の思考実験を考えてみてほしい。

地獄の業火に焼かれるような経験をする事例

(1)私が生き続けるには、地獄の業火に焼かれるような経験をあなたにしてもらわなければならない。しかしあなたはそれを望んでいない。

(2)私が生き続けるには、地獄の業火に焼かれるような経験を私自身がしなければならない。しかし私はそれを望んでいない。

(1)の状況において、私があなたを犠牲にして生き続けたとしたら、私はまさにカントの言う意味で他人を単なる手段として扱ったことになるだろう。だが、もし(1)が非倫理的だとしたら、(2)も非倫理的ではないだろうか。逆に、(1)の場合に、私を助けるためにあなたが地獄の業火に焼かれるような経験を買って出るのであれば、あなたの意志を尊重することは必ずしも非倫理的ではないだろう。それは(2)の場合でも同様である。我々は、自分が生き残るためといえども、あらゆる手段を取ってよいとは考えていない。とりわけ、他人を無理やり犠牲にすることは認めていない。だとすれば、自分が大きな犠牲を払わなければ生き続けられないときで本人がそれを望まない場合も、本人の意思を尊重すべきではないだろうか。

したがって、カントの言うように自殺が常に自分自身に対する義務に反するとは言えないだろう。ただし、他にもいろいろ取りうる選択肢があるにも拘らず、よく考えることなしに自殺を選ぶ人がいたとしたら、自分を大切にしていないという意味で、自分自身に対する義務に反していると言えるかもしれない。自殺は人間の尊厳に反するというカントの主張をもっと通俗的に理解するなら、安易な自殺は人間の生命の価値を軽んじていることになるから、もっと命を大事にしなさいということだろう。いずれにせよ、筆者がここで主張したのは、自殺には許容される事例がありうるということだけであり、積極的に自殺を勧めるものではないことを強調しておく。

3　安楽死は倫理的に許されるか

次に安楽死について考えてみよう。安楽死はeuthanasiaの訳語であるが、ラテン語の*eu*（よい）と*thanatos*（死）からなる造語であり、直訳すれば「よき死」という意味である。通常、安楽死は、ある人の苦しみを終わらせるために、別の人が意図的に死をもたらすことを意味する。典型的なのは、医師が致死薬を患者に投与するものであるが、最初にいくつかの区別を押さえておく必要がある。

まず、安楽死には、本人の求めに応じて行なう自発的な安楽死（voluntary euthanasia）と本人の求めがないところで行なう非自発的な安楽死（non-voluntary euthanasia）がある。また、本人の意思に反して行なわれる安楽死は反自発的な安楽死（involuntary euthanasia）と呼ばれる。

また、医師などの医療従事者が致死薬を投与して死をもたらす場合は積極的安楽死（active euthanasia）と呼ばれる。前述のＰＡＳは、医師などに致死薬を処方してもらうだけで本人が自分で服用するものであり、米国のオレゴン州などのようにＰＡＳは認められても積極的安楽死は認められないという法規制を持つところもあるが、オランダやベルギーのようにＰＡＳを積極的安楽死の一種と考えるところもある。一方、積極的な治療をしないか、中止するなどによって死をもたらす場合は消極的安楽死（passive euthanasia）と呼ばれる。さらに、苦痛の緩和を目的に鎮痛剤を投与する場合に、薬の副作用によって死期が早まることがある。この場合、鎮痛剤の投与の目的はあくまで苦痛の緩和であり、死期が早まることは予見されているが意図されていないという意味で、間接的安楽死（indirect euthanasia）と呼ばれる。

この他に、尊厳死（death with dignity）という言葉があるが、この言葉の意味については注意が必要である。英米では、もともとこの語は大脳の機能が不可逆的に失われて意識が戻らない遷延性の意識障害の患者などの消極的安楽死、つまり治療の中止の意味で用いられていたが、その後意味が拡大し、現在では主にＰＡＳや積極的安楽死を指して尊厳死という言葉が用いられる傾向にある。[13] 例えばメイナードの幇助自殺も米国では「尊厳死」の是非という言葉で論じられた。それに対して、日本では、現在でも消極的安楽死の同義語として尊厳死という言葉が用いられる傾向にある。従って、日本と海外（とくに欧米圏）では、尊厳死という意味が異なって使われている可能性がある点に注意が必要である。

さて、今日、オランダやベルギーやルクセンブルクなど、いわゆる「安楽死」を合法化している国で認められているのは、自発的な積極的安楽死である。自発的な積極的安楽死は、他者の介助があるとはいえ、本人が自ら生命を断つ自殺に近いものである点に留意する必要がある。言い換えると、自発的な積極的安楽死は、死を援助する側の行為を見れば他殺と理解できるが、自殺を望む者の視点からすれば、他殺よりも自殺に近いと言える。オランダやベルギーが積極的安楽死とPASをあまり区別しないのもこのためであろう。それに対して、反自発的な積極的安楽死が認められている国はなく、これは通常の意味での殺人だと考えられている。判断能力のない未成年などの非自発的安楽死については、ほとんどの国で認められていない。

例えばオランダの法律を見てみよう。オランダでは長い間、判例を元に安楽死を行なってきたが、二〇〇一年にいわゆる安楽死法が成立した。この法によれば、以下の基準に従って積極的安楽死とPASの両方が認められる。

〈医師が遵守すべき基準〉

1. 患者の自発的で熟慮の上の要請であると確信している
2. 医師が、患者に回復の見込みが無く、かつ、耐え難い苦痛があることを確信している
3. 患者の病状、予後について、患者に情報提供している
4. 医師・患者が、患者の病状について合理的な解決策が他にないと確信している
5. 当該患者を診断し、かつ、1〜4の要件について書面で意見を述べたことのある、独立した立

(田中・児玉 2017, 129 を参照)

場にある少なくとももう一人の医師と相談している
6．注意深く、安楽死を行った、あるいは自殺幇助した

オレゴン州の規制と同様、ここでも、本人の自発的な同意がある、回復の見込みがない、代替の手段がない、といった要件が規定されている。ただし、オレゴン州の場合と違い、オランダの安楽死法では「余命六ヶ月以内」といった末期という条件はない。

オランダでは二〇一三年には、約四八〇〇人が安楽死あるいは医師による自殺幇助によって亡くなったとされる。これは、年間の死者数約一四万人のうちの三・四％程度である。オレゴン州に比べて安楽死を行なう人が多い理由は必ずしも明確ではないが、一九九〇年代末から法律が実施されて始まったオレゴン州と比べて、オランダでは一九八〇年代以降は安楽死が事実上認められていたため歴史が長いという点が関係しているものと思われる。また、医療制度やアクセスの容易さが違う点や、前述したように、オランダの安楽死法では「余命六ヶ月以内」という条件がないといった事情も影響している可能性があるだろう。また、積極的安楽死を認めるオランダやベルギーでは、ＰＡＳのみを認めるオレゴン州と比べて法律を利用して死ぬ割合が高く、「人生に疲れた」や「孤独である」という理由から安楽死する者たちも一定数いるため、すべりやすい坂の問題が生じている可能性を指摘する論文もある（Lerner and Caplan 2015）。

このような積極的安楽死は倫理的に許容されるべきだろうか。筆者は基本的には、積極的安楽死の問題は前述のＰＡＳと同じだと考えているが、以下では四つの論点を検討しよう。

第一に、積極的安楽死は一切認めるべきでないという議論がありうる。仮に本人の自発的同意があったとしても、積極的安楽死は殺人に他ならないのだから、許してはいけないというのである。現行の日本の刑法でも、「人を教唆し若しくは幇助して自殺させ、又は人をその嘱託を受け若しくはその承諾を得て殺した者は、六月以上七年以下の懲役又は禁錮に処する」(第二百二条)という自殺関与や同意殺人を禁じる規定がある。この背後にある考え方は、通常は自殺が合理的な選択であることはないため、他人に頼んで自殺を行なう者の同意は有効とはみなしえないということであろう。

しかし、すでに見てきたように、例外的な状況においては自殺が合理的な選択と考えられることもありうる。具体的には、死期が迫っており、耐えがたい苦痛があるか近い将来に生じることが予期されるような場合であり、死の他にそれを回避する選択肢がないと判断される場合である。そのような場合には、自殺を助けることで苦痛を終わらせるか苦痛の発生を防ぐことはよいことですらありうるだろう。次のような思考実験を考えてみよう。読者はどのように判断するだろうか。

身動きの取れないトラック運転手の事例

運転手が炎の噴き出るトラックから抜け出せないでいる。彼が助かる術はない。まもなく焼死するだろう。運転手の友人がトラックの近くにいる。この友人は銃を持っており、射撃の名手である。運転手は友人に自分を撃ち殺してくれと頼む。焼死するよりも、撃たれて死んだ方が苦痛は少なくてすむだろう。法的考慮はすべて度外視して、純粋に道徳的な問いとして尋ねてみたい。はた

して友人は運転手を撃つべきだろうか。(ホープ 2007, 19)

このような事例に対する一つの答えは、「友人は運転手を撃つべきではない。なぜなら、実際に焼死するかどうかはわからないからだ」というものかもしれない。しかし、メイナードの事例や、オレゴン州やオランダなどでは、複数の医師が医学的判断に関与しており、こうした別の可能性がまずないことを保証している(あるいは、少なくとも保証しようとしている)。奇跡にかけるべきだという意見もあるかもしれないが、奇跡というのは定義的に言って合理的には予期しえないものであるため、奇跡にかけるというのは万人にとって合理的な選択肢とは言えない。そこで我々は、運転手がまもなく苦痛にまみれて焼死すると仮定したうえで、考えなければならない。選択肢は、友人が撃たずに運転手は苦痛にまみれて焼死するか、あるいは友人が撃って運転手は苦痛を経験することなく死ぬかのいずれかである。

なお、思考実験によってこのような困難の選択を迫るのはそれ自体が非倫理的だと考える人がいるかもしれない[14]。しかし、人間以外の動物においてはこのような安楽死が行なわれており、常にそのような選択を迫られる者がいることを知っておく必要がある。競走馬は前足や後ろ足などに重度の骨折をするとしばしば安楽死させられる。これは、回復の見込みがないだけでなく、体重を支えきれなくなった他の脚の蹄の部分が壊死したり、横になって寝ることで皮膚が壊死したりして、非常に苦痛な死を迎えることが知られているためだ。近年よく知られている例だと、ディープインパクトという有名な競争馬の引退後に頚椎の骨折が見つかり、回復の見込みがないため安楽死させられた[15]。過去にも何度かこうした重度の骨折を負った名馬を安楽死させるのを回避しようとして治療が行なわれたことがあったが、うまく行かなかったため、原則として予後不良の競走馬は安楽死させられることになっている。この状況は、身動きの取れないトラック運転手の事例とよく似ている。ただし、当然ながら、馬の場合、このような安楽死は馬の利益のためになされているが、それは非自発的なものである。トラック運転手の事例の場合は、本人が望んでおり、当人の利益になるとも考えられる。それでも撃つべきではない（安楽死が行なわれるべきではない）とあなたが考えるとしたら、その理由は何だろうか。

さて、安楽死に対する第二の反対論として、緩和ケアがあるのだから、安楽死を選ぶ必要はないという議論がある。緩和ケアとは、鎮痛剤などの使用によってがんなどの疾患に伴う身体的・精神的な苦痛を取り除く医療行為を指す(16)。これによって患者のＱＯＬが死ぬ直前まで保たれるため、安楽死という選択肢は不要になるという議論である。

これに対しては、緩和ケアという選択肢があるのは望ましいことであるが、最終的には患者にこのような選択肢があることを提示して、本人に選ばせるべきだと応答できるだろう。それは一つには、疼痛の管理（ペインコントロール）の技術がまだ完全ではなく、十分に普及しているとも言いがたいからだ。もう一つは、精神的な苦痛は必ずしも緩和ケアによっては改善されないためである。メイナードの事例では、彼女は緩和ケアを提供してくれるホスピスに入ることも検討したが、モルヒネ耐性がある苦痛を経験する可能性があったことと、脳腫瘍によって人格や認知能力等が変わった姿で家族に看取られることが耐えがたかったため尊厳死を選んだと述べていた(17)。たしかに身体的苦痛に関しては、今後も技術的進歩によってよりよい疼痛管理が行なわれるようになるだろう。しかし、精神的な側面に関しては、例えば残された家族の経済的支援をどうするかなどの解決可能な問題もあるだろうが、メイナードの場合のように、解決の困難な悩みもあるだろう。その場合に、（未完成の）緩和ケアがあるからという理由で、安楽死の選択肢を選べないようにするのは、当人の利益や自己決定を無視した許容できない介入であろう。むしろ、終末期における緩和ケアと安楽死の両方を選択肢として用意することが適切ではないかと考えられる。

第三に、ＰＡＳは倫理的に許されるが積極的安楽死は認められないという議論がありうる。ＰＡＳは定義上自殺であるが、積極的安楽死はよく似た行為であるとはいえ、定義上は他殺ということになる。そこで、医師や他の医療従事者は、患者の求めに応じて直接命を奪うことは許されない、という原則が問題となる。「致死薬は、誰に頼まれても、けっして投与しません。またそのような助言をも行ないません」（ヒポクラテス 1963, 191）。これは古代ギリシアのヒポクラテスの誓いの言葉であるが、長く医師の職業倫理の一部となってきた倫理原則である。一つにはこのような職業倫理があるがゆえに、医師が直接手を下す積極的安楽死よりも、患者が自ら致死薬を飲むＰＡＳの方が好まれ、米国などにおいてＰＡＳのみを認める法規制が成立してきたと考えられる。

しかし、この議論には二つ問題がある。一つは、患者の求めに応じて致死薬を「処方」するのと、致死薬を「投与」するのは、医師の心理的負担は変わるかもしれないが、倫理的な違いはないと考えられることである。もし、患者の求めに応じて致死薬を処方することが許されるのであれば、致死薬を投与することも許されるはずである。処方においては患者の死は予見されるだけで意図はされていないが、投与においては患者の死は意図されているというような区別をもっともらしく主張できるようには思われない。(18)

もう一つは、ＰＡＳは許されているが安楽死は禁じられている場合には、不公平が生じるという問題だ。すなわち、たとえばＡＬＳのような運動ニューロン疾患が進行しているため自分で致死薬を服用できない患者にとっては、ＰＡＳしか法的に許されていない場合には、望んでいても安楽死をすることができないことになる。社会的に許容された仕方での死を重度の障害を持つ人だけが認められないとすると、ここには深刻な不公平があると思われる。

第四に、積極的安楽死を合法化すると、すべりやすい坂を下って、自発的なものだけでなく、非自発的な積極的安楽死や、さらには反自発的な積極的安楽死まで生じることになりかねないから、認めるべきでないという主張がある。このような主張をする者は、二〇一六年七月に神奈川県相模原市のやまゆり園という障害者施設で起きた殺傷事件を根拠にすることができるかもしれない。この事件において、重度障害者一九名を殺害した容疑者の男性は、「障害者は生きていてもしようがない。安楽死させた方がよい」と発言していたとされる[19]。西欧ではナチスによって障害者やユダヤ人らが大量に「安楽死」させられた歴史があり、積極的安楽死に対する批判においては、このような事例が持ち出されることがある。

しかし、自発的な積極的安楽死を合法化した場合にこのような反自発的な安楽死が増えるかについては、まったく明らかではない。また、自発的安楽死や自殺幇助が合法化されていなかった時代や地域で起こった、ナチスの安楽死や日本のやまゆり園の事件を、すべりやすい坂の議論の論拠に持ち出すのは適切ではない。こうした反自発的安楽死が倫理的に許容されないのは言うまでもない。仮に我々の社会で自発的な積極的安楽死を認めることでそのような安楽死あるいは許されない殺人が誘発される可能性があるのであれば、我々はそのような可能性を最小限にする努力をすべきであろう。だが、このようなすべりやすい坂が生じる「可能性」があるという理由だけで安楽死を一切禁じることは、安楽死する以外に苦しみを短くすることのできない人々から重要な選択の自由を奪うという逆の極端を選ぶことを意味するだろう。第2章で扱った死刑における誤判可能性論の場合と同様、十分なエビデンスを集めて議論することが重要である。

すでに見たように、オレゴン州やオランダでは、ＰＡＳや安楽死が本人の自発的な同意の下に行なわれるように最大限の配慮を払った規制を作っている。また、報告制度を設けて事後的に事例を検証することにより、不適切な事例が起きていないかを検討する仕組みも作っている（田中・児玉 2017, chap. 6）。このような制度作りを通じて、積極的安楽死を認めた場合の弊害を可能な限り防ぐ不断の努力が必要であろう。

4　治療中止をどう考えるか

最後に治療中止の問題について検討する。治療中止とは、人工呼吸器や人工水分・栄養、透析などを差し控えたり、中止したりして、比較的短時間のうちに患者に死をもたらすことを指す。前述したように、治療中止は消極的安楽死と表現されることもあるが、積極的安楽死との混同を避けるために、治療中止という言葉が今日では好まれる傾向がある。本書でも、以下では治療中止という言葉を使って議論を行なう。また、一般に、治療中止と言えばいったん開始した治療行為の中止だけではなく治療の差し控え（不開始）も含む広義の意味で用いられるが、今日の日本の議論では、差し控えと区別して狭義の意味で中止を用いることがある。だが、以下の本文では、断りのない限り、治療の差し控えを含む広義の意味で用いる。

英米や欧州では終末期の患者の治療中止や、遷延性意識障害の患者の治療中止が法律や判例によって認められている国や地域が多く、一方で積極的安楽死やＰＡＳを認めているところは少ない。そのため、両者に倫理的に重要な違いがあるのか否かがしばしば問題になっている。

両者には倫理的に重要な違いがあるという論者によれば、積極的安楽死やＰＡＳは、意図的に患者に死をもたらすことであるため、殺人である。その一方、治療の中止は、患者の利益にならない治療を止めて、病気が自然の経過を辿るのを許すだけであり、患者の死は予見されても意図されているわけではないので、殺人ではないとされる。ここには、意図と予見という区別がある。すなわち、患者の死を意図して行為する場合は、患者の死へと至る因果関係に行為者が直接介入しているがゆえに不正であるが、患者の死を予見して行為する場合は、そうではないために、不正ではない、という考え方である。意図された結果には責任が生じるが、単に予見されただけの結果には責任は生じないということである。これを二重結果論（the doctrine of double effect）と呼ぶ。

二重結果論はカトリックの教えに由来するもので、典型的な事例は、妊娠している女性が子宮がんに罹っている場合、子宮を摘出して結果的に胎児を死亡させてしまうことは許される、なぜなら意図したのは子宮がんの治療であり、胎児の死亡は予見された結果にすぎないからだ、というものである。第３章で見たカントの友人を救うために嘘をついてはいけないという事例も、同じように考えることができる。あなたは意図的に嘘をつくかどうかということにのみ責任を持ち、その結果友人が人殺しにつかまって殺されることは予見されたとしても、責任はない。同様に、消極的安楽死や、間接的安楽死も、苦しみを取り除くなどの目的を持ってなされるだけであり、不正ではない(20)。

また、作為と不作為の区別についても、同じような議論がなされる。我々は自分が積極的にする行為に対してのみ（しかも、意図した結果にのみ）責任を持つのであり、自分がしなかった行為に対して責任を持つわけではない。そうでなければ、我々は自分に選択できるがしなかった無数の行為に関しても責任を持つことになるが、それは馬鹿げている（帰謬法）。ところで、治療の中止というのは、積極的な治療を行なわないという意味で不作為である。したがって、積極的安楽死は作為であって殺人であるが、治療の中止に対しては責任が生じず、殺人と呼ぶことはできない、ということだ。

さらに日本では、（治療の差し控えと対比される意味での狭義の）治療の中止すらも作為であり、殺人になるという議論がある。すなわち、例えば患者に付けられている人工呼吸器のスイッチを切ることは、作為として理解できる。それゆえ行為者に責任が生じて、殺人になる可能性があるというわけだ。この場合、人工呼吸器を装着しないなど、治療を差し控えることだけが不作為であり、行為者に責任を問われるものではないということになる(21)。

たしかに、筆者も（差し控えと区別される）治療中止のなかには、積極的な行為と呼びうるものがあると考える。実際、医師でない筆者が病院の病室に行き、患者の人工呼吸器を外したとしたら、それは治療の中止とはいえ、立派な殺人になるだろう。すると、治療中止も積極的安楽死と同様に殺人だとしてやめるべきなのだろうか？

そうではないと筆者は考える。意図と予見、作為と不作為といった区別で倫理的な線引きを一貫した仕方で行なうことは、不可能である。意図と予見について言えば、そもそも実践においてこの区別を明確にすることは難しいだけでなく、仮にできたとしても、我々は予見できたことについても一定の責任を持つべきだと考える理由がある。例えば交通事故の多くは、意図して行なったものではないだろうが、予見されたのであれば（あるいは普通の人であれば予見できたのであれば）責任を問われてしかるべきである。例えば飲酒をすると歩行者をはねる可能性が高くなることが予見される場合がそうである。さもなければ道路は無責任な運転手で溢れ返ることになるだろう。

また、作為と不作為の区別について言えば、我々は自分のした行為だけでなく、自分のしなかった行為についても、ある程度までは責任を持つべきである。我々がしようと思えばできた行為、例えばお年寄りに席を譲れたのに譲らなかったとか、道端で倒れている人を助けられるのに助けなかったなどの場合について、我々はその責任を問われてしかるべきである（⇓7・4）。次のような思考実験を考えてみよう。読者はどう考えるだろうか。

スミスとジョーンズの事例

スミスは六歳のいとこの風呂場に忍び込み、彼を溺死させ、事故であるかのように見せかける工夫をする。スミスがこのようなことをするのは、いとこの死によって大きな遺産を受け継ぐことができるからだ。

ジョーンズも六歳のいとこが死ぬことで同様の大きな財産を受け継ぐことができる立場にある。スミスと同様、ジョーンズはいとこを溺死させる意図を持って風呂場に忍び込む。しかし、いとこは誤って足を滑らせ、頭を打って風呂で溺れていた。ジョーンズはその気になればいとこを容易に助けることができるが、助けようとするどころか、子どもの頭が出てきたら水中に押し戻そうという気でいる。しかし、それは必要のないことがわかった。(Rachels 1975)

スミスとジョーンズの行動に倫理的に重要な違いがあるだろうか。もしあるとしたらそれは、どのようなものか。

この二つの事例は、結果と意図が同じであれば、作為(人を殺すこと)と不作為(死に瀕した人を助けないこと)の間には倫理的な違いがないという見解を支持するために用いられている。この見解が否定できるかどうか、少し考えてみてほしい。もしこの見解を否定できないとすれば、治療中止は認めるが積極的安楽死は認めないという立場や、治療の差し控えは認めるが、狭い意味での治療の中止は認めないという立場を支持することは困難になるだろう。

すると人々がどこまで不作為に責任を持つと考えるべきかという問題が生じる。(22) ここで詳しく論じることはできないため、簡単に答えておくと、この問題は規則功利主義的な視点で考えるのがよい。すなわち、A、B、C等に関する不作為の倫理的な責任を問うような社会にしておいた方が全体の幸福が増えるならば、我々はA、B、Cについての倫理的な責任を問うべきであると考えるのである。

このように、意図と予見、作為と不作為の区別に沿った倫理的な線引きができないとしたらどうすべきだろうか。筆者の考えでは、積極的安楽死や治療中止は、それが意図されたものであれ予見されたものであれ、あるいは作為であれ不作為であれ、一定の要件を満たせば許容されると考えるべきである。一定の要件とは、オレゴン州の尊厳死法やオランダの安楽死法のところで見たような条件であり、一言で言えば、治療の継続が患者の利益にならないという条件であろう。このことを保証するために、本人の現前あるいは事前の同意（リビングウィル）や、複数の医師による患者の状態の評価や、あるいは制度が悪用されないための事後報告制度などを整備することが必要とされるだろう。

これは功利主義的な考え方である。義務論においては、「殺してはならない」という義務を守るために、自殺を禁じるだけでなく、作為と不作為や意図と予見といったこれまで見てきた区別を用いて責任や義務の範囲を狭く留めようとする傾向がある。これは、許されない殺人だけを「殺人」と呼び、許される殺人はそもそも「殺人」とは呼ばないという発想である。刑法で言えば、例えば治療の差し控えは、殺人罪となる行為の構成要件を満たさないとして、法的評価の対象から外そうとする発想と言える。問題となる行為を狭く定義することで、絶対主義を貫こうとする。

それに対して功利主義では、作為であれ不作為であれ、すべての行為が倫理的評価の対象となる。例えば、治療の中止は、それが作為とみなされようが不作為とみなされようが、倫理的評価の対象となる。しかし、それが一般に患者本人の利益、ひいては社会の利益に叶っていることが示されたなら、正しい行為だとみなされるのだ。したがって、義務論的発想とは異なり、許される殺人と許されない殺人があり、それらはともに「殺人」と呼ばれる、ということになる。同じく刑法で言えば、功利主義ではより多くの行為が犯罪の構成要件を満たすが、その一部は違法性が阻却されるという枠組みになっていると言えよう。

前述のような義務論的な考え方は、とくに生命倫理の領域では、生命の神聖さ（Sanctity of Life, SOL）と呼ばれ、一方、功利主義的な立場は、生命の質（Quality of Life, QOL）と呼ばれることが多い。安楽死やPASや治療中止の議論においては、SOLとQOLの対立という形で、義務論と功利主義の争いが生じていると言える。

まとめ

本章では最初に、いじめによる自殺と、医師の幇助による自殺（PAS）を比較することにより、正当化されうる自殺と、そうでない自殺があるという議論を行なった。次に、自殺に関するヒュームとカントの議論を見ることで、あらゆる自殺を禁じるよい理由はないように思われることを確認した。そして、安楽死に関する用語の区別を行なったうえで積極的安楽死についても検討し、それを全面的に禁止するよい理由はないと述べた。最後に、治療の中止は認められるが、積極的安楽死は認められない（あるいは、治療の差し控えのみ認められるが、それ以外は認められない）という議論を検討し、このような線引きを支持するよい理由はないと述べた。筆者の立場は、自殺と同様に安楽死についても、あらゆる安楽死を「殺人」だからという理由で禁じる必要はなく、むしろ積極的安楽死や治療中止は、適切な規制のもとに認めることが個人の利益、ひいては社会の利益につながるというものである。

最後に、自殺や殺人の是非について、子どもたちにどう教えるべきかという問いについて考えてみよう。R・M・ヘアの二層功利主義は、規則功利主義の考え方を発展させたものであり、通常は直観的な義務や規則に従って行為するが、義務の衝突が起きたり、判断が困難だったりした場合には、そうした直観レベルではなく批判レベルに立ち、功利主義的にどういう結果が生じるかを評価して決めるというものである（ヘア 1994; 児玉 2010, chap. 6）。つまり、直観レベルでは規則を守るという義務論的な思考をして、批判レベルでは単に規則を守る側から作る側の視点へと移って功利主義的に考えるというイメージである。

筆者はこのような考え方に概ね賛成である。小さな子どもは規則を作る側には立てないか、仮に立ったとしても功利主義的ではなく、非常に利己主義的な規則を作るだろう（「ケーキは全部自分のもので、パパとママは一口も食べてはいけない」）。そこで、子どもに関しては、自分で規則を作る能力が育つようになるまで、直観的な規則を教える必要がある。また、子どもが規則間の衝突を解決できないうちは、なるべく単純な規則を教える必要がある。

そのように考えた場合、子どもには人を殺すことは常にいけないと教えておいて差し支えないと思われる。また、自殺も常にいけないと教えておくべきであろう。そして、徐々に成長して分別がついてきたら、場合によっては人を殺したり（例えば正当防衛）、自殺をしたり（例えばＰＡＳ）することも許される場合があることを考えさせるのがよいだろう。その場合に、すでに見たように、正当防衛は殺人とは呼べないとか、ＰＡＳは自殺ではないとか義務論的な仕方で教えることは欺瞞だと筆者は考える。

読書案内

自殺と自己決定の関係については山田卓夫『私事と自己決定』(日本評論社、一九八七年)第一四章、自殺と人間の尊厳の関係についてはジェームズ・レイチェルズ『ダーウィンと道徳的個体主義』(晃洋書房、二〇一〇年)の九九頁以降を参照。蝶名林亮「自殺の悪さについての哲学的な議論の調査」(蝶名林 2017)は、自殺の倫理の論点整理を行なっている。自殺対策に関する日本の政策については、森山花鈴『自殺対策の政治学』(晃洋書房、二〇一八年)が参考になる。

医師の幇助による自殺(PAS)や安楽死、治療中止の倫理については、概説として、水野俊誠・前田正一「終末期医療」(水野・前田 2017)、トニー・ホープ『医療倫理』(岩波書店、二〇〇七年)の第二章、田中美穂・児玉聡『終の選択』(勁草書房、二〇一七年)、児玉聡・なつたか『マンガで学ぶ生命倫理』(化学同人、二〇一三年)の第五章などがある。功利主義的な立場からの議論としてはピーター・シンガー『生と死の倫理』(昭和堂、一九九八年)が体系的である。より手短にはピーター・シンガー『人命の脱神聖化』(晃洋書房、二〇〇七年)の第五章を参照。国内の哲学者の最近の議論としては、松田純『安楽死・尊厳死の現在』(中公新書、二〇一八年)、有馬斉『死ぬ権利はあるか』(春風社、二〇一九年)を参照。

第5章　他者危害原則と喫煙の自由

多くの喫煙者にとって、喫煙の倫理性を問われることは、居心地の悪い経験であろう。個人の行為について、とやかく言われるのは不愉快である。多くの喫煙者は、日本たばこ産業株式会社（以下、ＪＴ）の次の意見に同意するのではないだろうか。「私たちは、成人の方には喫煙のリスクに関する情報をもとに、喫煙するかしないかを自ら判断し、個人の嗜好として愉しむ自由があると考えます」[1]。

しかし、問題はまさに、「喫煙が個人の自由の問題なのか」ということだ。より正確に言えば、喫煙はどの程度まで個人の自由の範囲に含まれる事柄で、どの程度まで政府による規制を受けてしかるべき事柄なのか、だ。先に、「許容できるエゴイズムの限度を決めること」が倫理学の課題だという加藤尚武の言葉を紹介したが、喫煙も個人の自由の限度が問題になっているという点では、すぐれて倫理学の問題である。

このように言うと、「成人に関しては喫煙は法律で禁止されていないのだから、喫煙は当然、個人の自由ではないか」と疑問に思う人もいるかもしれない。しかし、現在の法律が正しいとは限らない。死刑制度と同様、現行の法律の是非が問われなければならない。それがまさに倫理学の問題なのだ。

ところで、喫煙の自由をめぐる議論を検討するさいには、議論のレベルを分けて、何が問題になっているのかをよく分析する必要がある。とりわけ、喫煙の害をめぐる科学的・経済的「事実」の議論と、その事実に依拠した規範の議論を区別する必要がある。とかく我々は、禁煙談義になると、「たばこの害悪が立証されているかどうか」や、「たばこを吸う人が社会に経済的負担を与えているかどうか」という論点に終始しがちである。しかし、喫煙が本人や周囲の人にどのような害悪をもたらすのかと、たばこが「ペイ」するかどうかは、それぞれ、医学研究者と経済学者が専門とするところであり、厳密な意味での倫理学の問題ではないだろう。また、専門家の知見よりも「自分の祖父はヘビースモーカーだが、九〇歳まで生きた。だからたばこの害は関係ない」（伊佐山 1999, 57）のような、自分に都合のよい統計的でない話を信じようとする認知バイアスについては、心理学者が研究すべき別の論点になる。[(2)]

第2章の死刑の抑止力の議論において、倫理的議論におけるエビデンスの重要性を説明したが、喫煙の害に関するエビデンスに関しては、歴史的に利害関係者の思惑も絡んでおり、立場によって意見が異なっている。例えば、現時点では、喫煙が本人や周囲の人間の健康にもたらす害については、世界保健機関（WHO）などの国際的な専門機関や厚生労働省などはこれを明確に認めている。[(3)] それに対して、JTは、喫煙者本人の害については肺がん、心筋梗塞等、「特定の疾病のリスクファクター」（の一つ）だと認めているが、受動喫煙の害は科学的に立証されていないという立場を取っている。[(4)] 喫煙が本人や周囲の人の健康に害をもたらさないとすれば、倫理的には何の問題もないだろう。問題なのは、そのような被害が実際にある場合に、どのような対応をするのが適切かということである。そこで、倫理学の議論としては、ひとまず喫煙が本人や周囲の人間の健康に害をもたらすという前提を受け入れたうえで、「本人や周囲の人の健康に害悪となる行為に関して、個人の自由をどこまで認めてよいか」を議論するのがよいと思われる。

喫煙の規制に関して、とりうる選択肢は大きく分けて三つある。

1. 喫煙は個人の自由であるため公共空間で規制はしない（私的空間でも自由）。
2. 公共空間では規制（分煙か、全面禁煙）するが、私的空間では規制しない。
3. 私的空間でも公共空間でも禁煙。

喫煙や受動喫煙の健康上の害悪を踏まえた場合、どれを選ぶのが正しいだろうか。これが本章で問題にしたい倫理学の問いである。(5)

1　他者危害原則とパターナリズム

上記の三つの論点について検討する前に、この議論をするのに欠かせないJ・S・ミルの他者危害原則とパターナリズムについて、以下の具体的な問題を通して確認しよう。それぞれの問題について、少し時間を取って考えてみてほしい。

(1) 自転車走行中のイヤホン・スマホの使用制限は認めてよいか?

二〇一五年六月に千葉県で起きた事件で、大学生がイヤホンで音楽を聴きながら時速約二五キロで自転車走行をしていたところ、横断歩道を渡っていた高齢者の女性とぶつかり、女性は転倒して頭を打ち、病院に運ばれたが死亡したという事件があった。(6) 今日の日本では、自転車走行中にイヤホンやスマホをしていると危険だという理由で、それを規制する動きがある。あなたは、自転車走行中のイヤホン・スマホの使用制限は認めてよいと考えるだろうか。また、その理由は何か。

(2) 自動車のシートベルトの着用義務は認めてよいか?

日本では一九七一年に運転席と助手席のシートベルト着用が義務化され、一九八〇年代半ばには着用率を上げるために非着用の場合に罰則が課されるようになった。また、二〇〇〇年代の終わりには、後部座席に関してもシートベルトの着用が罰則付きで義務化されるようになった。一九七〇年には交通事故死は一万七千人近くを数えていたが、その当時、シートベルトの着用を義務化すれば三〇〇〇人は救えるという試算が出されていた。(7) 現在でも、シートベルト非着用者の致死率(死傷者数に占める死者の割合)は、着用時に比べて約一五倍高いとされる。(8) あなたは、自動車のシートベルトの着用を罰則付きで義務化することは正しいと考えるだろうか。その理由は何か。

(3) 生レバー提供禁止は認めてよいか？

二〇一一年四月に、チェーン店の焼肉屋でユッケなどを食べた客がO157による集団食中毒となり、日本各地で患者が約一八〇人発生し、そのうち五人が死亡するという事件があった。厚生労働省は飲食店に牛の生レバーの提供を自粛する要請を出したが、その後も食中毒が起きたため、二〇一二年に食品衛生法の基準を改正し、牛の生レバーの販売・提供を禁止した(9)。あなたは、牛の生レバーの販売や提供を禁止することは正しいと考えるだろうか。また、その理由は何か。

(4) 年末年始にもちを食べることを禁止すべきか？

年末年始にはとくに高齢者がもちを喉に詰まらせて救急搬送され、場合によっては死亡することがよく知られている。全国統計はないものの、東京に限っても、二〇一一年から一五年の四年間に、餅などを詰まらせて五六二人が救急搬送され、そのうち四五人は、病院に搬送された時には死亡していたとされる(10)。あなたは、餅の販売や提供を禁止すべきだと考えるだろうか。また、その理由は何か。

おそらく、読者の多くは、自転車のスマホやイヤホン使用によって他人に危害を与えるリスクが実際に高くなるなら、規制をすべきだと考えるのではないだろうか。また、自動車のシートベルトは、着用してもそれほどの面倒がないため、安全のために着用を義務化してもよいと思う人が多いだろう。しかし、生レバーやもちについては、安全のためとはいえ、好きなものを食べられなくなることによる不利益が大きいため、個人の自由に任せるべきだと考える人も多いのではないだろうか。これらの問題に共通するのは、自分や他人の安全を守るために、政府はどこまで個人の自由ないしライフスタイルに介入してよいか、という問いである。

この文脈で重要な倫理原則が二つある。一つは、自由主義の大原則として知られるJ・S・ミルの他者危害原則である。ミルは一九世紀後半に英国で活躍した功利主義者であり、彼の『自由論』(1859)は社会の発展のためには個人の自由が重要であると説いた自由主義の古典としてよく知られている。彼は、「文明社会の成員に対し、彼の意志に反して、正当に権力を行使しうる唯一の目的は、他人に対する危害の防止」であり、「個人は自己の行為について、それが自分以外の人の利害に関係しない限り社会に対して責任をとる必要はない」と述べ、自由主義の根本的原則を定式化した（ミル 1979, 224, 323)。個人の自由を制限してよいのは、他人に危害を与える行為に限られるというこの考え方は、他者危害原則（harm-to-others principle あるいは harm principle）という名で知られている。『自由論』におけるミルの考え方については、次節以降でさらに詳しく見ることにする。

もう一つは、法的パターナリズムである。他者が当人の利益のために当人が必ずしも望んでいない介入を行なうことをパターナリズム（父権主義）と言う。ミルは、判断能力のある成人に関しては、当人の自由を制限してよいのは他者に危害を加える場合に限るとした一方で、下記で述べるように、子どもや「未開人」にはパターナリスティックな介入が許されうると考えていた。現代社会では、ミルが認める以上に、こうした法律を用いたパターナリズムが行なわれている。だが、話を広げすぎずに、ここでは、喫煙規制について上記の二原則の視点から考えよう。

2　喫煙は個人の自由であるため公共空間で規制はしないという主張

さて、それでは喫煙規制の問題に戻って検討しよう。最初に、「喫煙は個人の自由であるので、公共空間だからといってむやみに規制しないのはもちろんのこと、私的空間でも当然自由」という主張を検討しよう。これは、現在では大声で主張している人は少ないが、かつては主流だった立場である。

禁煙に関する一昔前の論調

今から四〇年ほど前までは、病院でもどこでもたばこは自由に吸えた。旧国鉄こだま号に初めて禁煙車両が設けられたのは昭和五一（一九七六）年であり、国内線旅客機で初めて禁煙席が設けられたのはその二年後である。一九七八年に「きれいな空気を吸う権利」の確立を求める市民が「嫌煙権」という言葉を提唱し、昭和五五（一九八〇）年には初の嫌煙権訴訟が起こされた[11]。

若い読者には当時の状況を想像するのが難しいかもしれないが、伊佐山芳郎の『現代たばこ戦争』(1999) では、嫌煙権が問題になった頃の議論が紹介されている。そのいくつかを引用しよう。

職場で同僚の吸うたばこの煙に悩んでいるＯＬの人生相談に対して、小室氏〔評論家の小室加代子氏〕は次のような回答を寄せた。「本当はそんなにいやなら、会社をやめたらいいのです。私があなたの上司なら、そういいますよ。隣のオジサンは、ニコチン中毒であろうとあなたよりは会社に貢献してきたのです」「間接喫煙ぐらいでシボむような花ならポイですよ」「あなたはニコチン中毒よりも、もっともしまつの悪い一流中毒患者のようですね」(伊佐山 1999, 90–91)。

名古屋大学の加藤雅信教授(民法)は(…)、「たばこを喫いたい人とその煙を受けたくない人との双方が同じ場所にいた場合に、双方をともに満足させる方法はない。そこでは、たばこを喫いたい人が他方に迷惑を掛けた上で我を通すか、隣人のほうが喫いたい人の嗜好を犠牲にしたうえで我を通すか、いずれかであって、いわば我の張り合いにすぎない」(伊佐山 1999, 90)。

これらの引用(特に前者)に見られる「喫煙しない人が我慢すればよい」という趣旨の主張は、新聞紙上の人生相談やアカデミズムにおいてだけでなく、嫌煙権をめぐる判決においても表れている。一九八七年の嫌煙権訴訟東京地裁判決で述べられた「受忍限度論」がそれである。

この訴訟は、こだま号の一六号車以外には国鉄の中・長距離列車に一両の禁煙車もなかった一九八〇年に起こされたものである。原告は国鉄車両の半分を喫煙車両、半分を禁煙車両にすることを訴えていた。七年後に原告敗訴の判決が出たが、それまでの七年間に公共交通機関の分煙化が進んだため、実質勝訴として控訴はなされなかった。ただ、判決で述べられた「受忍限度論」は今日でも取り上げられることがある。それによれば、「一般的に受動喫煙の結果、眼、鼻、咽の痛みなどの被害や不快感を受けることがあることは認められるが、列車内の受動喫煙は「一過的」であり、受忍限度内である」(伊佐山 1999, 85)。つまり、受動喫煙の害はその場限りのたいしたものではないのだから、それぐらいは我慢しろというわけだ。しかし、伊佐山が指摘するように、喘息患者、乳幼児には急性被害もありうるし、車掌や車内販売員のような従業員には慢性疾患のリスク要因にもなりうるだろう（伊佐山 1999, 87）。つまり、単なる不快では済まず、危害になる可能性があるということである。

また、同判決には、「日本の社会は喫煙に対して寛容であるので、このような風潮も判断の基準にすべきである」という論点も出てくるが、この論点は、判決から四〇年近く経った現代では、「日本の社会は喫煙に対して不寛容であるので、全面的に禁煙にしてよい」のように、まったく逆の使い方ができてしまうだろう。このことが示しているのは、権利侵害の有無について考えるさいには、このように世論に訴える論法は危険だということである（⇒2・2）。

現在の議論とどこが違うのか

現在の視点から見ると、こうした八〇年代の議論においては、喫煙の害悪（とくに受動喫煙の健康被害）が十分に理解されていなかったと言える。ミルの他者危害原則の議論を踏まえた加藤尚武の次の指摘が適切だろう。

> 人が受ける被害には「危害」と「迷惑」の二種類があります。危害とは、身体や財産への侵害です。例えば殴られるなどです。英米法の原理である自由主義は、原則として個人の行動は自由で、他人に危害を加える「他者危害」だけが、法律による禁止対象になる、という考え方です。一方、「迷惑」には、お互い様という部分があって、どこまで譲り合うか、です。マンションの生活音などが代表で

すね。かつてたばこは「迷惑」として扱われていました。「臭いからやめてほしい」「あなたの香水だって臭い」という議論ですね。しかし、受動喫煙の害が立証されたことで、公共の場での喫煙は「迷惑」から「他者危害」へと変わったのです。私はそのことを知って吸う気がなくなりました。今では公共の場での喫煙は当然、自由を規制する対象です。[12]

これはつまり、八〇年代の議論では、「他人に危害を加える行為は規制されうる」という自由主義の原則について意見の相違があったというよりも、むしろ、「喫煙は単なる迷惑にすぎないのか、あるいは他人に対する危害なのか」という事実をめぐる意見の相違があったということである。加藤の言う通り、受動喫煙の健康被害が社会的に認知されてきたこともあり、現在の争点は、「公共空間では分煙するか、全面禁煙にするか」に移ってきた。そこで次にこの問いを検討しよう。

3　公共空間では規制し、私的空間でしか喫煙はできないという主張

今日の日本の喫煙規制

まず先に、公共空間での喫煙に関して、今日の日本の規制状況を概観しておこう。二〇〇三年施行の健康増進法では、第二五条において、「学校、体育館、病院、劇場、観覧場、集会場、展示場、百貨店、事務所、官公庁施設、飲食店その他の多数の者が利用する施設を管理する者は、これらを利用する者について、受動喫煙（室内又はこれに準ずる環境において、他人のたばこの煙を吸わされることをいう。）を防止する

ために必要な措置を講ずるように努めなければならない」という受動喫煙の防止が謳われているが、罰則のない努力義務となっていた[13]。しかし、二〇一八年七月の改正健康増進法成立により、学校や病院や市庁舎などの施設(第一種施設)では敷地内禁煙、それ以外の施設(第二種施設。事務所、ホテル、飲食店、国会など)では原則屋内禁煙となり、全面禁煙すべき施設と分煙禁煙すべき施設が明確に規定され、喫煙者や事業者にも罰則付きの義務が課されるようになった。ただし、経過措置として、既存の経営規模の小さな飲食店に関しては、喫煙可能な場所である旨を掲示すれば、店内で喫煙可能とした。これらの規定は二〇二〇年四月一日に全面施行された[14]。

地方自治体レベルでは、二〇〇二年の東京都千代田区の条例を皮切りに、各地で路上喫煙を禁じる条例が広がった[15]。また、神奈川県では、国に先駆けて罰則規定を盛り込んだ受動喫煙防止条例(二〇一〇年四月施行)によって屋内の喫煙を制限した[16]。東京都も、二〇一八年六月に、国の改正健康増進法よりも若干厳しい「東京都受動喫煙防止条例」を成立させた[17]。さらに、各県のタクシー協会などが自主的に完全禁煙に踏み切る動きもある[18]。大学のキャンパスでも全面禁煙に踏み切った大学が多い[19]。

近年の喫煙規制強化の背景にあるのは、二〇〇四年に日本も批准した世界保健機関(WHO)の「たばこの規制に関する世界保健機関枠組条約(たばこ規制枠組条約)」である(条約の発効は二〇〇五年)。たばこ規制枠組条約は、その目的を「たばこの消費等が健康に及ぼす悪影響から現在および将来の世代を保護する」としたうえで、広告・販売促進の禁止やたばこ税の引き上げなどの価格対策を求めている。たばこ条約はすべての締結国に対し、二〇一〇年二月までに公共の施設や機関を禁煙とするよう求めている。

今日の議論の争点

分煙の必要性さえ疑問視されていた八〇年代の議論とは異なり、今日の議論においては、分煙の必要性に関しては一定の合意は得られている。主な争点は、有効な分煙が現実的に可能かどうかをめぐるものだと言える。慎重派が、「分煙は、吸いたい人も望みがかなって幸せ、吸いたくない人も望みがかなって幸せ」と考えているのに対して、禁煙派は「分煙は、実際にはうまくいかないので、吸いたい人は望みがかなうが、吸いたくない人は望みがかなわず不幸になる」と考えている。この議論においては、「喫煙したい人はそうすればよいが、受動喫煙を望まない人の意思は尊重しなければならない」という規範については基本的に意見が一致しており、問題になっているのは、望まない人にも満足の行く分煙設備を作ることができるのかどうかという技術的な点だと言える(20)。

だが、空間分煙にした場合の大きな問題として、レストランや居酒屋など、分煙環境で働く従業員の健康の問題がある。以前、厚生労働省が労働安全衛生法との関連で受動喫煙を問題にしたのも、労働者の健康を重視したからであった。「全面禁煙にすると客足が減って経営が成り立たなくなるから、従業員の健康を犠牲にする」という考え方は許されるだろうか。受動喫煙による健康被害が明白であるならば、経営と従業員の生命や健康を秤にかけることは基本的には許されないだろう。

みなが喫煙に同意していれば問題ないか?

しかし、これに対しては、「従業員は全員、「望んで」その状況にあるのであれば、許される」という応答もありうるだろう。この点と関連して、少し前に、「全面喫煙カフェ」の動きがあったが、これについてどう考えるべきだろうか。読者は次の事例について、少し考えてみてほしい。

全面喫煙のカフェは許されるか

JR新橋駅烏森口前に四月にオープンした「カフェトバコ　新橋駅前店」（中略）が静かな人気を集めている。（中略）同店は、「おいしいコーヒーとたばこを楽しむ」をコンセプトにした愛煙家のためのセミ・セルフサービスのカフェ。昨年一〇月にオープンした有楽町店に続く二店舗目となる。店舗面積は一七・七坪で、席数は四四席。店内三フロア全席で喫煙が可能。客層は近隣で働くサラリーマン中心だが、女性客や「中継的にふっと入られるお客様も多い」（同店）。「気兼ねなく喫煙できて、すごくいい」など、愛煙家からは喜びの声が寄せられ好評だという。同社営業本部の斉藤俊彦さんは「これまで驛舎珈琲店や椿屋珈琲店などの高級喫茶店を展開してきたが、全席が禁煙または分煙の店舗がほとんどだった。その中で、たばこをたしなむお客様のための店舗の必要性を感じ、あえて全席喫煙カフェの展開に踏み切った」と話す。(21)

仮に、この喫茶店の店員がみな受動喫煙の害を承知のうえで働いていて、客もそれを承知のうえで店に入ってくるのであれば、政府はこのような店を規制すべきだろうか。「全面禁煙カフェ」があるのであれば、「全面喫煙カフェ」があってもよいのではないだろうか。

先に述べたように、J・S・ミルは他者危害原則を用いて、個人の自由を政府が規制することが許される場合とそうでない場合の線引きを試みた。前節で加藤尚武が適切に述べていたように、受動喫煙が他人に対する危害となると考えられるのであれば、規制の対象となりうる。ただし、ミルが次のようにも述べている点に注意が必要である。「個人のみが関係することにおける個人の自由は、これと呼応して、幾人かの人々が彼らに共通に関係し、彼ら以外の人々には関係しないようなことを相互の同意によってとりきめる自由があることを意味する」（ミル 1979, 332）。つまり、成人間で合意があるのであれば、彼らの自由にさせておくべきであり、政府が介入すべきではないという議論である。よく知られているように、一九五七年に出された英国のウォルフェンデン報告ではこのような考え方に基づき、当時刑法犯であった同性愛行為の非犯罪化を勧告した(22)。

そこで、ミル流の自由主義からすれば、従業員や客がみな、たばこの害悪を十分に理解したうえで同意しているのであれば、空間分煙や、全面喫煙の施設も許されると考えられる。しかし、この傍点部の仮定は大きな仮定であるので、これを制度的に十分に保証できないのであれば、認めるべきではないだろう。

「たばこは文化だから禁止すべきでない」か？

もう一つ、「たばこは文化だから禁止すべきではない」という議論もある。近年のヨーロッパ事情を紹介した新聞記事では、「三〇〇年を超える歴史を誇り、「愛煙家の天国」だったウィーン名物のカフェが岐路に立たされている。西欧から押し寄せる禁煙の波に抗しきれず、伝統あるカフェの多くが喫煙室の設置を義務づけられた。しかし、巨額の改装費が経営を圧迫、一時休業に追い込まれる老舗も出ている」とあり、(23)伝統あるカフェに通う客の次のコメントが紹介されている。「たばこの煙も店の雰囲気を醸し出す重要な要素。なくなったらウィーンのカフェとはいえない。たばこ法なんてナンセンスだ」。

このような議論についても、加藤尚武が、ミル流の自由主義の立場から次のように適切に述べている。

危害がある文化をどこまで許容するかというのは、よほど気をつけないといけない。例えば、(中略)中東などの一部では婚前・婚外の性交渉をした女性を家族が殺す「名誉の殺人」という因習がありまず。「汚れた娘は生かしておけない」という理屈である。これは文化であっても受け入れてはならない。奴隷制度だって「文化だ」と弁護した人は大勢いるんですよ。たばこは「迷惑」と考えられていた時代なら、許容しうる文化と言えたかもしれない。でも、今や「他者危害」であることが明白なのですから、許される文化ではないでしょう。(24)

つまり、文化の尊重は重要であるが、少なくとも自由主義の枠内では、他人への危害防止や権利の尊重の方が文化の尊重よりも優先するということだ。『風と共に去りぬ』で描かれている南部の白人貴族文化は、奴隷制なしには育たなかったかもしれないが、その文化を守るために奴隷制を存続させるべきだという議論は、正当化できない。

未成年の喫煙に対するパターナリズム的介入の正当化

なお、未成年についてはまったく別の議論が必要である。ミルは次のように述べている。

この理論は、成熟した諸能力を持つ人間に対してだけ適用されるものである。我々は子供たちや、法が定める男女の成人年齢以下の若い人々を問題にしているのではない。まだ他人の保護を必要とする状態にある者たちは、外からの危害と同様、彼ら自身の行為からも保護されなければならない。（ミル 1979, 225）

ミルにとって個人の自由に価値があるのは、自分の利益については他の誰よりもよく当人自身が関心を持っており、それゆえ人々に自由を認めれば各人は自分の幸福や個性の発展に益することを自ら進んで行ない、ひいてはそれが社会の進歩につながるためである。したがって、自由にさせておくと他人に危害を与えるばかりでなく自分自身にとっても害悪になることをする可能性が高いと思われる人々に関しては、他者が当人の利益を考えて介入をすることが認められる、というのがミルの立場である。ミルは、判断能力のある成人に関しては、当人の自由を制限してよいのは他者に危害を加える場合に限るとした一方で、子どもや「未開人」にはパターナリスティックな介入が許されうると考えていた。今日の文脈で言えば、重度の知的障害者や、認知症で判断能力のない成人に関しても、このようなミル流のパターナリスティックな介入が正当化される場合があるだろう。

日本でも、二〇歳未満の喫煙は未成年者喫煙禁止法によって禁止され、未成年が自動販売機でたばこを購入することができないよう、タスポカードによる成人識別が行なわれている。しかし、残念ながら、未成年の喫煙は十分にコントロールできておらず、また親や教師が子どもにタスポカードを渡して便宜を図るなどの行為も問題になっている(25)。親や地域社会が子どもを「彼ら自身の行為」から守れないのであれば、政府が対応する必要があるだろう。

4　私的空間でも公共空間でも禁煙すべきという主張

前節で見たように、今日の主な争点は、公共空間での規制のあり方（空間分煙か、全面禁煙か）をめぐるものである。だが、この議論が一段落すると、次の争点は、「公共空間だけでなく、私的空間でも全面禁煙にするかどうか」、つまり成人の喫煙を完全に禁止するかどうかになる可能性がある。そこで最後の節では、このような立場が自由主義の枠内において正当化されるかどうかについて検討しよう。次の架空の事例について、読者はどう考えるだろうか。少し時間を取って検討してもらいたい。

チェインスモーカーの作家の事例

たばこを毎日ひっきりなしに吸っている高齢の作家がいる。彼女はＣＯＰＤ（慢性閉塞性肺疾患）を患っており、よく咳をしているだけでなく、ときどき水の中に入ったときのように呼吸が苦しくなることがあると家族に漏らしている。医師は、たばこを止めて運動をすれば、まだまだ長生きできると彼女に説明している。彼女の家族は、これ以上の喫煙は彼女の死を早めるため、医師と相談して強制的にでも禁煙させたいと考えている。しかし、彼女は、たばこを吸っていないとよい小説が書けないと信じており、長生きするよりも現在書いている小説を書き上げることの方がずっと大事だから、たばこを止める気はないと考えている。また、喫煙は自室でしかしていないため、誰にも迷惑はかけていないと思っている。
仮に彼女の喫煙を強制的にやめさせることができるなら、家族はそうすべきだろうか。

私的空間における喫煙――ミルの立場

加藤尚武は、すでに引用した新聞記事の中で、「今では公共の場での喫煙は当然、自由を規制する対象です。自室で一人で吸うのは個人の自由の範囲でしょう」と述べている。他人に危害を加えないのであれば、たとえ自分の健康に有害な行為であったとしても、禁止すべきではない。ミル流の自由主義を喫煙の問題に適用すると、これが上記の事例に関する模範的な回答であろう。

このような回答に対しては、喫煙は明らかに健康被害をもたらすのだから、本人の幸福のために、禁止すべきではないか、という批判もありうるだろう。だが、ミルの考え方からすれば、判断能力を持つ成人の場合、仮に他人には愚かに見える行為であっても、他人に危害を加えていない限りは当人の自由を尊重すべきである。

〔行為者当人の幸福は、それが〕物質的なものであれ精神的なものであれ、〔その人の自由を制約する〕十分な正当化となるものではない。そうするほうが彼のためによいだろうとか、彼をもっと幸せにするだろうとか、他の人々の意見によれば、そうすることが賢明であり正しくさえあるからといって、彼に何らかの行動や抑制を強制することは、正当ではありえない。（ミル 1979, 224–25）

この引用の直後に、ミルは強制でなく助言や説得という形であれば問題ないと述べている。この点は強調しておくべきだろう。彼は他人のことは一切関知しないという態度を勧めているわけではなく、相手の理性や感情に訴える議論は許されると考えている。しかし、繰り返しになるが、ミルの考えでは、「本人のためにならない」という理由で政府や世論が個人の行為に干渉すると、個人の自由な活動が制約され、結果的に当人の幸福だけでなく、社会全体の幸福にとってもマイナスの効果をもたらしてしまう。そのため、功利主義者のミルはパターナリズムに強く反対したのだ。

私的空間における喫煙――グッディンの立場

一方、オーストラリアの哲学者で、喫煙の倫理性について著作があるロバート・グッディンは、加藤と同じミル的な自由主義の発想から出発して、他者危害原則により公共空間における喫煙を規制すべきだと論じるばかりでなく、私的空間における喫煙についても規制可能だと主張している（Goodin 1989）。[26]

グッディンの議論を理解するには、まずインフォームド・コンセントという概念を知っておく必要がある。インフォームド・コンセント（informed consent）とは、インフォームド、すなわち十分な説明（information）を受けたうえで同意する（consent）ことである。例えば医療におけるインフォームド・コンセントの考え方は、検査や治療に関するいくつかの選択肢についてその利益とリスクの説明を受けたうえで、当人の価値観に照らして選択するというものである。しかし、グッディンによれば、喫煙に関しては、このインフォームド・コンセントが成り立っていない。なぜなら、第一に、喫煙者は喫煙の害悪に関して十分なリスクが知らされておらず、第二に、たとえ知らされていたとしても、喫煙は依存性が強いために、自発的な同意をしたとは言えないからだ。したがって、喫煙者の同意は有効ではなく、政府は彼らを喫煙の害悪から守る義務がある。

グッディンの議論を図式的に論じると、グッディンは以下の前提1と前提2は認めるが、前提3と前提4を否定していると言える(27)。

前提1：政府は、他人の危害にはならないが自分に危害を与える活動であるからという理由で、知識のある成人がその活動を自発的に行なうことを妨げてはならない（ミルの他者危害原則）

前提2：私的空間における喫煙は他人に危害を加えない

前提3：成人はたばこのリスクを知っている（知識の条件）

前提4：成人は自発的に喫煙している（自発性の条件）

結　論：政府は成人の喫煙者が私的空間において喫煙することを妨げてはならない

以下では前提3（知識の条件）と前提4（自発性の条件）について検討してみよう。

喫煙者はたばこのリスクを知っているのか?

まず、たばこのリスクについての情報提供に関しては、日本ではとくに不十分とされてきた。伊佐山は次のように述べている。

例えば、日本で売られているマイルドセブンには、(中略)「吸いすぎに注意」というような表示をして販売しているのに、その同じマイルドセブンが外国で売られる時には、「肺がんの原因となる」とか、「心臓病の原因となる」などと表示されている(中略)。このように、(中略)日本の消費者には、喫煙に関する正しい情報(中略)が与えられていないということは、喫煙に関する消費者の選択権が奪われているということになる。だから、「喫煙者は自業自得」ではないかという人がいるが、これは本当は正しくない。情報が与えられていないところに、正しい自己決定はないと言うべきだからである。(伊佐山 1999, 14)

米国でも、たばこ会社が喫煙の害悪に関する重要な情報を隠蔽していたとして、九〇年代以降、多くの損害賠償訴訟が起きたことはよく知られている(棚瀬 2000, chaps. 1–2)。このような経緯も踏まえ、WHOのたばこ規制枠組条約では、第十一条(たばこ製品の包装及びラベル)において、「タバコ製品の包装及びラベルについて、虚偽の、誤認させる若しくは詐欺的な手段又はタバコ製品の特性、健康への影響、危険若しくは排出物について誤った印象を生ずるおそれのある手段(例えば「ロー・タール」、「ライト」、「ウルトラ・ライト」などの名称)(中略)を用いることによってタバコ製品の販売を促進しないこと」および、「タバコ製品の個装その他の包装並びにあらゆる外側の包装及びラベルには、タバコの使用による有害な影響を記述する健康に関する警告を付するもの」として、喫煙を行なおうとする者に十分な情報が提供されることを保障することを各国に求めている。つまり、たばこのリスクについて十分な情報を提供するとともに、ミスリーディングな宣伝や広告を規制することが必要だと述べているのだ。

日本でも、上記のたばこ規制枠組条約批准後、広告規制の強化やたばこパッケージの注意文言の改正が行なわれた。上記伊佐山の引用からはすでに二〇年が経ち、「マイルドセブン」も、健康被害もマイルドだという誤解を招くとして、Mevius という名称に変わった。だが、健康被害についてのタバコのパッケージの表示やメディアでの周知度に関しては、日本は依然として国際的に低いレベルにあるとされる。(28)

成人は自発的に喫煙しているのか？

だが、上の議論に対しては、次のような反論が考えられる。喫煙者の全員が全員、たばこのリスクについて十分に知っているわけではないにせよ、一部の人はよく調べたうえで喫煙しているかもしれない。また、たばこのリスクについて今後十分に普及啓発活動をしたうえでなら、私的空間で喫煙することは認められるべきではないだろうか。

しかし、仮に十分な情報提供がなされていたとしても、喫煙をしようとするものが自発的に同意できないのであれば、適切な同意がなされたとは言えないだろう。これがグッディンが指摘する二つ目の問題、すなわち依存症の問題だ。

たばこは本人にとって有害であるという議論に対して、たばこには「効用」もあるという反論がある（武田 2007, 148ff; 名取・上杉 2006, 12ff）。例えば、名取春彦は、喫煙の効用として、覚醒作用、リラックス作用、発想の転換を促す、気付け作用、痴呆症（認知症）の予防の可能性、喫煙所は自由人たちの社交場などを挙げている。[29] たしかに喫煙が当人にもたらす利点と欠点の比較は重要であり、当人が合理的に利点と欠点を比較したうえで喫煙をするのであれば問題はないだろう。しかし問題は、喫煙の場合、他の薬物等の依存症と同様に、理性的な比較ができているのかどうかが疑わしい点にある。

たばこが依存的であることはよく知られており、WHOのたばこ規制枠組条約前文にも「たばこ依存症は主要な国際疾病分類で独立した疾病として分類されている」と明記されている。日本では二〇一〇年一〇月のたばこ税の増税を機に禁煙に挑戦した人が多いが、ある調査によると、喫煙者の六割が増税前に禁煙にチャレンジすると回答しながらも、実際に挑んだのは四割以下だったことがわかった。[30] また、禁煙に挑戦した人のうち、二ヶ月後にはすでに六割が失敗していることが明らかになったという。

喫煙者の多くが依存症であり、やめようと思ってもやめられないとすれば、彼らは必ずしも喫煙に自発的に同意しているとは言えないだろう。とくに、未成年から吸い出している喫煙者に関しては、喫煙に関するインフォームド・コンセントは一度も成立していないかもしれない。喫煙の害悪についての説明を十分に受けず、また受けたとしてもすでに依存症で自発的な同意が難しいとすれば、「喫煙者が健康被害を受けるのは自業自得である」ということは正しくなく、むしろ「喫煙者も被害者だ」というべきであろう（伊佐山 1999, 202; 宮島 2007, 13）。このように考えるなら、政府は喫煙者をたばこの害悪から守るために、たばこ依存から抜け出すためにパターナリスティックに介入すること――ルソーの言葉を借りれば「自由になることを強制する」こと——が、正当化されるかもしれない。

グッディンの議論に対する反論の検討

喫煙に関してはインフォームド・コンセントが成り立たないがゆえに、私的空間における喫煙をも禁止すべきだとする以上のような議論に対しては、いくつかの反論が考えられる。まず、他の嗜好品や薬物はどうなのかという批判があるだろう。例えば、アルコール飲料も、たばこと同様、その害悪に関して十分な情報提供が行なわれていない可能性があり、また、身体に悪影響を与えたり、依存症によって精神的な問題を引き起こしたりする可能性がある。一貫性の観点からすれば、たばこを規制するのであれば、アルコールも規制すべきではないか（小谷野 2005, 41）。

たしかに規制の一貫性は重要であり、食品や薬物が他人や自分に対して与える害悪を相対的に評価して、規制すべき対象の順位付けをすることが重要である。[31] とはいえ、アルコールについて言えば、WHOはアルコール規制にも本腰を入れつつあるので、たばこだけが狙い撃ちされているかと言えば、決してそうではないだろう。[32] 仮に、アルコールがたばこと同じように本人および他人に対して有害であり、しかもアルコールに関してはたばこと比べて十分な情報提供がなされていないとすれば、たばこと同様、アルコールについても適切な情報提供や規制が行なわれるべきであろう。

次に、シャピロが指摘しているように、たばこが依存症を引き起こすとはいえ、一部の人は意志の力によって禁煙に成功するという事実があるのであれば、喫煙は常に自発的でないとまでは言えないかもしれない（Shapiro 1994）。これについては、グッディンが例として挙げているように、ヘロインのような依存性が高いと認められている麻薬であっても、自力でやめることができる人もおり、ある薬物に依存性があることと、強い意志の力を持って自力でやめられる人がいることとは、必ずしも矛盾しない（Goodin 1989, 25)。問題は、たばこを止めるためにどのぐらい強い意志が必要かということであり、多くの人にとって不可能であるような程度の意志の力が必要とされるとすれば、一般にたばこを吸うことに対して自発的な同意をしているとはみなせないだろう。

どのような規制が望ましいか

喫煙者にはインフォームド・コンセントが成り立っていないというグッディンの議論が正しいと認められた場合、私的空間における喫煙に関して、政府はどのような規制を行なうべきだろうか。

一般に、ある行動が倫理的に望ましくないからといって、政府が法律を用いてその行為を禁止することが直ちに正当化されるわけではない（⇒第10章)。ミルの他者危害原則も、政府や世論による介入の必要条件を述べたものであって、この原則を満たせば直ちに介入を行なうべきだと述べているわけではない。グッディンも自主規制や課税や法的禁止などさまざまな禁煙政策を比較検討しているように、なるべく個人の自由を尊重した仕方で規制を行なうことが望ましいだろう（Goodin 1989, secs. 2.4, 3.5)。

とくに、アルコールなどの他の依存症と違い、喫煙者は（少なくとも喫煙している間は）理性を失うことはなく、暴力をふるうなどの問題を起こすわけではない。このような事情を考慮に入れた場合、まず政府がやるべきなのは、たばこについての情報提供を徹底することと、独力で禁煙をすることが困難な喫煙者に禁煙プログラムなどを提供することであろう。実際、日本では二〇〇六年からは、ニコチン依存度が強いと判定された喫煙者で、かつ患者自身が禁煙を希望している場合には、効果の高い禁煙補助薬を用いた禁煙治療が健康保険の適応となるようになった（また、二〇一六年からは、三五歳未満の若者の保険適応条件が緩和された）(33)。

一九二〇年代頃に行なわれた米国の禁酒法のように、全面的な禁止がうまくいかない場合もある。喫煙に関しても、直ちに販売を禁止し、喫煙者を強制的に依存症から離脱させない限り解決策がないというのでない限り、公共空間での禁煙の動きを進めるとともに、喫煙の害悪についての情報提供を十分に行ない、喫煙者が自発的にやめる手伝いをすることが、公衆衛生政策として望ましく、倫理学的にも正当化されるものだと思われる。

まとめ

ここまで、自由主義的な観点を中心にして、喫煙規制の是非を論じてきた。自由主義的には、屋内の受動喫煙が他者に危害をもたらすならば、屋内の全面禁煙や完全分煙といった規制が必要である。また、私的空間における喫煙は原則自由であるべきだが、その前提として、情報提供や依存症の対策を通じた喫煙の自発性の保証が重要であると論じた。規制の一貫性の観点からすると、同様の考察が他の薬物や食品の規制などでも行なわれるべきであり、合わせて成人に対するパターナリズムをどこまで許容すべきかについて明確な議論がなされることが重要である。

なお、自由主義についての問いで倫理学の問いが尽きているわけではないという点にも留意してほしい。自由主義的には、「自室での喫煙については、政府は介入すべきでない」という結論が導かれるかもしれないが、それは「個人が自室で喫煙しても許される」ということであり、「積極的に喫煙すべきである」ということではない。「私には喫煙する自由があるが、私は喫煙すべきだろうか」と問うことが有意味でありうる。「〜する自由（権利）がある」は「〜すべきだ」を必ずしも含意しないからだ。

コラム　リバタリアン・パターナリズム

近年、他者危害原則かパターナリズムか、すなわち自由か強制かという対立を超える試みとして、リバタリアン・パターナリズムの思想が興隆している。これは、人々を強制しないが、選択肢の構造（チョイス・アーキテクチャ）を変更することで、より望ましい選択肢を選ぶように人々の行動を誘導（ナッジ）するという発想である（セイラー、サンスティーン 2009, 15–16）。リバタリアン・パターナリズムは、ナッジと呼ばれたり、ソフトパターナリズムと呼ばれたりすることもある。

例えば、ファストフードのサイドメニューについて考えると、人々の健康のためには、カロリーの高いフライドポテトを選ぶよりも、ミニサラダを選んだ方がよいと考えられる。その場合、ミニサラダを選ぶ人々を増やすために、デフォルト（初期設定）の選択肢をフライドポテトではなくミニサラダにすることができる。これは人々がデフォルトの選択肢を選びやすいという傾向を利用したナッジである。

リバタリアン・パターナリズムは、他者危害原則と両立する思想として、公共政策において有望視されているが、実際のところどの程度効果的なのかとか、政府による悪用のおそれはないのかといった懸念もある。

読書案内

他者危害原則およびパターナリズムについては、本文でも取り上げたミルの『自由論』（ミル 1979）の他、田中成明『現代法理学』（有斐閣、二〇一一年）、山田卓夫『私事と自己決定』（日本評論社、一九八七年）、澤登俊雄編著『現代社会とパターナリズム』（ゆみる出版、一九九七年）などが参考になるだろう。『自由論』におけるミルの問題意識を受け継いだ研究者であるジョエル・ファインバーグの『倫理学と法学の架橋』（東信堂、二〇一八年）も重要である。近年、非合理的な人間理解を前提に政府のパターナリスティックな介入の正当性を論じたものとして、Conly（2013）がある。

喫煙についての哲学的な議論としては、伊勢田哲治他編『科学技術をよく考える』（名古屋大学出版会、二〇一三年）の第三章が参考になる。また、依田高典・後藤励・西村周三の『行動健康経済学』（日本評論社、二〇〇九年）は、近年の認知心理学や脳科学の知見を取り入れた行動経済学の立場からの人々の喫煙行動の分析や喫煙対策の検討をしている。

自由主義と文化の関係について、現代の多文化主義の議論では、「自由主義社会において、どこまで不寛容な文化を許容することができるか」という問題設定で議論されている。詳しくは、ウィル・キムリッカ『現代政治理論　新版』（日本経済評論社、二〇〇五年）の第八章を参照せよ。

本章は児玉聡「喫煙の自由とその限界」（児玉 2012b）を大幅に改訂したものである。

第6章 ベジタリアニズム

前章では、喫煙は原則として他者に危害を与える限りで規制されるべきだと論じた。喫煙者の読者は、前章の話を読んでいささか居心地悪くなったかもしれない。逆に、非喫煙者でタバコの煙が苦手な人は、前章の話を心地良く読んだかもしれない。統計的には後者の読者の方が多数であろう。しかし、本章は非喫煙者の読者を含め、大半の読者が居心地の悪くなる内容を扱う。本章で検討するのは、我々は食生活、とくに肉食について見直す必要があるという議論である。カントによれば、人格として尊厳を有する人間は単なる手段として扱ってはならないが、それ以外の動物は単なる手段として扱ってよい。しかし、このような人間と動物の扱いは端的に言ってダブルスタンダードではないだろうか。ミルの他者危害原則を支持するなら、動物も我々の食事のために殺されることで危害を受けるのだから、動物も倫理的な考慮の対象となるべきではないだろうか。

本章では、現代倫理学の主要なテーマの一つであるベジタリアニズムについて検討する。

1　動物の愛護と肉食

おりに入れられ、泡立つ洗剤液に沈められる猫、足で踏みつけられる猫。自称「動物虐待愛好家」らが集うネット上の掲示板には、痛々しい動画が投稿されている。「鍋に入れて水から沸騰させてみるとどう？」「ただいま両手両足の肉球を焼いたところです　爆鳴き止まらん」。新たな動画が投稿されるとそれに刺激されたようにコメントが相次ぎ、数日間で一千件に上ることも。（中略）埼玉県内の男性は猫にかまれたことを機に、ネットで見た動画をまねて虐待するようになった。ガスバーナーであぶったり、熱湯をかけたりして複数の猫を殺傷し、動画で公開。「もっとやれ」といったコメントを見て、抵抗感が薄れていったと公判で述べ、昨年に動物愛護法違反罪で執行猶予つきの有罪判決を受けた。(1)

少し長く引用したが、読者の多くは、この新聞記事の内容を読むと、第1章で引用した児童虐待の例と同様、こうした動物虐待はどのような理由があれ不正だと考えるだろう。我々の多くは、むやみやたらに動物を傷つけたり殺したりすることは悪いと考えている。それはなぜだろうか。

古典的には、アクィナス（Thomas Aquinas, 1225-74）やカントのように、動物に残酷な行為をする人間は、人間に対しても残酷な行為をするようになるため、そうならないように動物を大事にしなければならないという間接的な義務を説く主張もあった。これは、動物を傷つけたり殺したりすることによってもたらされる動物の苦痛や死は、厳密に考えた場合、それ自体としては悪くないが、そうした行為が我々人間の性格形成にもたらす影響がよくないものであるため、間接的に悪いということである。

しかし、これは、子どもが人形やヌイグルミを乱暴に扱うのがよくない理由を説明する場合にはよいかもしれないが、動物を傷つけたり殺したりすることの悪さを十分に説明しているだろうか。動物を傷つけたり殺したりするのが悪い主な理由は、動物の苦しみがそれ自体として悪いからではないだろうか。だとすると、他人に危害を与える行為は規制されてよいとするミルの他者危害原則は動物にも適用される可能性がある。

日本の「動物の愛護及び管理に関する法律（動物愛護管理法）」の第二条でも、基本原則が次のように述べられている。「動物が命あるものであることにかんがみ、何人も、動物をみだりに殺し、傷つけ、又は苦しめることのないようにするのみでなく、人と動物の共生に配慮しつつ、その習性を考慮して適正に取り扱うようにしなければならない」。同法は、この基本原則に則り、ペットや畜産動物や実験動物などについて一定の規制をかけ、みだりに——つまり、よい理由もなく好き勝手に——愛護動物を殺傷した場合や虐待・遺棄した場合には懲役や罰金を課すとしている。(2)

ところが、この法律は、動物虐待のほか、動物実験について規制する一方で、肉食、つまり動物を殺して食べることについては一切禁じていない。だが、これはよく考えると奇妙なことではないだろうか。

それはこういうことだ。動物実験については、二〇〇六年の改正により、いわゆる動物実験の3R（Replacement 代替法の活用、Reduction 使用数の削減、Refinement 苦痛の軽減）が法律に明記された。そこで、動物を用いた実験においては、「科学上の利用の目的を達することができる範囲において、できる限り動物を供する方法に代わり得るものを利用すること、できる限りその利用に供される動物の数を少なくすること等」が求められるようになった（同法第四一条）。動物実験に関しては、我々は代替手段があるのであれば動物を使うべきではないし、やむなく使う場合でもその数を少なくしたり、苦痛を減らしたりすることが求められるようになった。

動物実験に関するこのような規制に同意する人は多いだろう。しかしその一方で我々は、同じ3Rの原則を肉食に関しては適用していない。動物愛護管理法の精神に則るなら、我々は次のように考えるべきではないだろうか。「栄養学上の利用の目的を達することができる範囲において、できる限り動物を供する方法に代わり得るものを利用すること、できる限りその利用に供される動物の数を少なくすること等」、と。そもそも、肉食は我々の健康に生きるという目的にとって、必要なのだろうか。また、仮にいくらか必要だと認めても、現在よりも肉食を減らすことはできないのだろうか。「動物が命あるものであることにかんがみ、何人も、動物をみだりに殺し、傷つけ、又は苦しめることのないように」すべきだという同法の基本原則を我々が受け入れるならば、動物を殺してその肉を食べることは正当化されないのではないだろうか(3)。

2　肉食を正当化する論理

上記の議論をもう少し違った形で説明してみよう。肉食を正当化する単純な論理は、大雑把には次のようになると思われる。

前提1：肉食は人間が生きるために必要である。
前提2：肉食は動物を殺したり大きな苦しみを与えたりすることを含む。
前提3：動物を殺すことや大きな苦しみを与えることよりも、人間が生きることの方が重要である。
結　論：したがって、人間が生きるために肉食の存続は正当化される。

これに対して、動物実験を正当化する同じような単純な論理がある。

前提1：動物実験は医学の進歩および化粧品・食品添加物の開発等のために必要である。
前提2：動物実験は動物を殺したり大きな苦しみを与えたりすることを含む。
前提3：動物を殺すことや大きな苦しみを与えることよりも、医学の進歩および化粧品・食品添加物の開発等の方が重要である。
結　論：したがって、動物実験の存続は正当化される。

ここで、動物愛護管理法が求めている動物実験の規制は、動物の使用を科学上の利用に必要最低限に留め、そのさいにも不要な苦痛を与えてはいけないというものだ。我々がこの規制がもっともだと思うのであれば、肉食に関しても同じ論理を当てはめて、肉食を必要最低限に留めなければならないという

表6‐1　ベジタリアニズムの分類

ベジタリアン	肉食を避け、植物中心の食生活をする立場（plant-based dietとも言う）。下位分類として、下記のような異なる立場がある。
ペスコベジタリアン	植物の他に魚介類も食べるベジタリアン
ラクトベジタリアン	植物の他に乳製品も食べるベジタリアン
オボベジタリアン	植物の他に鶏卵も食べるベジタリアン
ラクトオボベジタリアン	植物の他に乳製品・鶏卵も食べるベジタリアン
ノンミートイーター	牛肉や豚肉（鶏肉を含む場合もある）を食べない立場
ヴィーガン	動物性のものは一切摂取しない立場

のが上の議論の骨子である。

それでは、我々はどれだけの肉を食べることが必要なのだろうか。これは栄養学的な問題であり、専門家に委ねるのが一番の問いであるが、筆者の知る限り、人間は動物性タンパク質を取らなくても健康に生きていける。プロテニス選手のヴィーナス・ウィリアムズやノバク・ジョコヴィッチがヴィーガンとして知られているように、肉を食べないスポーツ選手も活躍している。まったく肉を食べないと赤血球の生成や神経系の正常な働きに関わるビタミンB12のような栄養素が不足がちになるが、それもサプリメント等によって補うことができる。

とはいえ、肉食を一度に止めることは心配が伴うであろうから、様子を見て、徐々に減らすということを考えることもできる。実際、ベジタリニズムにもいろいろ種類があり、少なくとも表のような分類がある（表6‐1）。

この他にも、元ビートルズのポール・マッカートニーが提唱していることでも知られているミートフリーマンデーのように、週一日だけ肉食を止めるという運動も知られている（このように柔軟な立場を総称してフレクシタリアンと呼ぶ）。どの立場を取るべきかを考えるときには、動物愛護管理法の基本原則である「動物が命あるものであることにかんがみ、何人も、動物をみだりに殺し、傷つけ、又は苦しめることのないように」という理念を思い出すとよいだろう。(4)

3　いくつかの反論と応答

以上の議論を受け入れるなら、我々は肉食をやめてベジタリアンになるか、すぐにベジタリアンにならないとしても肉食を減らすことが求められるだろう。

しかし、このような議論はとりわけ肉食に慣れてきた読者にはにわかには受け入れがたいだろう。実際、我々の多くは小さな頃から、肉食を正当化する考え方をいろいろと教えられてきて、素朴に信じている。肉食を正当化するための理由には、もっともなものがあるだろうか。以下のベジタリアニズムに対する反論は、筆者の講義で学生から出されたものを中心にまとめてある。読者も、なるべく客観的な立場に立って、これらの反論が肉食を正当化するよい理由になるか、じっくり考えてみてほしい。

「私はお肉が好きだ」

ベジタリアニズムに対する最も直観的な反論の一つは、自分は肉が好きだから野菜や果物だけを食べる生活はできない、というものだろう。小さいころから肉を食べてきた人は、豚肉や牛肉などへの嗜好を身に付けている。簡単に好物をあきらめることはできないだろう。

しかし、あなたが他人の吸うたばこの煙が気になるとして、食事中に自分の近くでたばこを吸うのをやめてほしいとお願いしたときに、「私はたばこが好きだから無理です」という答えが返ってきたらどう思うだろうか。前章で見たように、受動喫煙が危害になるとしたら、それはもはや好き嫌いの問題ではなく、倫理的に人前での喫煙は許されない、ということになるだろう。「私は肉が好きだ」も同じである。違う点は、人間と違って危害を受けている動物は「やめてほしい」と声に出して訴えられないだけである。

「人間に危害を与えることは許されないが、動物には許される」

そもそも人間とそれ以外の動物は違うのだから、人間と動物で異なる扱いをすることはまったく問題ないのではないか、と思う読者もいるかもしれない。しかし、人間の扱いと動物の扱いに関するこのような区別は、ダブルスタンダードにならないだろうか。

ダブルスタンダードとは、一つの対象には一つの基準（スタンダード）が適用され、もう一つの対象には何らもっともな理由がないのに別の基準が適用されているため、一貫性がないということだ。例えば同じ働きをする男性と女性の労働者に対して雇用者が異なる処遇を行なうなどがその例であり、そのような扱いは日本では男女雇用機会均等法によって原則禁止されている。二つのものに倫理的に重要な違いがない限り、それらは等しいものとして等しく扱わなければならないというのは正義の要請として知られている。

我々は動物は殺して食べてよい（その過程で苦しんでも仕方ない）と考えているが、人間を殺して食べてよいとは考えない。しかし、両者の間にはどのような違いがあるか、試みに考えてみてほしい。知性だろうか。だが、ヒト以外の動物はヒトよりも知性において劣っているというのは、一般的にはそうであるかもしれないが、成長したチンパンジーと新生児との比較では成り立たない。言語だろうか。しかし、日本でもチンパンジーに手話を教えてコミュニケーションを取る研究が進んでいるように、これも決定的な違いではない(5)。

百歩譲って、仮にこうした違いがあるとしても、知性があったり言語が操れたりすることは、両者を別の仕方で扱うことを正当化する重要な違いと言えるだろうか。ジェレミー・ベンタムが述べているように、倫理的に重要なのは、「彼ら〔動物〕が理性的に考えられるかということでもなければ、話すことができるかということでもなく、彼らが苦痛を感じることができるか」ではないだろうか（ベンサム 1979, chap. 17）。このように考えていくと、ある個体が人間であるという理由だけから特別扱いし、その一方で別の個体が人間でないという理由だけから別の仕方で扱うのは、ピーター・シンガーに言わせると人種差別に類するような種差別（speciesism）となる(6)。

シンガーは前述のような人間と動物の扱いに関するダブルスタンダードを「種差別」として批判したが、彼は「動物の解放」（1973）の中で、次のように人種差別と種差別を対比的に述べている。

人種差別に反対する人なら、人間以外のもの〔動物〕に対する人間の振る舞いを弁護したくなったとき、この類似性を思い起こした方がよいだろう。「他の種のことを心配する前に、我々自身の種の状況に心を砕くべきではないのか」と問う人もいるかもしれない。だが、この「種」という部分を「人種」に置き換えてみれば、こんな問いは発しないほうがよいと気づくだろう。「ベジタリアンで栄養的に十分なのか」という問いもある。これは、奴隷の労働なしには自分も〔奴隷制度下の米国〕南部の経済全体も破綻してしまう、という奴隷所有者の言い分に似ている。似たものと言えば、動物が苦痛を感じることをあえて疑うこともそうである。奴隷制を擁護した人の中には、黒人が白人のように苦痛を感じることは疑わしいと広言する人もいたのである。(シンガー 1993, 195)

歴史的に、奴隷、女性、労働者などの搾取が問題となってきたが、我々は現代社会が動物の不当な扱いのうえに成り立っていないかを考えてみるべきである。

「なぜ苦痛を感じられるかどうかが重要なのか」

読者の中には、なぜ苦痛(および快楽)を感じられるかどうかが倫理的に重要なのか、十分に納得していない者もいるかもしれない。その場合、冒頭の動物虐待動画の記事を再読して、何が不正なのか、少し考えてみてほしい。動物虐待が不正なのは、動物が不要な苦痛を感じているからではないだろうか。逆に、これが動物の模型やヌイグルミであったら、気持ち悪さは感じるだろうが、不正なことをしているとは考えないのではないだろうか。

ベンタムやシンガーのような功利主義者は、倫理的に重要なのは、利益の最大化だと考える。そこで、利益を持つことのできる存在だけが直接的な倫理的配慮に値する。そのさい、利益を持てるのは快苦を享受する能力を持つ存在(sentient beings)のみである。それゆえ、人間を含む動物のみが倫理的配慮に値することになる。逆に、ヌイグルミはそれ自身は利益を持たず、利益を持つことのできる存在者の快苦に影響する限りにおいて、間接的な倫理的配慮に値することになる。

「植物も命なのに食べてよいのか」

植物も生命であるが、植物は動物と異なり快苦を感じないため直接的な倫理的配慮の対象にはならない。その意味で、植物は動物よりもヌイグルミや石に近いと言える。

このように利益と快苦を結びつける仕方には問題を感じる読者もいるかもしれない。植物が多くの動物と同様な苦痛を感じないのが確かだとしても、例えば日光を浴びたり、水をもらったりすることで利益を得るのではないだろうか。

シンガーの考えでは、快苦を感じる能力がない存在が利益を持つことはない。したがって、植物は利益を持たない。ただし、この点についてのシンガーの利益の考えには、西洋的なバイアスというよりも、言語的なバイアスがあるように思われる。利益という語はインタレスト（interest）という英語の訳であるが、この語は「利害関心」とも訳されるように、「関心を抱く」ということも含意されており、何かに関心を抱くには意識がないといけない。しかし、意識を持つのは動物だけであり、植物は意識がない、したがって関心も持てず、利害もない、という考えが働いているように思われる。しかし、日本語では「日光を浴びることは植物にとって利益となる」という表現は不自然ではなく、植物に意識がないことを認めてもこの一文は正しいように理解できる。このように考えると、利益という言葉は使わずに、快苦だけを用いるべきかもしれない。

とはいえ、仮に植物に利益がある（あるいは快苦を感じる）ことを認めたとしても、功利主義者は次のように反論することができる。シンガーは植物が苦痛を感じる実証的な証拠はないとしながらも、仮に植物が苦痛を感じるとしても、次の結論が成り立つとしている。

私たちはより少ない悪を選ばなければならないだろう。おそらく植物は動物ほどには苦しまないということは依然として真実であろうから、やはり動物を食べるよりは植物を食べる方がよいということになるであろう。それどころか、たとえ植物が動物と同じくらい敏感だとしても、この結論は妥当性を持つであろう。なぜなら食肉生産の非効率性が意味するのは、肉を食べる人々は、ベジタリアンに比べて少なくとも一〇倍多くの植物の間接的な破壊に責任があるということだからだ！（シンガー 2011, 300）

今日、環境問題への関心から肉食を見直す動きがあるように、肉食のライフスタイルは環境負荷が大きい。肉食は単に畜産動物に苦痛を与えるだけでなく、人間が食べられる穀物を動物の飼料とすることで食糧不足をもたらし、さらに畜産動物を育てる際に発生する二酸化炭素やメタンガスによって、気候変動にも悪影響を与えている。(7) もしあなたが一日一〇〇グラム以上の肉を食べているならば、肉の量を一日五〇グラム以下にすれば食事由来の温室効果ガスは三分の一に減る。もしヴィーガンになれば、食事由来の温室効果ガスは六〇％減り、年間一・五トンの二酸化炭素の排出を減らすことができる（Slezak 2014; Scarborough et al. 2014）。

「本当に肉食によって動物に苦痛を与えているのか」

工場畜産（factory farming）の問題について六〇年代に指摘をしたルース・ハリソンは、「畜産物というと、人々の心のなかで依然として、牧場で動物が若菜を食べている姿、（中略）ねぐらに戻る前にえさをついばむ鶏の姿を連想させる」と述べ、多くの家畜が向きを変えられないほど狭い劣悪な環境で育てられている工場畜産の現状が市民に理解されていない旨を述べている。工場畜産とは、畜産における大量生産の手法であり、第二次世界大戦後に発展した低費用で生産性を最大化することを目指す畜産である。鶏も狭いケージで大量に飼われているため、ストレスで互いにつつきあうのを避けるためにくちばしを切って暗いところで育てることになる（シンガー 1993, 202–3）。

日本の工場畜産の現状については、『アニマルウェルフェアとは何か』という書籍が参考になる（枝廣 2018）。以下で少し紹介しよう。

まず鶏について。採卵用の鶏は、日本では九二％がバタリーケージと呼ばれるB５サイズほどのケージで、飛んだり羽根を伸ばしたりすることなく一生を過ごす。八三・七％の鶏は、鶏同士でつつきあって怪我をするのを防ぐためにヒナのうちにくちばしを焼き切られている。食肉用の鶏は、日本ではその大半が品種改良により成長速度を早めた肉用鶏（ブロイラー）であるが、ブロイラーは成長促進のため二四時間照明のついた狭い鶏舎で育てられる。品種改良と栄養のあるエサのおかげで二ヶ月弱で体重が約三キロになると出荷されるが、これは効率的である半面、自らの重みを支えきれないほどの不自然な成長である。過密飼育による感染症の広がりを防ぐためにワクチンや抗生物質が投与されることもあり、抗生物質の効かない薬剤耐性菌の発生も問題になっている。欧米ではバタリーケージやくちばし切断の禁止、過密飼育の制限などの規制が始まっているが、日本ではまだその動きはない。

続いて、豚はどうか。日本の農家の大半は、メスの豚に効率よく子どもを産ませるために、メス豚を妊娠ストールという自分の体とほぼ同じ大きさの檻の中に入れて一生を過ごさせる。豚は方向転換もできないストールの中で、食事も排泄も就寝も行ない、自然交配あるいは人工受精によって一年に二・五産のサイクルで子どもを産む。子豚は離乳後、子豚だけの豚舎に移されて育てられ、六ヶ月後に出荷される。窮屈で退屈極まりない環境で飼育される母豚は、檻の柵を恒常的にかじり続けたり、水を必要以上に飲み続けたり（多飲行動）などの異常行動を示す。子豚は母豚や兄弟豚への怪我を防ぐために生まれてすぐニッパーなどで犬歯を切除され、数日後に尻尾も切られる。さらに、肉にオス臭がつくのを防ぎ、性行動を弱めるために去勢手術がなされる。これらは麻酔なしに行なわれる場合が多い。欧米では妊娠ストールの禁止や、去勢や断尾、歯切りの規制が行なわれているところがあるが、日本ではまだ規制がない。

最後に、牛はどうか。牛の寿命は約二〇年だが、日本の乳牛の場合は六年弱である。乳牛は、乳を出すために生涯で平均四回出産し、牛乳の生産量が落ちてくると食用にされる。子どもはメスなら乳牛として育てられ、オスなら肉牛用の牛ではないため安く取り引きされる。四頭に三頭は上記の豚と同じようなストールと呼ばれる区画で一生を過ごす。やはり運動不足などが原因で異常行動や病気が発生しやすくなる。一方、四頭に一頭の乳牛は戸外でのびのびと自由に移動する放牧を経験することができるが、日本では脂肪分の高い濃い牛乳が好まれるので、乳牛はタンパク質や炭水化物を多く含む穀類からなる濃厚飼料を与えるために牛舎で育てる傾向にある。また、肉牛は、「霜降り肉」（脂肪が筋肉の間に網の目のように入っている肉）を作るために、オス牛は生後二〜三ヶ月で去勢され、群れで行動したり、運動したりしないように注意したうえで、濃厚飼料で育てられる。肉牛は、二年半ほど育てられると出荷される。乳牛や肉牛についても、欧州の方が放牧の状況などは日本よりもはるかによい傾向にある。

このように育てられた動物は実際にストレスや苦痛を感じているし、食糧生産効率からすれば、動物よりも穀物を育てた方がはるかに効率がよい。工場畜産については市民運動の影響もあり、欧米を中心に徐々に改善されてきてはいるが、いまだ問題は解決されていない。また、仮に工場畜産を廃止したとしても、屠殺や輸送のさいに、動物が大きな苦痛を感じる可能性は十分にありうる（シンガー 2011, 184ff）。畜産の状況が改善するのは望ましいことだが、動物の福祉を考えるならば、肉食をやめるのがより望ましいと言えるだろう。

「肉を食べるのは「自然」だ」

肉を食べるのは自然なことだという主張がある。これにはいくつかの解釈がありうるが、一つには、動物だって肉を食べているのだから、人間だって肉を食べてよいではないかということだろう。これには次のような反論が考えられる。

一つは、仮にこの主張が正しい場合、殺してよい動物は、人間を殺したり喰ったりする動物に限られるはずであり、人間を殺すことはめったにないブタやニワトリを殺してよいことにはならないだろう。ある記事によれば、人間を最もよく殺している動物は、順に、マラリア蚊、人間、ヘビ、イヌ……等々である（錦光山 2017）。そうすると、我々が殺して食べてよいのは、これらの動物（および人間）ということになる。ライオンが人を殺して食べるからといって、腹いせにブタを殺して喰ってよいことにはならない。

あるいは、上の主張は、ライオンが人を殺して食べる「ように」、人間もブタを食べてよい、ということだと言うかもしれない。つまり、強いものが弱いものを食べるのは自然の摂理あるいは生態系の必然なのだ、と。しかし、このように動物を模範にしてよい（あるいはすべきだ）とすると、子殺しをする動物がいるからという理由で、人間も、自然の摂理だから児童虐待をしてもかまわないということになるだろう。しかし、子殺しをする動物もいればそうしない動物もいる。肉食動物もいれば草食動物もいる。我々はつまみぐいするように都合のよいときだけ都合のよい動物の真似をすべきだと主張することはできないだろう（cf. シンガー 2011, 286ff）。

我々が肉食を避けるべきだとすると、我々は草食動物を肉食動物から守るべきだろうか（Cowen 2003）。ディズニー映画の『ズートピア』では、遺伝子改変によって肉食動物が草食になった動物社会が描かれていたが、動物の幸福のためにそうすべきだろうか。シンガーは肉食動物の存在が動物解放運動に問題をつきつけていることは認めるが、困っている個々の動物を助けるという以上に大々的に生態系に介入することには慎重姿勢を示している。それは、「私たちの過去の実績から判断すると、生態系を大規模に変えようとする試みはたいてい益よりも害の方が大きくなるであろう」という理由からである（シンガー 2011, 289）。彼は、「私たちは、他の動物に対して人間が行使する不必要な殺害と虐待を除去すれば、それで十分である」と結論している（シンガー 2011, 288）。

「肉食は文化である」

これと関連して、肉食は文化であるから、これをなくすことは難しいという主張もある。たしかに長い間、人間が食文化として肉食を続けてきたことは疑いなく、またその調理法も多様である。肉食に慣れている人は、野菜だけの食生活では幸福度が下がってしまうのではないかと考える人もいるだろう。

しかし、同じ文化による擁護が、前章で論じられた喫煙や、女性差別、あるいは奴隷制などについてもなされてきたことを思い出すべきだろう（⇒5・3）。問題は特定の文化に基づく行為が、他者への危害を生み出したり、権利を侵害したりしていないかである。すでに見たように、肉食文化を継続することで、動物が必要以上に苦しんだり殺されたりするということの問題を真剣に考慮するのであれば、肉食文化も廃止することが望ましいと言えるだろう。

「肉食を急に止めることはできない」

今までの肉食の習慣をすぐになくすことはできず、仮に肉食をすべての人が一斉にやめたら社会上の混乱が起きるという批判もあるかもしれない。しかし、「みんなが一斉に肉食をやめたら社会的な混乱が起きるから、私は肉食をやめる必要はない」というのは正しい推論だろうか。あなたが誰か喫煙者に対して禁煙を勧めたとして、その人が「みんなが一斉に喫煙をやめたら社会的な混乱が起きるから、私は喫煙をやめる必要はない」と答えたら何と返答するだろうか。そんなことは起きないので、気にする必要はないと答えるのではないだろうか。

確かに明日すべての人が一斉に肉食をやめたら、スーパーや畜産業などで混乱が生じるかもしれないが、そのようなことは実際には起こらないため、あなたはそのような心配をせずに肉食をやめることができる。また、あなたが肉食をやめる場合でも、すでに紹介したミートフリーマンデーのように週に数日は肉食をしないといった形で肉食の量を徐々に減らすことも可能だろう。

「命あるものを感謝してありがたくいただいているので問題はない」

食事によって奪われる命を無駄にしないことが大事であり、感謝して食べれば問題がない、という反論もあるだろう。現在、食品ロス（フードロス）が社会的な問題になっており、日本では年間約六四三万トンの食品が、まだ食べられるのに捨てられているという現状がある。これは、日本人一人あたりに換算すると年間約五一キログラムになる。(8) 問題はこの量を減らすことであり、肉食を止めることではない、という主張もありうるだろう。

だが、この主張には、肉食は我々が生きていくうえで避けられない必要悪だ、という前提があるように思われる。命をありがたくいただくという姿勢は賞賛すべきものかもしれないが、だからといって我々が生きるのに必要ない命を奪うことは正当化されない。肉食が生きていくうえで避けられないのであれば、ありがたくいただき、無駄にしないことが重要だろう。しかし、すでに説明したように、我々は肉食でなくても生きていくことができ、また肉食を避けることで動物の不要な苦しみを減らすことができるだけでなく、より多くの穀物を人間の食糧として用いたり、地球温暖化の抑制に貢献したりすることができるだろう。

「動物に対する道徳的義務はない」

「動物と人間との間には、（お互いに利益を与えあう、お互いに傷つけ合わないなどの）相互性が成り立たない。したがって、動物に権利は認められず、我々にも義務はない。動物を食べないことは褒められるが、食べたからと言って非難されない」という反論もあるかもしれない。つまり、ベジタリアンになることは道徳的によいことであるかもしれないが、義務とまでは言えないということだ（⇒7・2）。これは、ベジタリアンになりたい人はそうしたらよいが、動物のために肉食をやめる義務はないのではないか、という風に主張されることもある。

しかし、互恵的関係の成り立たないところに、本当に義務や権利は存在しえないのだろうか。この問題に対してシンガーは次のように応答している。倫理の起源を他の人々との協力行動による相互利益を見込んだ同意と考える社会契約説の枠組みでは、「動物とは互恵的でありえないから（中略）動物は倫理的な契約の成立する範囲の外にいる」ことになる（シンガー 1999, 96）。しかし、彼の考えでは、これは倫理の起源を説明する一つのやり方であるが、倫理を正当化するものではない。

たとえ社会契約というのが歴史的になされたというのがフィクションであったとしても、進化の過程を見れば、互恵性が倫理的行為の起源の少なくとも一つであったことは疑いがないであろう。だが、こうした起源の説明を単純に正当化に用いると、いわゆる発生論的誤謬（genetic fallacy）を犯すことになる。我々は物事の起源を知ることにしばしば関心を持つが、ある事柄の起源の説明は、必ずしもその事柄の現在の状態を適切に記述するわけではないし、正当化もしない。だから、「倫理はもともと他の人々との協力行動によって得られる私的利益の考慮から生じてきたものだ。したがって、あなたの現在の倫理的行為も、私的利益の考慮からなされているに違いない」と言えば、発生論的誤謬を犯したことになる。

また、このような互恵性を厳密に考えるなら、動物だけでなく重度の知的障害者や乳幼児に対する道徳的な義務も存在しないことになる。なぜなら、重度の知的障害者や乳幼児は、快苦は感じるが、それ以外の人々と互恵的関係にはないからだ。ところが、我々の多くは自分の利益を主張できないこうした人々の利益を代弁しようとする。だとすると、動物についても同じことが言えるのではないだろうか。

このように考え、シンガーは「我々の現在の倫理は、その起源が何であったにせよ、相互にお返しのできる存在の間の暗黙の了解を越えている」（シンガー 1999, 98）として、その正当化には互恵性を前提とした契約論ではなく、利益の平等な配慮が必要だと考えている。

「人間とそれ以外の動物について、利益の平等な配慮はできない」

「例えば、人間と人間以外の動物のどちらかしか助けられないとしたら、通常は人間を助けるだろう。したがって、種差別は避けられない」という批判もありうる。このような極端な状況があれば、おそらくシンガーのような功利主義者もそれを否定しないだろう。また種差別の発想は、絶対に動物を殺してはいけないと述べているわけではない。例えば、動物園から逃げ出したライオンが人を食い殺そうとしているのであれば、そのライオンを殺す以外に手段がなければそれも正当防衛として認められるだろう。

しかし、肉食の問題は、動物を殺さなければ人間が生きられないという状況ではない。すでに見たように、肉を食べなくても人間は生きていくことができる。我々が舌鼓を打つために動物を殺して食べるのだとすると、我々は動物の利益を低く評価しすぎていることになるだろう。

「人間の間での差別の問題を完全には解決できていないのに、種差別の問題に取り組むことはできない」

一つのものを片付けないと別のものに手をつけられないというのは、単なる先延ばしの言い訳になりやすい。社会は常にさまざまな問題を抱えており、複数の事柄に取り組まなければならない。個人の生活において、動物の問題を後回しにする理由はあるだろうか。食生活を変えることは、人間の間の差別の問題に取り組みながらもできることであろう。また、前述のように、肉食をやめることは、グローバルな環境問題や食糧不足問題などにも同時に貢献することになる。

まとめ

本章ではベジタリアニズムについて論じた。現代社会で肉食はまだ圧倒的に多数派の慣習であり、多くの読者はこれまで疑問を持たずに肉食をしてきただろう。しかし、科学の進展により、現在では動物の苦痛についての研究が進み、また、肉食がもたらす環境問題も指摘され、さらに栄養学的にも我々は肉食をやめても大きな問題が生じないことが明らかになっている。我々は肉食という今まで当たり前だった慣習を見直すべき時期に来ている。

しかし、肉食は多くの人々にとってはあまりに当たり前の慣習のため、ここまで読んでもまだ納得しない読者は多いだろう。飲食店での喫煙は周りの人に危害になるからやめるべきだと考える人も、肉食は動物にとって危害になるからやめるべきだと言われたら、それとこれとは違うと反論したくなるだろう。

だが、本章で述べたように、おそらくその態度を正当化することはできない。シンガーが述べたように、自分の祖父や祖母の世代の偏見や差別を現代の視点から批判するのは容易だが、自分たちの心のうちにある偏見や差別を感情に囚われずに批判することははるかに困難である（シンガー 1999, 68）。食生活を変更することは容易ではないが、自分が普段食べているものがどこから来ているのか、またどのような犠牲のうえに成り立っているのかをよく考えてみてほしい。

読書案内

アクィナスやカントなどの哲学者たちの動物に対する見解については、ジェームズ・レイチェルズ『ダーウィンと道徳的個体主義』（晃洋書房、二〇一〇年）の第二章が参考になる。日本の工場畜産の現状については、枝廣淳子『アニマルウェルフェアとは何か』（岩波ブックレット、二〇一八年）、アニマルライツセンター『日本の動物達に起きていること』（二〇一八年）が参考になる（後者は無料でダウンロード可能。https://arcj.org/issues/animal-welfare/textbook1/）。近年の動物福祉の科学的研究（動物の意識や、動物の苦痛などの研究）の発展については Dawkins (2015) が参考になる。

本章ではシンガーの動物解放の議論を多く引用したが、彼の思想についてはピーター・シンガー『動物の解放　改訂版』（人文書院、二〇一一年）が一番体系的である。動物倫理一般については、伊勢田哲治・

なつたか『マンガで学ぶ動物倫理』（化学同人、二〇一五年）が入門として適切だろう。その次にデヴィッド・ドゥグラツィア『動物の権利』（岩波書店、二〇〇三年）を読むとよい。権利論的な議論としてはTom Regan の著作（Regan 2003）がわかりやすい。なお、藤子・F・不二雄の「ミノタウロスの皿」という短編SF漫画では、人間が牛に食べられる星での出来事について語られているが、食べられる側の視点から肉食を捉え直すのによい機会を与えてくれるかもしれない（『藤子・F・不二雄［異色短編集］1 ミノタウロスの皿』小学館文庫、ほかに収録）。

ベジタリアニズムに関する主なウェブサイトには、以下のものがある。日本ベジタリアン協会（一九九三年設立）、日本ベジタリアン学会（二〇〇〇年設立）、ミートフリーマンデー・ジャパン（二〇〇九年より）、日本エシカルヴィーガン協会（二〇一五年設立）。また、Tripadvisor や Happy Cow, Hachidory.com などのサイトではベジタリアンやヴィーガン向けのレストランが紹介されている。

第7章 善いことをする義務

二〇一一年一一月、中国南部の広東省仏山市の狭い道路で二歳の女の子が小型のトラックに轢かれた。トラックは一度停止したが、何事もなかったかのように再び発進し、後輪でも女児を轢いてその場を立ち去った。事故を含め一部始終を録画していた防犯カメラには、その後七分間に一八人の通行人が通ったにも拘らず、誰もその女児を助けずに通り過ぎた様子が映されていた。さらに、別の小型トラックも女児を轢いていった。最終的に、事故に気づいた一人の女性が女児を通りの端に移動させた。女児は病院に運ばれたが一週間後に亡くなった。これを受け、中国では、困った人を見て見ぬふりをすることを防ぐために「善人法」に関する規定を民法の総則に組み込むことを検討中だという(1)。

この善人法は、欧米では「善きサマリア人の法」と呼ばれる。善きサマリア人とは、キリスト教の新約聖書に出てくる有名な譬え話だ。追いはぎに所持品を盗まれ、暴行を受けて道端で死に瀕している旅人を、その傍を通った人々が無視して通り過ぎていったが、見ず知らずのサマリア人だけが、旅人を介抱し、必要なお金を渡して助けたという話である。イエスは、「汝の隣人を愛せよ」という教えの「隣人」とは誰かという問いに対して、この譬えを用いて、旅人を助けた者こそが「隣人」であり、我々も同様にしなければならないと説いた（ルカ 10: 25-37）。

これまで本書では、主に他者危害原則を中心に論じてきた。すなわち、我々は、他人に暴力を振るったり人の所有物を盗んだりしない義務を負っているが、それ以外は個人の自由だという立場である。しかし、我々はそうした義務以外にも、困っている人を助ける義務を負っているのだろうか。また、他人を助けるさいの動機は、私益に基づくのだろうか、あるいは純粋な善意のようなものが存在するのだろうか。本章では、我々には善行の義務、すなわち利他的に振る舞う義務があるかという問題について論じる。そして次章では、そのように振る舞う動機は利他的なものなのか、あるいは利己的なものなのかという問題について論じる。

1　善行の倫理学的な位置付けについて

最初に、倫理学における利他的行為の位置付けや問題を明確にしておこう。すでに見たように、加藤尚武は、倫理学の主要な課題を、社会的に許容されるべき行為と、禁止されるべき行為の線引きを行なうことだと述べていた。（⇒1・2）これは個人の自由を最大限に尊重しようとする自由主義的な社会における重要な課題である。この問題に対して、J・S・ミルは『自由論』において、他人に危害を加えない限り、政府や社会が個人の自由を制限することは許されないと主張した。いわゆる他者危害原則、あるいは自由原則と呼ばれる主張であり、加藤尚武もこのミルの立場に即した形で倫理学の課題を捉えていると言える。

しかし、許容されるべき行為と禁止されるべき行為の区別という自由主義の二分法は、主として個人と社会のあるべき関係に関する問題であり、倫理学の課題はこれのみに尽きない。我々の行為には、社会的に許容されるべき行為と禁止されるべき行為以外にも、別のカテゴリーがある。それは、単に許容されているのではなく、積極的になすべき行為、すなわち義務的な行為である。例えば約束したことを守る、親が子どもの面倒を看る、納税をするなどであり、そのうちの一部は単に道徳的な義務に留まらず法的な義務にもなっており、例えば育児放棄や脱税行為などは法的な責任が問われる可能性がある。

したがって、倫理学の課題は、許容されるべき行為と禁止されるべき行為の線引きという問いだけでなく、何を道徳的・法的義務と考えるべきかという問いも扱う必要があるであろう[2]（図7－1）。

禁止	許容	義務

図7－1　倫理に関する行為の類型
（図1－3を再掲）

禁止と義務というのは、つまるところは同じことを別の言い方をしただけだという意見もあるかもしれない。すなわち、加藤の言う「しては悪い行為」というのに、育児放棄や脱税行為などを当てはめて考えれば、育児や納税の義務というのは、育児放棄や脱税行為の禁止としても理解できるだろう。このように、禁止というのを義務も含む広い意味で捉えれば、義務的な行為という三つめのカテゴリーを作る必要はないかもしれない。だが、このようにして我々の行為の種類を禁止されるべきものと許容されるべきものの二つにまとめてしまうと、見えにくくなる行為の類型が出てくる。それが善行（beneficence）と呼ばれる行為、すなわち利他的な行為である。

善行と言った場合に、具体的には、困っている人に親切にする、寄付やボランティアをする、献血をするといった一連の行為が考えられる。はたしてこれらは、義務と考えるべきだろうか、あるいは単に許容された行為であり、してもしなくてもよい行為と考えるべきなのだろうか。読者は、以下の六つの種類の善行を義務と考えるかどうか、少し時間を取って考えてほしい。また、どこかで線引きをするなら、それはどのような理由からだろうか。

1. 優先座席に座っている若くて健康な人が、お年寄りや体の不自由な人に席を譲ること
2. 寄付やボランティアをすること
3. 健康な若者が献血をすること
4. 駅で線路に落ちた人を救うこと
5. 自殺したいという友人にやめるよう説得すること
6. 台風で増水した川で溺れている人を泳いで助けに行くこと

あなたは、これらはすべて義務ではないと考えるかもしれない。例えばあなたは、善行には時間や労力など何らかの犠牲を払う必要があるため、そのような行為は義務ではありえないと考えるかもしれな

い。しかし、よく考えてみれば、約束を守ることもしばしば犠牲を払う必要のある行為である。例えば、『走れメロス』の主人公のメロスは、友だちとの約束を守るために死にそうになりながらも約束の場所まで駆けていった。一部の人はそのような犠牲を払いたくないので約束を守らないだろう。犠牲を払うがゆえに善行が義務でないとしたら、約束を守ることも、犠牲を払う必要があるがゆえに義務ではなくなるだろうか。そうではないだろう。

またあなたは、善行というのは、してもしなくてもよいことを敢えてするところに価値があるのであり、義務にしてしまうと善行ではなくなってしまうと考えるかもしれない。しかし、それは善行の定義次第である。仮に寄付や献血が法や道徳によって義務付けられたとしても、困っている人が助かることには変わりない。また、道徳的に義務だからという理由で、すなわち義務感から善行をなすことで、善行の価値が減ずるかどうかは次章で見るように議論があるところである。必ずしも善行と義務は相容れないわけではない。

2　義務とは何か

あることが義務であるとはそもそもどういう意味なのか。道徳的義務と法的義務はどう違うのか。関連する概念とともに少し詳しく説明しよう。

ここで言う道徳的義務とは、ある行為が道徳的に要請されるまたは禁止されるという意味での義務であり、法的な義務と対比して用いられている。例えば人を正当な理由なく殺してはいけないというのは、道徳的義務であり、法的義務でもあると考えられる。このように両者が重なる場合もあるが、道徳的義務である事柄が常に法的な義務でもあるとは限らない。読者の中にはこのような道徳的義務が存在すると思っていない者もいるかもしれないが、それはおそらく、道徳的義務の多くは空気のように当たり前のものだからだろう。例えば法的な義務ではないが道徳的な義務であるものとして典型的に考えられるものには、友人に嘘をつかないとか、約束を守るといったものがあるだろう。あるいは、行列に横入りしない、でもよい。これらは、道徳的に要請される以上、単に許容されている場合と異なり、我々はそれをなすべきであり、従わない場合には法的な処罰を受けないとしても他人から非難されて当然だと考えられる。あるいは、他人から非難されない場合でも、良心の呵責を感じたり罪悪感を抱いたりしてしかるべきだと考えられる。つまり、法的義務と同様、道徳的義務の場合にも、違反した場合に何らかの制裁が当然あるものとして考えられているのだ（⇒第10章）。

一般に義務には二種類あると言われる。いわゆる完全義務と不完全義務の区別だ。すでにカントの自殺の議論でも少し言及したが、完全義務とは、他人や自分に危害を加えてはならないとする義務であり、約束を破ってはいけないとか、自殺をしないというのがこれに当たる。この場合、他人には私に約束の履行を請求する正当な権利が発生し、約束を守ることは正義の要請だと考えられる。他者危害原則によって禁じられるのは、通常はこのような他人に対する完全義務である。扶養の義務のような特定の人に対する義務も、通常は完全義務と考えられている。

一方、不完全義務とは、困っている人を助ける義務や、勤勉や研鑽により自分を陶冶する義務を指す。これらの義務は、他人あるいは自分に危害を与えるのとは逆に、他人に害悪が生じるのを防いだり、自分を現在よりもよくしようとしたりするものである。ここで「不完全」とあるのは、完全義務と比較した場合、個人の良心に任され不履行に伴う罰則や制裁を伴うことが少ない、義務に対応する権利が受け手の側に生じない、特定の個人に対して負う義務ではないなどの観点で不完全さがあるという意味だと考えられるが、この点は論者によって解釈が異なる。いずれにせよ、不完全義務は正義の要請というよりは、正義としばしば対比される善行の要請だとされる。とはいえ、この区別に従えば、何らかの意味で不完全ではあるにせよ、善行は義務だということになる。

それに対して、親切のような利他的行為はそもそも義務ではなく、してもしなくてもよい行為であり、やればよい人であるが、やらなくても非難される謂れはないものだ、という理解もありうる。これは、親切をするかどうかというのは、個人の自由に任されており、例えば休みの日に映画を観に行くか美術館に行くかといった選択とそう変わらないものだとみなす考え方だと言える。

より正確に言えば、これは、利他的行為は義務ではないが、超義務（supererogation）という種類の行為だとみなす考え方と言える。英雄的な行為や大きな自己犠牲を伴う行為など、誰にでもできる行為とは言えない行為もある。それらの行為が超義務であるとは、すべての人が負う義務ではなく、それゆえ不履行を非難されることはないが、やれば賞賛されるような行為だということだ。例えば、二〇一三年九月に上陸した台風一八号によって増水した淀川で溺れている九歳の男児を飛び込んで助けた中国人の二〇代男性は、毎日プールで泳いでいて泳ぐのが得意だったこともあり、無事に男児を救助して自分も助かった。その後、彼は総理大臣から感謝状をもらってその行為を賞賛された。(3) しかし、彼の行為は英雄的な行為であり、同様な状況にある他の誰でも飛び込む義務があるとか、飛び込まなければ非難されると主張することは難しいだろう。

このように利他的行為を超義務とみなした場合、それは義務ではないことになり、この場合、他人に利他的行為をするように助言はできたとしても、義務として強く要請することはできないことになる。

はたして、善行は義務なのだろうか、あるいは義務ではないのだろうか。これは我々の実践に大きな影響を持つ重要な問いであるため、少し時間を取って考えてみてほしい。今日、多くの人は善行を義務とは考えていないように思われる。しかし、その考えが間違っており、少なくとも一部の善行については義務であることがわかったとすると、あなたの善行を必要とする多くの人がいる限り、あなたは普段の生き方を改める必要が出てくるかもしれない。この意味で上記の問いは重要な実践的問いなのだ。

そこで以下では、善行が義務であるという主張を支持する二つの論拠を検討することにしよう。一つはカントの議論であり、もう一つはシンガーの議論である。

3　カントによる善行の正当化

善行を義務だとするカントの議論にはいくつかの形式があるが、その一つは、道徳法則が持つ普遍化可能性という特徴を用いたものである。

カントは、人が自らの行為を律するさいの指針を「格率（maxim）」と呼ぶ。例えば困っている人がいたら助けるとか、ドラえもんに出てくるジャイアンの「おれのものはおれのもの、お前のものもおれのもの」といった行為指針が格率である。こうした格率には、道徳的と呼べるものもあれば、そうでないものもある。

ある格率が道徳的なもの（カントの言葉では道徳法則）かどうかを確かめるには、その格率が自然法則のように普遍性を持つものになることを自ら意志できるかを検討せよとカントは言う。すでに見たように、自分が困ったときは嘘をついてもよいとか、人生が苦しいときは自殺をしてもよいといった格率については、カントはそれが普遍化できないがゆえに道徳的義務に反すると主張していた（⇒3・2、4・2）。ジャイアンの格率は、普遍化しようとするとあらゆるものがすべての人のものになってしまい、個人の所有権が成立しなくなるため、道徳的ではない、とカントなら言うかもしれない。

そこで、善行についてもカントは次のような偏屈な人の意見が普遍化可能であるかを問うている。

他人のことは私に何の関わりがあろう。すべての人が、神の意志でまた自分の努力で、どれほど幸福になろうとも、私は彼らから何ものも取ろうとは思わず、彼らをうらやむこともしないであろう。ただ彼らの安楽のため或いは彼らの困窮を助けるために私が何かを提供する気はない。（カント 1972a, 268）

このような格率を持つ人に対するカントの意見はこうである。「困っている人を助けない代わりに、自分が困ったときも助けてもらわなくてよい」という格率は、すべての人がこのような格率を持つことに論理的な矛盾はないという意味で、普遍化可能である。だが、これが自然法則のように普遍的な道徳法則（道徳律）となることは意志できない。というのは、どのような人でも他人の援助を必要とする場合があるが、その場合に自分の望む援助を受けられなくなることを意味するからだ。すなわち、カントによれば、道徳法則は自分にも他人にも等しく当てはまる普遍的なものだと考えられるため、他人が困っているときに助けなくてよいという判断は、自分が困っているときに助けてもらわなくてもよいという判断も含意していることになる。しかし、誰もそのようなことを望むことはできないであろうということである。すると、例えば自分はいざというときに輸血を受けなくてよいから献血もしないという格率は、カントの考えでは道徳法則にはなりえないことになる。

カントは、自他の対称性を前提にして、互恵性（reciprocity）という観点から善行の義務を正当化しているように思われる。互恵性とは、他人を助けるならば、その見返りとして、自分が困ったときに助けてもらえるなど、双方にとって利益のある関係があるということである。「あなたが他人にしてもらいたいことを他人になせ」という聖書の黄金律（golden rule）は、このような互恵性を念頭においている（マタイ 7:12、ルカ 6:31）。「情けは人のためならず」ということわざがあるが、これも「困ったときはお互いさま」という互恵性によって善行の義務を正当化しようという考えを示していると言える。例えば献血やボランティアについてはそのような考えを持っている人もいるかもしれない。

カントの他人を助ける義務は一見すると自分が困ったときに助けてほしければ、他人を助けておくべきであるという仮言命法のように思われ、実際にそのように解釈する研究者もいた（例えば Ross 1954, 47）。だが、カントに好意的な解釈をすると、カント研究者のペイトンが言うように、これは「意志の矛盾」だということになる。すなわち、ペイトンによれば、カントの議論は「いつか他人に助けてもらいたければ、今他人を助けておけ」というような自愛の思慮（自らの長期的な利益を重視すること）を説いているのではなく、「誰でもどこかの時点で必ず他人の助けを求めざるをえないものであるから、それによりこのような道徳法則に例外を作ることを意志することになり、その結果、その格率が道徳法則になることを意志できない」という形で、意志の矛盾を含んでいるということである（Paton 1947, 152）。

しかし、そう解釈したとしても、カントの議論にはいくつか問題があるように思われる。一つは、お互いに助け合わないという規則は道徳法則として本当に成立しないのかという問題である。カントは、自分が困ったときに助けてもらわないでよいという格率は意志できないがゆえに、困っている他人を助けないでよいという格率を意志することは自己矛盾を犯すと述べている。しかし、筆者にはそのように思われない。「自分が困ったときに助けてもらわなくてよいから、困っている他人も助けない」という格率は、かなり偏屈な人間でなければ持ちえないだろうが、やせがまんして意欲することは不可能ではないだろうし、必ずしも不合理とも言えないように思われる。例えば、「他人に金は一切貸さない代わりに、自分も借金をしない」や、「他人に臓器提供をしない代わりに、自分も臓器提供を受けない」といったより具体的な格率であれば、自分が困ったときのことを見越したとしても、普遍化可能な道徳法則になることを意志できるように思われる。なるほど、私は実際にそのような立場になったら助けてほしいと欲求するかもしれない。しかし、欲求することが自動的に意志することにならない限り、私は助けてほしいと欲求しても意志しないことはできるように思われる。それはちょうど、大勢の敵が向かってくるのを見た兵士が、逃げたいと欲求したとしても、その場に留まることを意志するのができるのと同様である。

第二に、仮に互恵性を可能性としては常にありうるものと考えた場合、あらゆる人（や動物）に対して善行の義務があることになる。例えば、人生何があるかわからないから、猫でも助けておいた方がよいという意見もあるかもしれない。数年前に、米国で、幼児を襲った犬に飼い猫が体当たりして撃退し、幼児を救う出来事があった。幼児は軽傷を負ったが元気だという(4)。日本では「猫の手も借りたい」という表現があるが、これなどはまさに猫に助けてもらった事例だと言える。しかしそうすると、我々は互恵性という観点から、猫を助ける道徳的義務も持つことになるかもしれない。カント自身は人間以外の動物は人格ではないため、直接的な義務を持つことはないと考えただろう。しかし理論的には一部の動物や人工知能などに対する義務が成立するように思われる。また、より深刻な問題としては、身近にいる人と遠くに住む人で互恵性が成り立つ程度は異なるが、それでも差別せずに同じように助ける義務があるのかという論点も生じるだろう。

第三に、すると、我々は、善行の義務をより限定的なものに留めるべきだろうか。すなわち、普遍化すべきなのは、「互恵性が成り立つと思われる場合に限り、困っている他人を助ける」という格率であろうか。例えば、飢えで死にかけている子猫を助けたら、もしかしたらその猫が大きくなっていつか私が困ったときに助けてくれるかもしれないが、おそらくはそのような互恵性が成り立つとは考えにくいため、猫は助けないでよいという格率を持つべきだろうか。同じように、例えばサハラ以南のアフリカで飢えと貧困に苦しむ人々について、自分が困ったときにその人たちが助けてくれる可能性はほぼゼロであるから、彼らを助ける義務は生じないと考え、自国の人だけを助ければよいと主張されるかもしれない。しかし、本当にそれでよいのだろうか。我々は互恵性が成立する可能性が低い場合には、人助け（あるいは猫助け）をする必要はないのだろうか。

これらのことを考え合わせると、互恵性による善行の義務の正当化は一定の説得力は持つものの、厳密に考えた場合、偏屈な人はカントの議論に説得されないであろうし、また互恵性についてもその程度を考慮に入れる場合には善行の対象の範囲が不確定になるという問題があると思われる。

4　シンガーの援助義務論

善行をする義務について、もう一つのタイプの正当化を見てみよう。これは、いわゆる援助義務に関するシンガーの議論であり、シンガーはカントの議論のように互恵性は必ずしも前提せずに、困っている人を助けるのは義務だと主張している。(5)

まずシンガーは、池で溺れている子どもの例を挙げている。

> **池で溺れている子どもの事例**
>
> あなたが仕事に行く途中、小さな浅い池がある。そこで幼い子どもが溺れている。周りには誰もおらず、放っておくと溺れて死ぬ可能性が高い。あなたは簡単にその子を助けることができるが、新しい靴が台無しになり、服も汚れて、仕事に行くのが遅れることになる。
>
> あなたはこの場合に、子どもを助けるべきだと考えるだろうか、あるいは子どもを助けるかどう

かはどちらでもよいことだと言うだろうか。前者であれば、子どもを助ける義務があるということになり、そうしなければ非難されてしかるべきことになる。後者であれば、子どもを助ける義務はなく、もし助ければ「よい人だ」と褒められることはあっても、助けなくても非難されるべきことではないことになる。少し考えてみてほしい。

シンガーは、この事例を聞いたほとんどの人は、このような場合には服が汚れたり仕事に遅刻したりするなどのある程度の犠牲を払ってでも助ける義務があると答えるだろうと言う。すなわち、少なくとも自分の支払う犠牲が少ない場合には、我々には善行を行なう義務があるということである。

シンガーは、この例から出発して、我々には飢えや貧困により死に瀕している世界中の人々のために寄付をする義務があるという大胆な主張を行なっている。例えば、一人の子どもの命に値段をつけるとしたら、あなたはいくらの値段をつけるだろうか。あなたはこのような質問を不謹慎だと思うかもしれないが、とはいえ、まさか三〇万円程度とは答えないだろう。しかし、これが効率的な慈善団体がアフリカの貧しい地域に住む子ども一人を救うためにかかる額なのである。我々は台風で増水している川で溺れている子どもを救うために川に飛び込むというほどの犠牲を払わなくても、人の命を助けることができるのだ。

上記はかなり直観的な議論であるが、より形式的な議論は次のようなものだ（シンガー 2014, 18–19）。

前提1：食料、住居、医療の不足から苦しむことや亡くなることは、悪いことである。

前提2：もしあなたが何か悪いことが生じるのを防ぐことができ、しかもほぼ同じくらい重要な何かを犠牲にすることなくそうすることができるのであれば、そのように行為しないことは間違っている。

前提3：あなたは援助団体に寄付することで、食料、住居、医療の不足からの苦しみや死を防ぐことができ、しかも同じくらい重要な何かを犠牲にすることもない。

結　論：したがって、援助団体に寄付しなければ、あなたは間違ったことをしている。

ここで見られる前提1や前提2は、衣食住などの欠乏がもたらす苦しみや死は悪いものであり、それを比較的容易な仕方で防げるなら防ぐべき義務があるということを述べている。これはカントの主張のように互恵性に訴えるものではない。しかし、前提1は、衣食住の欠乏から来る苦しみや死は自分だけでなく誰にとっても悪いものだという普遍性を仮定している。とはいえ、このような普遍性を否定することは簡単ではないだろう。他人に助けてもらわなくてよいから、自分も助けられなくてよいと思っている人でさえ、自分も他人も衣食住の欠乏による苦しみや死を蒙る可能性があり、それは悪いことであることはおそらく認めるだろう。

前提2も、先の池で溺れている子どもの例を考えれば、否定するのは容易ではない。ここでは、もし自分が払う犠牲が大きすぎる場合は、助ける義務はないことが含意されているため、なおさら否定しにくい。シンガーは「ほぼ同じくらい重要な何か」とあえて曖昧な言い方をしているが、これは、日頃からささいな利益のために義務を果たしていない人が多いため、この部分については各自に判断を任せたとしても、十分に貧困救済のための援助が集まるとシンガーが考えているからである。

このようにして、シンガーは互恵性に依存しない――あるいは互恵性を超えたところでも成り立つような――善行の義務を擁護している。この場合、互恵性が成り立つ可能性があるかどうかは関係がないため、困っている子猫であろうと、遠くにいる面識のない人であろうと、容易に助けられる限りは助ける義務が生じることになり、そうしなければ間違ったことをしていることになる。仮にこのような義務の存在を認めるとすると、シンガーが以下の引用で言う通り、我々の義務の範囲は大きく拡大し、自由主義社会において許容されている行為は考えていたよりもずっと少なくなる可能性がある。我々は、大きな犠牲を払わない限り、困っている人を助けるために寄付やボランティアをしたり、献血をしたり、その他の善行をしたりしなければならないからだ。

> 私たちは次のように考える傾向にある。もし人々が他人に危害を与えず、約束を守り、嘘をついたり騙したりせず、子どもや高齢の親の面倒を見て、そして自分の地域社会の貧しい人々に少し寄付でもすれば、十分に良いことをしたことになる、と。そして、もし私たちが自分と扶養家族のニーズを満たしたのちにまだお金が残っていれば、自分の好きなように使っても良いはずである、と。赤の他人に寄付すること、とりわけ自分の地域社会を超えたところにいる人々に寄付することは、良いことではあろうが、私たちはそれを自分たちがしなければならないことだとは考えない。だが、上記の基本となる議論が正しいとするなら、私たちの多くが許容可能だと考える振る舞いは、新たな視点からより批判的に考える必要が出てくる。私たちが余ったお金を、コンサートや流行の靴やおいしい食事や

ワインや遠い国での休暇のために費やすなら、私たちは間違った行為をしていることになるのだ。
(シンガー 2014, 22-23)

豊かな国に住む人々には飢えや病気に苦しむ発展途上国の人々を援助する義務があるとするシンガーの議論は一九七〇年代初頭に提示され、さまざまな論争を引き起こしてきた。例えば、我々は遠く離れた人に対しては、近くにいる人ほどには義務を持たないのではないかといった議論や、自分以外にも助けられる人が大勢いる場合には、我々が持つ義務は自分しか助けられない場合に比べて小さくなるのではないか、といった議論がある。基本的にシンガーはこうした問題は心理的な違いしか生み出さず、倫理的に重要な違いにはならないと論じている。しかし、ここではこれ以上シンガーの議論の詳細には立ち入らない。というのは、本章において重要なのは、他国に住む人々を援助する義務があるかどうかという特定の問題ではなく、困っている人を容易に助けられるならばそうする義務があるかどうかという一般的な問題であるからだ。

シンガーはこうした善行の義務を功利主義に明示的に結び付けてはいないが、我々は大きな犠牲を払わない限り困っている人々を助けるべき義務を負うという考えは、最大多数の最大幸福を唱導する功利主義によって容易に正当化されるだろう。実際、ベンタムもJ・S・ミルも、我々には他人を助ける道徳的義務があり、場合によっては法的義務さえありうると述べている。

例えばベンタムは、「とりわけ、人が危険にある事例において、その人に危害がもたらされるのを防ぎ、しかも自分も損害を受けずにそうできる場合、その人を危害から救うのを各人の〔法的な〕義務にしない理由があるだろうか」と述べている。具体的には、女性の衣装に火が付いたのに、それを見かけた男性がすぐそばにある水をかけずに笑っていたり、酔っぱらいが水溜りにうつぶせに寝ているために窒息しそうになっているのを見た人が、酔っぱらいの顔を横に向けてやるだけで助かるのに知らん顔をして通りすぎたりする場合、その人たちに刑罰を課すような法律は正当化されると論じている（ベンサム 1979, chap. 17）。

また、ミルも、「同胞の命を救うとか、無防備な人々を虐待から守るために介入するというような、ある種の個人的善行をなすこと」を「他人の利益のために、彼が当然なすことを強制されてよい多くの積極的行為」のうちに数え入れている。彼は次のように述べている。

人はその行動によってのみならず、行動せぬことによっても他人に対して害悪を与えうる。そしてそのどちらの場合にも、彼はその危害に対して彼らに当然責任を取らなければならない。後者の場合には前者の場合よりも、強制的に責任を取らせることには、はるかに多くの慎重さが必要なことは確かである。他人に害悪を与えることに対しては、何ぴとにも責任を取らせるのが原則である。害悪を防がないことに対して責任を取らせることは、比較的にいって、例外である。しかし、この例外を正当化するにたる明らかで重要な場合が数多くあるのだ。（ミル 1979, 226–27）

功利主義においても、こうした他人を助ける積極的な義務の詳細については問題が残る。例えば、このような善行の義務は、身近な人々と同様、遠くの人々にも及ぶのか、またどのぐらいの義務を果たせば十分と言えるのか、などである。とはいえ、こうした善行の義務がありうるということを読者に納得してもらえたなら本章の目的は十分に達成できたと言える。また、もう一つ重要な問題として、そのような犠牲を払って人を助ける動機とは何かという問題、すなわち、善行をなす動機の問題が残っているが、それは次章で考えることにしよう。

まとめ

許容された行為と禁止された行為という自由主義的な二分法は不十分である。本章では、我々には道徳的義務としてやることが要請される行為があり、とくに善行の義務が存在することが論じられた。読者がこのような善行の義務の存在を受け入れるならば、先に引用したシンガーの言葉にあるように、おそらく自分の生き方を変える必要が出てくるだろう。社会的に禁止されている行為をしないだけでは、十分に倫理的だとは言えない。もっと多くのこと、つまり善行の義務を果たさなければ真に倫理的とは言えないのだ。我々に許容されている行為の中には多くの道徳的義務が含まれているが、自由主義的な立場からはそれらに法的義務を課すことが認められていないだけなのだ。我々は、「禁止されているか、許されているか」という自由主義的な二分法で留まることなく、「私は善行を義務としてどこまでなすべきか」を問うことが重要である。

読書案内

完全義務と不完全義務について、さらに詳しくはミリャード・シューメーカー『愛と正義の構造』（晃洋書房、二〇〇一年）を参照せよ。権利と義務についての概説は田中成明『現代法理学』（有斐閣、二〇一一年）に詳しい。シンガーの援助義務と彼の議論に対する批判については、ピーター・シンガー『あなたが救える命』（勁草書房、二〇一四年）および『飢えと豊かさと道徳』（勁草書房、二〇一八年）を参照せよ。

第8章 善いことをする動機

二〇一四年の春に韓国の旅客船セウォル号が韓国南西部珍島沖で沈没した。船室待機の放送に従って多数の乗客が逃げ遅れ、修学旅行中の高校生ら二九九人が死亡、五名が行方不明という大惨事になった。後の調査では、沈没直前に客室乗務員が無線で操舵室に指示を仰いでいたが、操舵室の乗員は無視し続け、さらに船長は救助措置を取らずに船から先に脱出したことが明らかになった。その一方で、ある若い女性の乗務員は、「乗務員の退避は最後。みんなを助けた後に私も行くから」と言って最後まで乗客の救助を行ない、最終的に船が沈没したのちに遺体で見つかったという(1)。

この女性の行為について、どのような倫理的評価をすればよいだろうか。彼女は善行の義務を果たしたと言うべきだろうか。いかに乗務員といえども自分の命を犠牲にしてまで乗客を助ける義務はないと考えるなら、この女性は義務を超えた善行をしたことになるだろう。だが、善行という外形的な行為だけでなく、動機も重要だという意見もあるかもしれない。彼女はどのような動機でこのような自己犠牲をしたのだろうか。仮にもし彼女の動機が何らかの意味で「不純」であったとしたら、それは彼女の行為の道徳的価値を下げることになるだろうか。

善行をするさいの動機について考察する理由はいくつかある。第一に、今述べたように、善行は善意や義務感といった純粋な動機からなされなければ善行ではないという考えがあるためだ。前章では「善行は道徳的な義務であるか」という問いを検討したが、そのさいに、「善行が義務だとすると、自発的ではなくいやいやすることになり、善行に価値がなくなる」という風に思った読者もいたかもしれない。この主張が正しいかどうかについてよく考えてみる必要がある。

第二に、善行というのはそもそも欺瞞ないし偽善だという考えがあるためだ。昔、忌野清志郎によく似た人が率いていたタイマーズというバンドがあり、忌野清志郎によく似た人は、「だって俺達はみんな偽善者」と歌っていた。以前に筆者の講義を聞いた学生も次のような感想を述べている。

人間が他者に対して親切にしたり気前の良い行ないをしたりするのは、結局そこに下心があるからだと思います。よく思われる事は自分の利益につながりますし、だからより自分に達成感（これも利益に入ると思います）等を得られそうな、具体性・親近性が重要視されるのだと思います。

これは、善行は純粋な動機からなされなければ価値がないという一つ目の論点よりも過激で、そもそも純粋な動機など存在しないので、あらゆる善行は特別な価値を持たない、という主張である。道徳は自己利益のためになされているかどうかというのは、英国のホッブズ（Thomas Hobbes, 1588-1679）やマンデヴィル（Bernard Mandeville, 1670-1733）がそれを肯定する主張を行なって論争になったが、プラトン以来、倫理学の一つの主要なテーマであり続けている。あらゆる善行は偽善であるというこうした発想は、道徳に対するシニシズム（冷笑的な態度）を人々の間に生み出し、善行をすることを思い留まらせる可能性がある。そこで、本章ではこの問いを詳しく検討することにしたい。

1　利他主義についての懐疑

善行の動機について考えるに当たって、利他的および利己的という言葉を導入しよう。利他的とか利己的という形容詞は、行為について言われる場合と、動機について言われる場合がある。つまり、行為に利己的なものと利他的なものがあるだけでなく、動機にも利己的なもの（利己心）と利他的なもの（利他心）があるということだ。これにより、表８‐１のような２×２の組み合わせができる。

表８‐１　行為と動機の利己性と利他性

(1)行為が利己的で動機も利己的	(2)行為が利己的で動機は利他的
(3)行為は利他的で動機は利己的	(4)行為は利他的で動機も利他的

(1)は、自分の欲求を満たすために窃盗を行なう場合などで、通常の意味で利己的と呼ばれうる。(2)は、病人を助けるために薬局で薬を盗むというように、他人のためを思って、利己的な仕方で行動するというような場合である。(3)は、自分の名声を上げようと思って他人を助ける場合であり、いわゆる偽善者と呼ばれる場合である。(4)は、お腹が空いている人を助けようと思って自分の食べ物を与える場合など

で、通常の意味で利他的と呼ばれうる。

このうちの(4)、すなわち利他的な行為を利他的な動機からする場合に関しては、すでに見たように、いわば純粋な善行は存在しないという意見があり、これは今日少なからぬ人が抱いている意見のように思われる。このような意見は、例えば以下のような新聞の投書に表れている。

優しさは利己心?

東京都　男性(27)

半年ほど前、「献血に行かないか」と友人を誘いました。すると、「お前、自分がいい人であることをアピールしたいんだろ」と返事され、絶句してしまいました。

私はボランティア活動への参加を誘ったり、これまでの自分の活動のことを友人に話したりしたことはありましたが、見返りを求めたことは一度もありません。ただ、言われた通り、周りの人によく思われたいという気持ちが少しあったことは否めません。

以来、「他人への優しさも結局は利己的なものだったんだ」と思うようになり、苦しくなってボランティアをやめてしまいました。私の判断は正しかったのでしょうか。(「悩みのレッスン」朝日新聞、二〇〇九年九月一二日)

この男性は、自分では上記の表の(4)のつもりで善行を行なっていたが、友人に、あなたの善行は他人からよく思われたいなどの広い意味での見返りを求めて行なわれたのであり、その意味で純粋な善意から行なわれた行為ではないと指摘され、そのことがきっかけで自分の為すあらゆる善行が⑶に思われるようになったということだろう。このような主張を聞くと、常日頃ボランティアという形で善行をしている人も、考えてみると思い当たるような気がして、不安になるかもしれない。

このような、上記⑷は存在しないという主張を「利他主義についての懐疑」と呼ぶことにしよう。同様の理由から、利他的な動機から利己的な行為をするという⑵も存在せず、存在するのは⑴と⑶だけ、ということになる。結局のところみんな偽善者だ、という意見は、善行を行なうことへの妨げになっている可能性があるため、よく検討してみる必要がある。読者もこれまでの自分の生き方・考え方を振り返りつつ読み進めてほしい。(2)

2　動機は無関係という立場

先に、そもそも善行をするさいに動機はあまり重要でなく、善行さえ行なわれればよいのだという考えを検討してみよう。例えば、功利主義者のミルは『功利主義論』の中で次のように述べている。

倫理学の役割は私たちの義務は何であるかやどのような試金石によってそれらを知ることができるかを示すことであるが、あらゆる行為の唯一の動機は義務の感情でなければならないとするような倫理学の体系はない。(中略) 功利主義道徳論者は、動機は行為者の価値には大いに関係するけれども行為の道徳性には無関係であるということを他のほとんどすべての道徳論者よりも強く主張していた(中略)。溺れている同胞を助ける人は、その動機が義務であろうと労苦に対する報酬への期待であろうと、道徳的に正しいことをしているのである。(ミル 2010, 280-1)

この一文に示されているように、ミルの考えでは、ある行為が道徳的に正しいかどうかは、動機のよさには依存しない。ミルの立場は、カントの合法性と道徳性の区別で言えば、合法性、すなわち行為が義務に適っていればよいというものであり、動機付けの問題は二の次ということだ(⇒3・2)。ミルは、動機のよしあしは行為者がよい人かどうかを判断するさいには重要だが、行為の正しさを判断するさいには問題にならないと考えている。

また、功利主義者のピーター・シンガーも、「慈善は隠れて行なわなければならない」という西洋の伝統的な慈善についての考え方に対して、次のように述べている。

イエスは私たちが貧しい者に寄付をする際、ラッパを吹き鳴らしてはならないと言った。「それは偽善者が人からほめられようと会堂や街角ですることである」。代わりにイエスは、寄付をするときには右の手がすることを左の手にさえ知らせないほどに隠れて行なうべきだと助言した。そのようにした場合にのみ、私たちは地上ではなく天国で報いを受けるのである(マタイ6:1)。(中略)しかし、こうしたことは本当に問題なのだろうか？　お金が「純粋な」動機から寄付されることよりも、お金が有用な目的に使われることの方が大事なことではないだろうか。それに、寄付をするときにラッパを鳴らすことで他の人たちも寄付する気になるのであれば、なおよいことであろう。(シンガー 2014, 84)

すなわち、動機のよしあしよりも結果の方が大事であり、また、公に寄付した方が他の人もその例に倣うことでよりよい結果が得られるとすれば、ますます公に寄付すべき理由があるということだ。

実際のところ我々は、善行をするのは自分のためである、という主張が善行をする当人からなされるのをしばしば耳にする。そして、純粋な善意や義務感から善行をしたと言う人よりも、そういった人の方をむしろ誠実だと考えたり、相手も自分もハッピーならその方がよいではないかと考えたりする傾向にある。(3)

例えばマイクロソフト社の元会長で、ビル・アンド・メリンダ・ゲイツ財団という慈善団体を運営しているビル・ゲイツは、自分が慈善活動をしている動機として、「私は模範となって人々に教えてあげたいのです。慈善活動は楽しいことであり、慈善活動をすればするほど、私はよい気持ちになります」と述べている。(4) また、漫画家のやくみつるが、「善意を施そうという崇高な気持ちからではなく、楽しいからやってみた方がいいと、皆さまにもお伝えしたいです」と言う場合、善行は動機とは無関係に価値があるもの、あるいは純粋な善意からでなくても善行は成り立つと考えられているように思われる。(5) さらに、ホームレスの人々の自立支援活動をしているビッグイシュー日本代表の佐野章二は、なぜそこまで援助活動に入れ込むのかと聞かれて、次のように答えている。

僕は生来、飽きっぽいところがあって、自分の利益や欲のためにだけ働いていると、ある時期が来ると飽きる。喜びだって分かち合えないじゃないですか。でも、人や社会のためだと飽きない。だれかが喜んでくれたとして、僕はそのおこぼれをもらって「良かったなあ」と思うわけですけど、これが飽きないんです。他人のためだけど、自分のためでもある。仲間も大勢いますしね。（朝日新聞大阪版夕刊、二〇一四年一一月一四日）

もちろん、このような慈善活動から得られる満足感を、単純に利己的な動機と呼ぶことはできないだろう。なぜならこれは、他人に親切にはするが本当は腹黒いことを考えていたり、他人に親切にするのは自分の本当の目的のための手段にすぎなかったりするという、通常の意味での偽善とは異なるからだ。

さらに、人の本当の動機は（当人にすら）わからない場合が多いということを考えても、倫理的評価において動機を重視しすぎることは控えた方がよいと言えるかもしれない。上記のビル・ゲイツらの発言にしても、もしかしたら「お人好しすぎる」という批判を避けるためにこのように述べているだけかもしれないし、また、かりに本心だとみなすとしても、本人自身が自分の動機を十分に把握できていないのかもしれない。(6)

3　動機は重要だと考える立場

だが、利他的行為の正しさではなく、その道徳的価値を問う場合には、やはり動機は重要だという考えもあるだろう。ここでは二つの主要な立場を検討しよう。一つはカント的な立場、もう一つは徳倫理的な立場である。

すでに見たように、カントは他人に親切にすることを義務だと考えている。しかも彼の考えでは、義務を果たすという動機が伴わない行為に道徳性はない。カントは次のように言う。

世の中には同情心に富んだ人々が多くいて、そういう人々は虚栄心や利己心などという他の動機なしに、喜びを周囲の人々に行き渡らせることに内的な楽しみを感じ、自分のせいで他人が満足をうることをこの上なく喜ぶことができる。けれども、私は言う。この場合そのような行為はいかにも義務に合致した愛すべき行為ではあるが、しかし真の道徳的価値をもたず、他のさまざまな心の傾向と同類である、と。(カント 1972a, 239)

そこで、カントに言わせれば、「善行は楽しい」という動機で行なわれているビル・ゲイツらの行為は、道徳的には価値がないということになる。また、憐れみや同情からなされる善行も同様に道徳的価値がない。それらの動機は良い行ないも悪い行ないも生み出すため、それ自身としては絶対的な善さは持たないからだ。そのうえで、カントは、本当に道徳的価値のある善行が現れるのは、次のような場合だと言う。

そこで、仮に上の博愛家の心が、彼自身の悲しみによって曇らされ、その悲しみは他人の運命に対するあらゆる同情を消してしまったとしよう。彼は、他の困っている人々に尽くす能力は依然としてもっているが、自分自身の困窮で心が一杯であるために他人の困窮は彼の心を動かさないとしよう。このように、もはやいかなる心の傾向も彼を促さなくなった場合にも、やはり彼はそのようなひどい無感覚の状態からみずから抜け出し、いかなる傾向もなしにただ義務のみにもとづいて親切な行為をするとした場合、その行為は初めて真実な道徳的な価値を持つのである。（カント 1972a, 239-40）

これは、道徳的価値のある善行を見出すためのある種の思考実験だと言える。善行を生み出す通常の動機がすべて尽きた状態においてそれでも善行がなされるとき、それは義務感のみに基づいて行なわれたものと認定することができる。この場合に善行は初めて道徳的価値を持つ。読者はカントの立場をどのように考えるだろうか。

行為だけでなく動機も重要だとするもう一つの考え方は、行為よりも行為者の性格を重視する徳倫理学（virtue ethics）である。例えば哲学者のマイケル・ストッカーは、ミルのような功利主義者のみならずカントのような義務論者も行為の適切な動機に注目していないということを指摘して、次のような事例を挙げている。

病院に見舞いにきた友人の事例

あなたは病院で長いあいだ入院しており、退屈しているときに友人のスミスが二度目のお見舞いに来てくれる。あなたはスミスが遠くから時間を取ってきてくれたことに感謝し、彼の行為を賞賛する。しかし、スミスは、自分は単に純粋な義務感からお見舞いに来ただけであると繰り返し言

い、それが本心であることがわかる。(ストッカー 2015, 37)

つまり、友人のスミスがあなたに、自分はカントの言うような純粋な義務感のみから見舞いに来たと言ったとしたら、あなたはがっかりするだろうということだ。この場合、単にスミスという行為者の評価が下がるだけでなく、見舞いに来るという行為の道徳性も損なわれてしまうように思われる。先ほどの献血をするかどうかのような場合は、シンガーやミルが言うように、「どのような動機であれ、輸血が必要な人を助けるために献血をすることは正しい」と言えるように思えたかもしれない。だが、この見舞いの例を考えると、「病院にいる友達のために見舞いに行くことは、それがどのような動機からなされたにせよ、正しいことだ」とは言えないように思われる。見舞いの例では、義務感の代わりに、「最大多数の最大幸福の考慮」と入れてもよい。いずれにせよ、見舞いが本当の意味で道徳的であるためには、単に見舞いに来るだけでなく、その行為が友情や愛情、あるいは思いやりといった適切な動機に由来していなければならないというのがストッカーの主張である。

そうすると、少なくとも一部の善行に関してはまさにミルが述べた「行為の道徳性」と「行為者の価値」が不可分に結びつけられているのであり、しかもその動機は、義務感というカント的なものではなく、純粋な善意のようなものでなければならないことになるように思われる。寄付や献血といった、比較的匿名性の高い行為については、行為の道徳的評価のさいにその動機が問われることはあまりないが、友人を助けるとか、世話になった人に恩義を果たすなどの個人的関係に基づく義務をなす場合には、その動機が問われやすいと考えられる。

とはいえ、ミルの考え方を弁護して述べておくと、ミル自身も最大多数の最大幸福や義務感から常に行為すべきだとは考えておらず、「百のうち九十九の行為が他の動機からなされて」いることを認めている（ミル 2010, 280）。おそらくミルも、病院に見舞いに行く友人のスミスの動機は友情や善意であることが適切だと考えるだろう。先に見たように、ミルは動機のよしあしを、行為というよりは行為者の性格と結びつけて考えており、行為者の性格の評価に関してはストッカーと大きく意見が異なるわけではない。ストッカーの議論は、カントには当てはまるかもしれないが、ミルのような功利主義者には当てはまらない可能性がある。

さて、ここで先ほどの利他主義についての懐疑の話を思い出そう。この考え方によれば、このような友情や愛情でさえ、最終的には満足感などの自己利益を求めるものなのだから、結局のところストッカーの言うような適切な動機は存在しないということになる。例えば見舞いの例で友人のスミスが次のように言ったらどうだろうか。「私は君のために見舞いに来た。というのは、入院している君が心配だったからだ。だが、よくよく考えてみると、私は自分の心配を和らげるためにそうしたのであり、つまるところは自分のために見舞いに来たのだ」。そうすると結局のところ、見舞いに行く人も、行かない人も、「したいことをしただけ」ではないだろうか。「世界がぜんたい幸福にならないうちは個人の幸福はあり得ない」という宮沢賢治の有名な言葉（宮沢 1962, 序論）も、一見利他主義の極地に見えるが、結局のところは自分の幸福の手段として世界の幸福を求めているだけではないだろうか。「利他主義についての懐疑」は我々にそうささやくだろう。

4　人々は「やりたいことをやっている」のか

少し脱線するが、「人々はやりたいことをやっている」というのは、正確にはどういう意味だろうか。次のいくつかの例について、やりたいことをやっていると説明するのが適切か、少し考えてみてほしい。

(1)お腹が減ったので、御飯を作って食べた。
(2)お腹が減ったが、間食をするのはよくないと思い、食事の時間まで我慢した。
(3)夜中に試験勉強中、眠くなったので試験範囲をすべて復習することなく寝た。
(4)夜中に試験勉強中、眠くなったが試験範囲をすべて復習してから寝た。
(5)寝る前に読み始めたマンガがおもしろいので、翌日の予定を考えたら寝るべきなのに明け方までマンガを読んだ。
(6)寝る前に読み始めたマンガがおもしろかったが、翌日の予定を考えたら寝るべきだと考え、就寝した。

やりたいことというのは、例えばお腹が減ったから御飯が食べたいというような食欲、徹夜で寝ていないので眠りたいという睡眠欲、あるいは新しい洋服やコンピュータが欲しいという購買欲などの欲求が典型的である。我々はそうした欲求がときに非常に強力なものであることを知っている。しかし、その一方で、我々はそうした欲求に抗うこともあるだろう。例えば上記の⑵や⑷や⑹の例がそうである。これらは、必ずしも「やりたいことをやっている」ことにはならないかもしれない。むしろ、「やりたくないことをやっている」とも言えそうだ。

これに対しては、やりたくないことであっても、自発的にやっている限りは、やはり「やりたいことをやっている」のだ、という人もいるかもしれない。例えば、⑹の状況を考えてみよう。あなたが寝る前に読み始めたマンガがとんでもなくおもしろかったため、先が気になって仕方がないが、翌日の予定を考えたら寝るべきだと考え、あなたは目を閉じてまもなく寝たとしよう。あなたはやりたいことをやっているのだろうか。一つの表現方法では、あなたは自分の欲求に逆らっているという意味で、やりたくないことをやっていると言えるだろう。しかし、別の言い方では、あなたは、明日の予定を考えたら早めに寝た方がよいことだと考えてそうしているのだから、結局は自分のやりたいことをやっていると も言えるだろう。このような高次の欲求、すなわち、マンガを読み続けたいという欲求に抗ってでも睡眠時間を確保しておきたいという、いわば「二階の欲求」に基づいて行動する場合でも、「やりたいことをやっている」と言うのであれば、人々は常にやりたいことをやっているという風に言えるかもしれない。

しかし、今、「二階の欲求」という表現を用いたが、これを欲求と呼ぶのはあまり適切でないかもしれない。(7) たしかに、間食は避けたいとか、試験に備えて復習しておきたいとか、睡眠時間を確保したいというように、「〜したい」という欲求を表す言い方はできるが、これらの欲求は、食欲や睡眠欲などの一階の欲求とは性質が異なるように思われる。というのは、そうした二階の欲求は間食を避けるべきだとか、試験でよい成績をとるために復習をすべきだとか、明日のために睡眠時間を確保すべきだという判断に基づいているのに対して、一階の欲求の場合はそうした判断を必要としないからである。乳飲み子が乳を飲みたくて泣くとき、「乳には栄養分がたっぷりあるからしっかり成長するために飲むべきだ」と思ってそうするわけではない。そう考えると、二階の欲求というのは、ある種の規範的な判断、例えば「間食のように健康に悪いことは避けるべきだ」とか、「試験のためによく準備をするべきだ」とか、「明日のためにしっかり寝ておくべきだ」といった判断に基づくものであり、二階の欲求に従った行動にはこうした判断が反映されていると言える。だとすれば、マンガの続きを読みたいけれど我慢している人は、「やりたいことをやっている」というよりは、「自分がやると決めたことをやっている」と言った方が正確だろう。

このように考えると、我々は一階の欲求に従って「やりたいことをやっている」場合もあれば、二階の欲求およびそれをもたらす規範的な判断に従って「自分がやると決めたことをやっている」場合もあるということになる。後者には、カントが考えたような義務に基づいて行動しようとする義務感も含まれるだろう。動機についての道徳的評価がなされるのも、しばしばこちらの二階の欲求の方である。多くの場合、ある人が食欲や睡眠欲といった一階の欲求に従って行為しても、その人が道徳的に称賛されることはない。むしろ、ある人が道徳的に称賛されるのは、その人が適切な二階の欲求を抱いた場合であり、また、二階の欲求に基づき適切に一階の欲求をコントロールして行為した場合である。例えば、食べすぎは体に悪いと判断して適切な量だけ食べるとか、眠いけれども試験範囲を復習するまでは寝ないと決めてそうした場合などだ。

以上をまとめると、この節の最初に述べたように、義務感などから行為した場合でも「自分のやりたいことをやっている」と言えなくはないが、それでは正確さに欠け、また日常的な言葉遣いとも異なっていると思われる。我々は、一階の欲求に従うことでやりたいことをやっている時もあれば、そうした欲求を我慢することでやりたくないことをやっている時もあると考えるのが適切だろう。

5　利他主義についての懐疑に答える

さて、話を元に戻そう。先に見たように、利他主義についての懐疑とは、利他的な動機というのは本当は存在せず、実際に存在するのは利己的な動機だけだという考えである。一度この思考にはまると否定するのが難しくなるが、次のように整理するとよいだろう。

まず、手段的価値と内在的価値を区別する必要がある。或るものが内在的価値（intrinsic value）を持つのは、或るものに価値が内在している場合、つまり、それ自体としてよいものである場合である。それに対して、或るものが手段的価値（道具的価値 instrumental value）を持つのは、それが何かの手段としてよい場合である。例えば、痩せるために水泳に価値があると考える場合、水泳は痩せるという目的を達成するための手段的価値を持つと言える。それに対して、泳ぐことそれ自体に楽しさがあるという場合には、水泳に内在的価値がある、という風に言える。

さて、利他的行為は、手段的価値しか持たない場合と、内在的価値を持つ場合があると考えられる。利他的行為が手段的価値しか持たない場合とは、別の目的、例えばボランティアをする目的がもっぱら授業の単位をもらうためや異性にもてたいというような場合である。偽善者というのは、これが甚だしい場合に適切な名称だろう。

しかし、利他的行為が内在的な価値を持つ場合もありうる。例えば、痩せるために水泳を始めたのだが、長く続けているうちに水泳が楽しくなり、それ自体に価値を見出すということがありうるように、ボランティアにしても、最初は手段的にやっていても、次第にそれ自体がよいものと感じられるようになり、それ自体のために追求するということがありうる。ゲイツや佐野もここに入るかもしれない。こうして利他的な行為を手段的なものとは見ず、内在的によいものと見るようになった人のことを、我々は通常の意味では偽善者とは呼ばないであろう。しかし、それでも、次のように言われるかもしれない。利他的行為が内在的によいからという理由でやっている人も、自分の満足のためにやっているのではないか。その意味では、あらゆる他の行為をした場合と同じだけの道徳的価値しか持たないのではないか?

ここで問うべきは、利他的行為に内在的価値を認めている人が、本当に自分の満足感を求めて行為しているかどうかである。ここで至近因(proximate cause)と究極因(ultimate cause)という区別を考えるとすると、利他的行為に内在的価値を認めている人は、少なくとも至近因としては、困っている他人を助けることが、行為の動機になっていると考えられる。しかし、究極因としては、つまり至近因の背後にある目的としては、自分の満足が常にあるのではないか、ということだ。

多くの利他的行為については、突き詰めて考えると、その通りかもしれない。だが、前節で見たように、ある人が道徳的に称賛されるのは、その人が適切な二階の欲求を抱いた場合であるとするなら、ある人が「困っている他人を助けるべきだ」という規範的な判断に従って「困っている人を助けたい」という欲求を抱き、そう行為したことについて、道徳的な称賛を受けるべきである。すなわち、仮に自分の満足のために利他的行為をしたことを認めたとしても、そうした行為が今述べた判断や欲求をもたずに別の行為をしている場合と同じだけの道徳的価値しか持たないことにはならない。

また、利他的行為の究極因には自分の満足が常にあるという主張には、少なくとも二つの例外がありうる。一つは、衝動的あるいは本能的に善行をする場合である。例えば台風の最中に川で溺れている子どもを助けるために川に飛び込んだり、あるいは電車のホームから転落した人を助けたりする場合である。このようなことをする人は、あとでその理由を聞かれても「とっさに体が動いた」と答えることがしばしばであり、決してそれが楽しいことであるからといった答えや、自己の満足感を得ようと思ってしたという答えは出てこない。実際のところ、こうした行為は本能的に利他的な行動をしたとしか言えず、これが善意という純粋な動機に基づくのかさえ明確ではないであろう。いずれにせよ、ここでは究極因としての自分の満足感というものは存在していないように思われる。

もう一つは、命を失うような自己犠牲的な行為の場合である。これはミルが指摘していることであるが、ある行為に内在的な価値を見出すようになり、それを習慣的に追求するようになっている人は、通常その行為によって得られる快のような満足感が得られない場合でも、それと知りながら行なう場合がある (Mill 1974; cf. Sidgwick 1886, 239–40)。これを敷衍すれば、例えば他人に親切にすることが習慣的になっている人は、その行為によって得られるものよりも失うものが大きいような場合でも、それをすることがあるということである。ここでも、究極因としての自分の満足感はもはや存在していない。

例として、本章の冒頭で紹介した沈没した旅客船の女性乗務員の事例を考えてみよう。彼女はどのような動機でこのような自己犠牲をしたのだろうか。先のとっさの行動とは違い、この場合に人助けをすることは衝動的な本能とは言えないだろう。彼女の立場に身を置いた場合に、どういう説明が可能か、少し考えてみてほしい。

今となってはこの女性が何を考えていたかを正確に知る術はないが、いくつかの可能性があるだろう。彼女は、(1)人を助けることで自己満足感を得たいと考えていた、(2)もし自分が先に逃げたら、あとで非難されたり良心の呵責に苦しんだりするから、逃げずに救助した方がよいと考えていた、(3)とにかく乗客を救助することを考えており、自分のことは考えていなかった、などである。彼女の行為については、他にもさまざまな説明がありうるだろう。

ここで重要なのは、(1)や(2)の可能性も解釈としては否定はできないが、必ずそれらしかないとは限らず、(3)の可能性も十分にありうるということである。それが認められるのであれば、利他的行為が利他心からなされることはまったくありえないという利他主義についての懐疑は間違っていることになるだろう。もしかしたら多くの人々は偽善的に利他的行為をしているかもしれず、また自己満足感を得ようとして利他的行為をしているのかもしれない。しかし、純粋に他人を助けたいという気持ちから利他的行為をする余地も十分にあるのだ。

まとめ

本章では純粋に他人を思いやる心などは存在せず、人はやりたいことをやっているだけだから利己的に行為しようが利他的に行為をしようが道徳的な価値は同じだとする考えを、利他主義についての懐疑と呼び、これが正しいと考える根拠はないと論じた。言い換えれば、利他心や善意という動機が存在する余地は十分にあり、また、我々はやりたいことではなくやると決めたことをやる場合に行為を高く評価することが多いということである。

「利他心などは存在しない」とか、「みなやりたいことをやっている」という考えは、「利他的な行為をする必要はない」という規範を生み出している可能性がある。また、そのような色眼鏡をかけて見ると、多くの利他的な行為をそのように後知恵的に解釈することができる場合が多い。だが、本章で見たように、そのように説明することが難しい場合もある。もしかすると、人はみな利己的だと考える人は、実際に自分自身が利己的であって、善意や義務感といった動機から行動するという感覚をあまり経験したことがないか、あるいは、あまり自分の心の動きについて反省したことがないのかもしれない。そういう人は、試しに色眼鏡を外して、自分がこれまでに考えてきたよりもはるかに多くの善意が世界に溢れている可能性について思いをめぐらせてみてほしい。

読書案内

倫理学における利己主義の問題については、古くはプラトンの対話篇『ゴルギアス』（岩波文庫、一九六七年）や『国家』（岩波文庫、一九七九年）において提起されている。ホッブズやマンデヴィルについては児玉聡『功利と直観』（勁草書房、二〇一〇年）の第一章を参照。心理的利己主義についてはジェームズ・レイチェルズ『新版　現実をみつめる道徳哲学』（晃洋書房、二〇一七年）も参照。利己主義の規範が社会にどういう影響を及ぼすかについては、R・N・ベラー『心の習慣』（みすず書房、一九九一年）とピーター・シンガー『私たちはどう生きるべきか』（ちくま学芸文庫、二〇一三年）が面白い。

徳倫理学について詳しくは、加藤尚武・児玉聡編・監訳『徳倫理学基本論文集』（勁草書房、二〇一五年）、赤林朗・児玉聡編『入門・倫理学』（勁草書房、二〇一八年）などを参照せよ。本文では触れなかったが、徳倫理学と関係してアリストテレスの倫理学については、J・O・アームソン『アリストテレス倫理学入門』（岩波現代文庫、二〇〇四年）をまず読むとよいだろう。

第9章 災害時の倫理——津波てんでんこ

二〇一一年三月一一日に東北を中心に起きた大地震とその後の津波により、約一万九千人の死者・行方不明者が生じた[1]。人口約四万人の岩手県釜石市では、二〇一一年三月一一日の地震と津波によって文字通り市が破壊され、一二〇〇名を超える死者・行方不明者が出た。ところが、釜石市の小中学生約二九〇〇名はほぼ全員が生き残ることができた。これは純粋に幸運だったというのではなく、二〇〇五年から開始されていた防災教育の賜物だった。防災教育において生徒たちが重点的に教えられていたことの一つに「津波てんでんこ」の教えというものがあった。「てんでんこ」は、「てんでんばらばらに」を意味する方言であり、津波てんでんことは、「津波が来たら、家族や他人のことは気にせず、高台に逃げよ」と命じる格率すなわち行為指針のことだ[2]。

こうして津波てんでんこは称賛を受けるようになったが、その一方で重要な批判が二つあり、これらは詳細な検討に値する。一つは、この格率は利己的であるがゆえに不道徳だというものである。もう一つは、死の危機に瀕している人を助けようとするのは人間の本性であり、この格率はそのような本性に反しているがゆえに従えないというものである。本章では、まず津波てんでんこの概念を説明し、次にこれら二つの批判に答える。そのさい、救助可能な人命の最大化という功利主義的な見地から津波てんでんこを擁護する。このような倫理的分析は、災害時の避難の指針に関する混乱や疑念を解消するために不可欠だと思われる(3)。

1　「津波てんでんこ」とは何か

津波てんでんこという考え方は、何度も津波災害を経験してきた東北（三陸）地域において古くからあるが、この表現自体はごく最近のものである。この表現は、日本の津波災害史研究者である山下文男が、一九三三年の津波災害の経験について語ったことがきっかけでよく知られるようになった。彼の父親は、当時九歳だった山下も含めて家族を置き去りにして、津波から逃げた。のちに妻からそのときのことについて詰られたとき、父親は「てんでんこだ」と答えるのが常だったという。実はこの父親自身も一八九六年の津波災害で母親（山下の祖母）を亡くしているが、母親は彼の小さな妹を助けようとして津波から逃げられなかったのだ。山下はこの話をすることによって、共倒れを避けることの重要性を強調したのだった。この地域では他にも、「避難時に親きょうだいがいないのに気付き家にとって帰ったため返し波にさらわれた」というような共倒れの話が言い伝えとして残っているとされる(4)。

共倒れは、今回の津波災害でも深刻な問題だった。一般に大地震が発生してから数十分後に巨大な津波が沿岸部に到達する可能性があるが、今回の災害に関する政府の調査によると、津波災害の生存者の四割は、地震のあとすぐに避難しなかった。これは、彼らが家族を探したり自宅に戻ったりしたためである。津波災害に遭った地域の小学校の中には、津波や台風といった災害状況では生徒を親に引き渡すという指針を持っているところもあった。しかし、今回の津波災害では、親に引き渡されたあとに亡くなった生徒が多くいた。彼らは、避難する前に他の家族に会うために自宅に戻ったからである。同様に、集団避難の指針を持っていた町は、町の集会所に集まって待機していたために、津波で多くの命を失った。(5)

津波てんでんこは、まさにこのような共倒れを避けるための教えである。この教えに従った釜石市の小中学生たちの避難が驚くほどの成功だったため、津波てんでんこは大きな注目を浴び、賞讃を受けた。(6)文部科学省は、全国の小中学生に対する防災教育の一環として、津波てんでんこを教える計画を立てた。しかしながら、津波てんでんこの教えを全面的に実施する前に、その教えに対してなされている少なくとも二つの批判があるため、これらを検討する必要がある。

2　二つの批判

この教えに対する一つ目の批判は、それが利己主義的な教えだというものだ。例えば、三月一一日の災害のあと、岩手県のある市長は次のように述べた。「寝たきりのおばあちゃんがいても、自分を守るために逃げろと子どもたちに教えるのは、果たしてどうか」[7]。たしかに、「持ち物にこだわらない、命が第一」とか「何も持たずに身体一つで避難する」といった教えであれば問題はなさそうだ（五十嵐 1991, 109）。だが、「家族や他人のことは気にせず、高台に逃げよ」という教えは、あまり道徳的な教えには見えず、むしろ利己主義的な印象を受ける。「自助」と言えば聞こえはよいが、津波てんでんこの教えは、一見すると、困った人を助ける責任について我々がこれまで学んできたことや、子どもたちが学ぶべきことと正反対のように思われる。

これと関連するもう一つの批判は、この教えに従うことは自分の大切な家族や隣人の命が関わっているときには従うことが心理的に困難であるか、率直に言って無理である、というものだ。例えば、岩手県のある消防団員（専業の消防隊員とは異なり、一般市民で消防活動に当たっている人々）は、寝たきりの女性を助けているさいに仲間の消防団員たちを失ったが、うつむいて次のように語った。「人間、助けてけろって頼まれたら絶対行く。「てんでんこ」はできないって今回よく分かった」。同様に、ある大学教授は次のように述べている。「津波てんでんこは（他人を思いやる）本来の人間性に反し、簡単には取れない行動だから、あえて伝えられてきたのではないか」[8]。

最初の批判は、この教えは利己主義的な教えであるがゆえに道徳的に誤っているとするものである。対照的に、二つ目の批判は、この教えは道徳的に誤っていないかもしれないが、それに従うことは心理的に困難であるか不可能であるというものだ。読者はこれらの批判についてどう考えるだろうか。次の二つの節で、これらの批判を検討してみたい。

3　「津波てんでんこ」は利己的な教えか

津波てんでんこは利己主義的だという批判に対しては、筆者は、そうではないと答えたい。それは他人の利益を無視して個人の利益を最大化することを目指す利己的な教えではなく、むしろできるだけ多くの命を救うことを目的とする功利主義的な教えと解釈することができる。もし十分な数の人々がこの教えに従えば、救われる命は最大化される。他方、「困った人を助けなさい」という一見道徳的な教えは、この特定の状況下においては、救われる命は最大化されないか、場合によっては最小化される可能性がある（共倒れ）。そのため、このような状況においては、津波てんでんこの教えに従うことが功利主義的に正しいことになる。

このことを説明するには、この教えが関係する状況と、囚人のジレンマの状況を対比するのがよいかもしれない。囚人のジレンマ状況とは、他人の行動に関する不確実性の下で行為するという調整ゲームの一種である。典型的な囚人のジレンマ状況においては、ある犯罪の二人の容疑者が別々の取り調べ室にいて、「自白すれば減刑される」という選択肢か「自白せずに刑期を過ごす」という選択肢かを選ばされる（表９-１）。もし彼らが協力して、自白しなければ、二人が自白した場合に過ごす刑期よりもずっと短い刑期になる。しかし、各人はもう一方がどのような選択をするか知らないため、二人とも自己利益の考慮から自白することを選び、その結果、協力した場合に比べて二人ともより悪い状態、つまり共倒れに陥ってしまうことになる。

表9-1　囚人のジレンマ

	Aが黙秘する	Aが自白する
Bが黙秘する	2人とも懲役3年	Aは懲役1年 Bは懲役15年
Bが自白する	Aは懲役15年 Bは懲役1年	2人とも懲役10年

表9-2　津波のジレンマ

	AがBを探さず 1人で逃げる	AがBを探す
BがAを探さず 1人で逃げる	2人とも助かる 可能性	Bは助かるが Aは死ぬ可能性
BがAを探す	Aは助かるが Bは死ぬ可能性	2人とも死ぬ 可能性（共倒れ）

さて、災害状況においても、これとよく似た調整問題が生じうる。もし二人の家族が離れたところにいてお互いを探す（あるいはもう一人が来るのを待つ）ことに決めたとすると、二人とも津波で死ぬ可能性が高くなる（共倒れ）。しかし、二人が自分だけで逃げることに決めたとすると、二人とも助かる可能性が高くなる（表9-2）。この場合、一見すると、二人のいずれにとっても相手を探さずに逃げることが最善であり、ジレンマは生じていないように思われるかもしれない。ところが、各人はもう一方がどう行動するかわからず、もしかしたら今ごろ自分を探しに来ているか、自分のことを待っているかもしれないと考える。場合によっては、お互いにとって共倒れ状況より避けたいのは、自分だけが逃げて生き残り、自分を探しに来た相手は死んでしまう状況である。そこで、お互いにもう一方を探しに行く（あるいはもう一方が来るのを待つ）ことになり、てんでに逃げた場合よりもお互いにとって状況は悪くなってしまうのだ。

上記の囚人のジレンマと津波のジレンマの間にある重要な違いは、行為の動機だと言う人がいるかもしれない。これは正しい指摘である。囚人のジレンマにおいては、最適な結果を達成するのを妨げているのは自分に対する利己的な関心であるのに対して、津波のジレンマの場合に最適な結果の達成を妨げているのは他人を助けようとする利他心である。津波てんでんこで図らずも共倒れの選択肢を選ぶことになる人は、利己心からそうするのではなく、しばしば利他心からそうするのであり、ここにこのジレンマの悲劇がある。

しかし、だからといって、津波てんでんこの教えに従って相手を探さずに逃げる人々が利己心から行動しているとは限らないことに注意しなければならない。確かに、津波てんでんこは他人の利益を一切考えないような利己心から採用することも可能である。だが、人々は共倒れを回避するためにこの教えを採用することもできる。その場合、この教えに従うことで、彼らはお互いを裏切っているのではなく、むしろ協力しているのだ。

もっとも、この仕方で津波てんでんこが機能するためには、相手が自分を探しているのではないかという疑念がなくなるように、二人に信頼関係が築かれなければならない。そしてこれはまさに、釜石市の生徒が教わったことだった。津波てんでんこも含めた防災教育の最後に、生徒たちは彼らの母親に何度も次のように伝えるように教わった。「僕たちはぜったいに逃げる。だからお母さんも逃げて」。また生徒たちの親は、子どもたちが自分で必ず逃げることを確信するまで子どもたちとよく議論するよう、教師から教わった。(9)

以上をまとめると、津波てんでんこは利己主義的な教えではなく、功利主義に基づく教えであると筆者は考える。正確に言えば、それは間接的功利主義の一例と言えよう。それが間接的というのは、個人が意思決定に用いる行為指針(格率)は、すべての関係者の幸福を最大化せよというものではなく、自分の命を守れというものであり、結果としてそれが集合的に助かる人命を最大化するものだからだ。[10] しかし、このことを達成するためには、人はこの教えを内面化するだけでなく、他の人たちが同じ教えに従って行動することを確信できるよう、みなの間で信頼関係を築かなければならない。

また、この教えが利己主義的な教えではないことを明確にすることも大切であろう。ジャスティン・オークリーは、徳倫理学の観点から、津波てんでんこの格率に従う人の動機を問題にしている（Oakley 2015）。徳倫理学とは、簡単に言えば、行為者の性格や動機を重視し、行為が有徳な性格に由来するものかどうかを問題にする規範理論である（⇒8・3）。例えば、悪意から他人を見捨てて自分だけ逃げる人も、行為だけを見れば、津波てんでんこの格率に従っていることになる。しかし、そのような人は正しい行為をしたかもしれないが決して有徳ではないと我々は考えるだろう。そこで、防災教育においては、津波てんでんこを避難における行為指針として教えるだけではなく、自分だけで逃げるさいにはどのような動機やコミットメントを持ってそうすべきなのかについても考えさせることが重要だとオークリーは述べている。

さらに、篠澤和久は、津波てんでんこが非常に特殊な状況での倫理であることを強調しており、これを「生きる力」の一つとして防災教育や教育一般に適用すると、利己主義の肯定という望まない結果が生じる可能性があると指摘している（篠澤 2012, 116–17）。この指摘にあるように、「家族や他人のことは気にせず、高台に逃げよ」という教えは津波災害という非常に特殊な状況においてのみ適用される規則であり、普段も家族や他人のことは気にせず自分を優先するのが正しいと子どもたちが思うことがないように注意しなければならない。そうしないと、岩手県の市長が心配していたように、子どもたちに利己主義の教えを広めることになるだろう。

ところで、津波てんでんこの考えをカントの倫理学から正当化しようとする試みもある。小野原雅夫によれば、自殺をしてはならないという自分に対する完全義務は、困っている人を助けなければならないという不完全義務に優先するとされる。

災害発生時、被災者にとって何よりも優先されなければならないのは、自らの安全を守るという自己自身に対する完全義務である。(中略) この自己自身に対する完全義務は守られなければならない (中略)。なぜなら、もしも逆の立場にあったとき、相手が自分を助けに来て一緒に犠牲になってしまうようなことを望む者はけっしていないだろうからである。(小野原 2012, 160)

しかし、このような主張をするには、少なくとも以下の問いに答えなければならないだろう。

第一に、カントの言う自殺を禁じる完全義務が、誰かを助けに行くと自分が津波に飲まれて死ぬ危険性があるという事例に当てはまるかどうかである。カントは人生に絶望した者が自ら命を断つことの是非を論じていたが (⇒4・2)、そもそも人を助けに行く者は自殺を意図しているわけではない。たしかに、結果的に自分も相手も一緒に犠牲になる可能性は予見されているかもしれず、また、大切な人を亡くして生き残るぐらいなら自分も死んだ方がましだと考えて助けに行く可能性はある。しかし、その場合でも、相手と心中することを目的に救助に行くわけではない。むしろ、そのような人が持つ格率は、「相手の行動および災害に伴う大きな不確実性がある状況では、自分の命を危険に晒してでも、相手を助けに行くべきだ」というようなものであろう。カントがこの格率を普遍化できると言うかどうかはわからない。しかし、少なくとも、これが自殺の禁止と同じものではないことは明らかであろう。

第二に、仮にこの主張が正しいとすると、カントは自殺だけでなく死ぬ可能性のあるあらゆる危険な行為をすることを禁じていることになる。すると、例えば線路に落ちた人を助けようとしたり、冬山で遭難した人を助けに行ったりするなどの救助活動は一切禁止されることになる。もちろん、自分の命を大きな危険に晒すことは、救助の専門家以外の人には通常は求められないことである。しかし、だからといって、一般人が線路に落ちた人を助けた場合や、被災者が命を賭けて残された家族を助けに行った場合に、我々はその人が完全義務に違反したと非難したり、罰したりすることはないだろう[11]（⇒7・2）。

上記の理由から、津波てんでんこをカントの倫理学から正当化することは困難だと思われる。小野原自身が述べているように、てんでんこが「利己主義とはまったく異なる、被害を最小限に食い止めるための知恵」（小野原 2012, 160）だとすれば、これはカントの完全義務に基づくというよりは、救助できる人命の最大化を支持する功利主義の考え方として理解した方がより適切だと思われる。

4　「津波てんでんこ」と心理的困難さ

次に、もう一つの批判、すなわちこの教えは心理的に従うことが困難であるか、不可能であるというものを検討する。たしかに、我々は生命の危機に瀕した人を何としてでも助けようとする衝動を感じることがある。これは生命倫理の領域では、「救命原則」と呼ばれる。すなわち、誰かの死が差し迫っていることに対する我々の道徳的な応答として、どれだけコストがかかっても死にかけている人を助けることが要求される、というものだ（Jonsen 1986）。これは通常、全体の効用を最大化しようとする功利主義的思考に義務論的な制約を課すものとして理解される。これが正しいとすると、また、「べし」は「できる」を含意する（ought implies can）」という格言を「できないものはできない（あるいは、ない袖は振れない）」という通常の意味で理解するなら、津波てんでんこを道徳的な指針として命じることは無意味であることになるだろう(12)。

とはいえ、釜石市の小中学校の生徒たちはこの津波てんでんこの教えに従って避難したのであるから、少なくとも一部の状況においては、この教えに従うことは不可能ではない。この教えに従うことは困難だとか不可能だという人は、別の状況を想定してそのように述べているのであろう。そこで、この心理的な困難さが正確にはどこに存するのかを検討するために、自分が助かるために逃げるか他人を助けるために自らを危険に晒すかというジレンマが生じうる以下の三つの状況について想像してみよう。

一つ目の状況は、自分の大切な家族が安全かどうかわからないが、彼らが自分たちで避難できると知っている場合である。これは例えば先の釜石市の小中学校の生徒の事例であり、津波てんでんこが最もよくその目的を達成しうる状況である。もちろん、前節で述べたような教育が事前に十分になされている必要はあるが、このような状況で津波てんでんこに従うことは、心理的に不可能とは言えないだろう。

二つ目の状況は、自分の大切な家族が安全かどうかわからず、かつ、彼らが自分たちだけでは避難できないことがわかっている場合である。明らかに、この状況は最初の状況よりも心理的に困難である。というのは、津波てんでんこの教えに従うことは、大切な家族を諦めることになると考えられるからだ。

おそらく、家に寝たきりの祖母がいる場合でも自分たちだけ逃げるよう子どもに教えてよいものかどうかと述べていた市長が考えていたのも、このような状況であろう。しかしながら、そういう状況ではいろいろなことが不確かであることに留意しなければならない。誰か他の人（例えば消防隊員）がすでに彼らの避難を手伝ってくれたかもしれない。したがって、二つ目の状況においても、津波てんでんこに従うことは、より心理的には困難であるかもしれないが、やはり正しい選択でありうる。

三つ目の状況は、あなたが自分の大切な家族や知り合いが安全でないことを知っていて（あるいは自分の目で遠目に見ることができ）、しかも、彼らが自分たちだけでは避難できないことがわかっている場合である。これは先に述べた消防団員とその仲間が直面した状況である。彼の言葉をもう一度引用すると、「人間、助けてけろって頼まれたら絶対行く。「てんでんこ」はできないって今回よく分かった」[13]。

もし自分が他人を助ける義務を持つ職業（例えば警察官や消防隊員）である場合は、このような状況で津波てんでんこの教えに従うことは正しくないと考えられる。仮に、そのような災害状況で困った人を助ける人が誰一人いないと想定しよう。そうすると、我々全員の状況が悪くなり、また二つ目の状況においてさえ、津波てんでんこに従うことが困難になるだろう。というのは、その場合、自分が教えに従うなら、自分の大切な家族が死ぬ運命にあることが確実にわかるからだ。対照的に、もし我々が警察官や消防隊員が救助に当たることを期待できるならば、我々全員の状況が改善されるだろう。もちろん、警察官や消防隊員が死んでよいというわけではない。実際、消防庁災害対策本部が二〇一四年三月七日に公表した統計では、今回の震災で警察官三〇人、消防署員二七人、消防団員二五四人が死亡・行方不明となったが、これらは可能な限り避けられるべきであったと言える[14]。とはいえ、彼らは一般人よりも災害のリスクを理解し訓練を積んだ専門家として、危険を回避できるぎりぎりのところまで救助に当たることが望まれるだろう。

だが、もし自分が消防隊員でも警察官でもなく、父親か母親で、子どもが何人かいるとしたらどうだろうか。ある新聞記者は次のように述べている。

実際に目の前の高齢者や子どもを見捨てて逃げることができるだろうか。私には小学生と幼稚園の子がいる。たとえ自分が死んでも子どもたちを助けたいと思うし、もし自分だけが生き延びたら、どれほど耐え難いか想像もできない。(15)

たしかに、子どもたちを置いていくことは、心理的に非常に難しいことであろう。だが、それは不可能ではない。というのは、先に見たように、山下文男の父親がまさにそうしたことを我々は知っているからだ。山下がある本で書いているところによると、一九三三年に津波が町を襲ったとき、彼の家族の誰も、両親も六人の兄弟も、彼が逃げるのを手伝ってくれなかった。そこで、当時九歳の彼は、自分で逃げざるを得ず、裸足で雪道を山まで駆けていったという。彼はあとで自分の友人たちも同じ経験をしたことを知った。彼は、これが助かる人命を最大化するための最善の戦略であることを理解した。そこで彼は、いかに非情に見えようとも、共倒れを避けるためには自分の命のために逃げることを忘れてはならないと繰り返し強調したのである（山下 2008)。

したがって、第三の状況においても、津波てんでんこに従うことは心理的に非常に困難かもしれないが、不可能ではない。

浅井篤は、マクロな視点では山下の父親の判断を功利主義的な理由から支持できはするものの、個人的にはそのような状況で子どもを見捨てて自分だけ逃げることはできないと述べている（Asai 2015）。また、子どもを見捨てて自分だけが生き残ったとしても後悔の念が大きくなりすぎるため、こうした子どもや家族を見捨てる人が大勢いる社会は、子どもや家族を助けるために共倒れになってそうした人が生き残っていない社会よりも、全体の効用は低くなるのではないかと問うている。これは社会状況にも依存するため、簡単には答えられない問題であろう。筆者の考えでは、このような不幸な事態が極力起きないように事前の防災対策を講じることはもちろんであるが、子どもを見捨てて自分だけが生き残るという悲劇が起きた場合に後悔の念を減じるようなケアを行なうことが重要であり、そうすることによって全体の効用の低減を防ぐことができると考える。

もちろん、津波てんでんこに従うかどうかは、最終的には当人の自由と言えるかもしれない。功利主義的には、これに従わない人に刑罰を課すなどして従うよう強制することはおそらく望ましくないだろう（⇒第10章）。例えば、「子どもを見捨てて自分だけが生き残るくらいなら、自分も死んだ方がまし」と考える人が一定数いてもおかしくない。だが、我々はそのような人について、どう考えるべきだろうか。「子どもを見捨てて自分だけが生き残るくらいなら、自分も死んだ方がまし」という理由から非常に危険な行為をすることを道徳的に正しいと認めることができるだろうか。これは、第4章で論じた自殺や安楽死の議論と繋っている。「子どもを見捨てて自分だけが生き残るくらいなら、自分も死んだ方がまし」という理由から死ぬ可能性の非常に高い行動を是認することは、自殺や安楽死に関して議論したさいの許容要件に比べて、ずっと緩い条件になってしまうのではないだろうか。最終的に決めるのは本人かもしれないが、我々はそのような考え方は間違っていると、その人に伝えるべきではないだろうか。

したがって、津波てんでんこはここで述べた三つの状況のすべてにおいて、正しい避難の指針だと敢えて言うことにしたい。ただし、自分が他人を助ける義務を持った職業にある場合は別の議論が必要であろう。

災害の状況というのは非常に例外的であるため、我々の心理的な反応というのは、我々が従うべき正しい格率を見つける最善のガイドにはならない可能性がある。上記の状況で心理的障壁を感じる場合、我々は教育やその他の手段によって、それを克服すべきである。

まとめ

津波てんでんこの教えは単純であるという美徳がある。しかし、これまでに見てきたように、それはいくつかの明確化と限定が必要である。これを教えるときには、それが利己的な教えではないことを強調する必要がある。助かる人の命の数を最大化するという目的を達成するためには、人々の間での信頼関係が重要であると教える必要もあるだろう。また、困った人を助けるのが仕事であるような職業にある人々には、異なる教えを作成する必要がある。これらも含めて、津波てんでんこが最もよくその目的を果たすためには、事前の災害対策が不可欠である。津波てんでんこに関する筆者の議論はまだまだ改善の余地があると思われるが、このような作業によって、次に津波が日本を襲うさいにはより多くの人命を救う準備ができることを望んでいる。

読書案内

津波てんでんこについては、すでに引用した山下文男『津波てんでんこ』(新日本出版社、二〇〇八年)、矢守克也「「津波てんでんこ」の4つの意味」(矢守 2012)の他、及川康「「津波てんでんこ」の誤解と理解」(及川 2017)が参考になる。東日本大震災が提起した諸問題に哲学者たちが取り組んだ著作として、直江清隆・越智貢編『高校倫理からの哲学　別巻　災害に向きあう』(岩波書店、二〇一二年)がある。囚人のジレンマについて詳しくは、佐伯胖『「きめ方」の論理』(ちくま学芸文庫、二〇一八年)の一九〇頁以下を参照。

本章は児玉聡「津波てんでんこと災害時における倫理」(児玉 2017b)および Kodama (2015) を改訂したものである。

第10章　法と道徳

近年の倫理学では、法と道徳の関係は、入門書でも専門書でもあまり論じられることがない。法学者の葛生栄二郎と河見誠は、『いのちの法と倫理』という生命倫理に関する著作の中で次のように述べている。

法と倫理とは区別されるべきであるが、分離して捉えるべきではない。この両者は混同される傾向とともに、まったく切り離されてしまう傾向も見られる。この傾向の背景に、ある種の専門分化の弊害があげられるだろう。つまり、法学者は法律問題としてのみ生命倫理を考え、倫理学者は倫理問題として、宗教者は宗教問題として、医学者は医療問題としてのみ、この問題を考える傾向が強く、相互間の対話や学際的統合はいまだ十分に進んでいないのが現状だ。（葛生・河見 1996, viii）

彼らの言うように、今日、法と倫理（本書の言葉遣いでは法と道徳）は、混同されたり完全に別のものとして扱われたりする傾向にあり、両者の関係が正面から問われることが少なくなっているように思われる。そのためか、法と道徳の関係について社会ではさまざまな理解がなされている。例えば、「法には強制力があるが、道徳には強制力がないから従わなくてよい」とか、「犯罪でない行為に関しては、世間は口を出すべきでない」といった意見だ。だが、こうした意見は、法と道徳の関係、あるいは道徳とは何かについての誤解に基づいていると思われる。また、「法の外面性と道徳の内面性」という教科書的区別も、現代社会における法と道徳の複雑なあり方を十分に反映していないと考えられる。そこで、最終章となる本章では、法と道徳という古典的な問題を考えることで、倫理とは何かについて改めて考える機会としたい。

1　現代日本の法と道徳に関する理解

以前、「投資家にとって邪道かどうかは関係ない。ずるいと言われても合法だったら許される。倫理観は時代で変わるから、ルール以外に（よりどころは）ない」という意見が取り沙汰されたことがあった。(1)この「倫理観」というのは、法と区別される道徳を指していると思われるため、本書の第1章での区別に従い、道徳という言葉を用いることにしよう。以下で倫理は、法と道徳を含む規範一般を指す包括的な言葉として用いる。

「道徳は時代ごとに変わる」という意見は、道徳に関する相対主義的な発想につながっているように思われる。通常、このような相対主義からは、価値観は一人ひとり違うので寛容にいきましょう、という結論が導かれる傾向がある。だが、ここではそうではなく、価値観はそれぞれ多様なので他の人に何を言われても無視すればよい、という「道徳は無視してよい」という結論が導き出されている。しかし、「道徳は時代ごとに変わる」というのは、仮に認めたとしても、法律も時代で変わる（例えば姦通罪や尊属殺人罪がなくなるなど）ので、道徳だけを無視してよい理由にはならない。むしろ、ここで言いたいことは、道徳は法とは違って強制力がないため無視してよいということだろう。より形式的に表すと次のようになるだろう。

前提１：強制力のある規範は従わないといけないが、強制力のない規範は無視してよい。
前提２：法的規範には強制力があるが、道徳的規範には強制力はない。
結　論：それゆえ、法的規範には従わないといけないが、道徳的規範は無視してよい。

このような考えは、近年の政治家や学者にも見られる。二〇一五年の春、上西小百合衆院議員が体調不良を訴えて衆院本会議を欠席したにも拘わらず、夜の会食に出かけるなど素行に問題があったとして、当時所属していた維新の党から除名処分を受けた。さらに、当時維新の党最高顧問だった橋下徹が彼女に議員辞職を勧めたが、彼女は「法に触れない限りは身分を奪われない」として、無所属で議員を続けることになった(2)。国会議員の身分を強制的に剝奪されるのは法に触れた場合に限るというのは、弁護士資格を持つ橋下も承知のうえで、道徳（道義）の観点から自主退職を勧めたに違いない。しかし、上西の回答はそのようないわゆる政治家としての道義的責任など存在しないかのような発言である。ここでも、法にさえ従っていればよいのだという見解が見え隠れしているように思われる。

さらに近年では、タレントや国会議員などが、週刊誌の不倫報道によってそれぞれ程度の差はあれ大きな社会的制裁を受けるということがあった。具体的な社会的制裁としては、不倫報道がなされたあとで女性タレントがCM契約をすべて解除されたり、芸能活動を自粛したり、国会議員が離党および議員辞職をしたり、といった具合である。これに対して、社会学者の瀬地山角は、不倫は現代日本においては刑法上の犯罪ではないのだから（姦通罪は旧刑法に存在したが戦後まもなく廃止されている）、「社会的に罰する必要はなく、例えばタレントのCM契約解除や公職の立場を奪うといった、いわば社会的制裁（リンチ）の対象になるべきではない」と述べている。(3)

この主張は、少なくとも二つの解釈が可能である。一つは、法律に違反していなければ、何をしても許されるという上記と同じ主張である。もう一つは、不倫は違法行為でない以上、個人あるいは当事者のみに関わる領域に属するものであり、個人あるいは当事者のみに関わる領域に関しては、他の人は立ち入るべきではない、というものである。この二つの発想を順に検討してみよう。

法律に違反していなければ、何をしても許されるか

一つ目は、法律で禁止されていない以上、仮に社会的制裁が行なわれたとしたらそれは不当である、という主張である。この論で行けば、おそらく、不倫が発覚して議員辞職した者も、先の上西議員のよ

うに「法に触れない限りは身分を奪われない」と主張していればよかったのだろう。もっとも、議員辞職した者はあくまで自発的にそうしたのであり、「公職の立場を奪う（奪われた）」という上記の表現には語弊があるかもしれない。

この主張をより形式的に表すと次のようになるだろう。

前提1：法律上の罪でない行為をなした者は、社会的制裁の対象になるべきではない。
前提2：不倫は法律上の罪ではない。
結　論：それゆえ、不倫をした者は、社会的制裁の対象になるべきではない。

この主張は、一見したところ、法と道徳の関係についての自由主義的な考えを示しているように思われる。なるほど、例えば覚醒剤の所持・使用等を禁止する覚醒剤取締法によって有罪となったタレントならば社会的制裁の対象になってよいかもしれないが、今日の日本で犯罪ではない不倫が発覚したからといって、社会的制裁の対象になるべきではないというのは、自由主義的な立場のように見える。しかし、ある行為が刑法（あるいはその他の特別法等）によって禁止されていないからといって、その行為は、社会的制裁の対象になるべきではないのだろうか。あるいは、先に紹介した言葉を用いれば、「ずるいと言われても合法だったら許される」ことになるのだろうか。ここには、法と道徳の役割に関する重大な誤解があるように思われる。

こうした誤解に対する端的な答えは、社会には通常、法規範以外にも道徳規範が存在し、道徳規範にはある種の制裁（サンクション）が伴うということである。ここでいう道徳規範とは、法学者のH・L・A・ハートが、実定法（positive law）に擬えて実定道徳（positive morality）と呼んだものである（Hart 1963, 20）。実定法とは、自然法と呼ばれる理念的な法ではなく、実際に定められており、ある国や地域で施行されている法律のことである。それと同様に、実定道徳とは、実定法ほど明確化されていないにせよ、社会に存在することが否定できない道徳規範のことである。日本であれば、例えば嘘をついてはいけない、他人に迷惑をかけてはいけない、困っている人には親切にせよ、などであろう。不倫をしてはならないというのも、ここに入るであろう。こうした実定道徳は、ある程度までは、世論調査等で確認することができる。ただし、実定道徳の存在を主張したからといって、人々はその内容を全面的に是認すべきだというわけではない。実定法に悪法があるのと同様、実定道徳にも誤ったものがあることは十分にありうることだ。筆者が言いたいのは、実定道徳が存在しないとか、それには制裁が伴っていないというのは誤った主張だということである。

道徳規範にはある種の制裁が伴うと述べたが、功利主義者のベンタムの区別を用いれば、それは政治的サンクションに対比される道徳的あるいは民衆的サンクションと呼ばれるものである（ベンサム 1979, chap. 3）。政治的サンクションが、主に国家の主権者が作った規則を裁判官の判断に従って下すもの（すなわち刑罰）であるのに対し、道徳的サンクションは、こうした確定した規則に従って行なわれるものではなく、各人が自発的に実施するようなものである。ただし、制裁と言っても、ベンタムの言う道徳的サンクションは友好的な援助を差し控えるものが念頭におかれている。例えば集団的な不買行動のようなものもありうるし、道徳的に評判を落とした人に対して親切にしないといったものもありうるだろう（その極端な形が、火事と葬式以外は援助をしないという村八分である）。道徳に反する行為をした人は、通常、評判・名誉を落とすことになるが、それに伴って他人から厚意を受けることが減ったとしたら、それは道徳的サンクションを受けたと考えるのである。

先ほどの瀬地山の引用では「社会的制裁（リンチ）」とあったが、道徳的サンクションは暴力を伴う私刑（リンチ）を含むだろうか。理論的にはありうるが、国家による刑罰が機能している社会においては、正当な道徳的サンクションとして認めることはできないだろう。誰かが社会の道徳規範を破った場合でも、社会的制裁（道徳的サンクション）と称して他人に身体的危害を加えることは許されないと考えるべきである。

今日、有名人が不倫をした場合の道徳的サンクションの内容や程度が果たして適切と言えるのかについては、ここでは答えを出すつもりはない。もしかしたら今日の世論はタレントの不倫に厳しすぎるのかもしれない。とりわけ、インターネットの普及により、これまでにもあった援助や厚意の差し控えなどに留まらず、多くの人による心ない言葉が違反者に強い精神的危害を与えている可能性もある。その点では市民の自制が求められているのかもしれない。だが、ここで言いたいのは、法にしか強制力や制裁がないとか、社会的制裁を加えることは一切不当であるというのは誤った認識だということだ。我々は不道徳な行為をした人に対して、その不道徳な行為が法に触れていない場合でも、さまざまな形で制裁を加えうるし、またそのような制裁は、法規範において刑罰が必要であるように、道徳規範においても一般に必要なものと考えられる。道徳的サンクションが厳しすぎるかどうかという議論は適切でありうるが、道徳規範にはサンクションは存在しないとか、存在すべきではない、という主張は不適切である。

不倫は個人あるいは当事者のみに関わる領域に属するものか

第二に、上記の瀬地山の意見は、別の仕方でも理解しうる。彼は「これは本来、夫婦や当事者間で解決されるべき問題で、社会的制裁を含めて、他者が安易に介入すべきことではないはずなのだ」とも述べており、この一文を踏まえるなら、おそらく彼は、不倫は違法行為でない以上、個人あるいは当事者のみに関わる領域に属するものであり、そのような領域に関しては、他の人は立ち入るべきではない、と言いたかったのかもしれない。すると彼は次のように主張していたことになる。

前提１：本来当事者間で解決されるべき問題は、社会的制裁の対象にするべきではない。
前提２：不倫は、本来当事者間で解決されるべき問題である。
結　論：それゆえ、不倫をした者は、社会的制裁の対象にするべきではない。

ここで、「本来当事者間で解決されるべき問題は、社会的制裁の対象になるべきではない」という主張は、基本的に正しいように思われる。例えば成人間の私的な同性愛行為を道徳的に非難したり社会的制裁を与えたりする行為は正しくないだろう。英国において当時違法であった成人間の私的な同性愛行為の合法化を提言したウォルフェンデン報告の言葉を借りれば、「簡単で粗野な言い方をすれば、法の知ったことではない私的な道徳と不道徳の領域が残されていなければならない」。これは、ミルがつとに

指摘しているように、法だけでなく道徳（世論）にも当てはまるだろう。(4)

しかし、問題は「不倫は、本来当事者間で解決されるべき問題である」という前提である。少し時間を取って考えてみてほしいのだが、不倫が法的に処罰されないからといって、不倫は夫婦や当事者のみの問題だということになるだろうか。英国では、成人の男性同士の同性愛行為にはいかなる危害も存在しないという理由から同性愛行為が非犯罪化されたが、姦通の非犯罪化はそれと同じ理屈で考えることができるだろうか。そのような考えには、法と道徳の関係についての過度の単純化があるように思われる。ウォルフェンデン報告の言葉を少し変更して言えば、「法の知ったことではないが世論は関与する公的な道徳と不道徳の領域」というのが存在すると思われるのだ。

2 法と道徳の教科書的区別とその問題点

ここで話を少し戻して、法と道徳の区別についてより詳しく考えてみたい。まず、教科書的には——といっても、最近の倫理学の教科書ではあまり論じられていないため、主に法哲学の教科書に依拠することになるが——、法の外面性と道徳の内面性という区別がある。ドイツのクリスティアン・トマジウス（Christian Thomasius, 1655-1728）によれば、法は行為という外面を規制することで外的平和を達成し、道徳は良心という内面を規律することで内的平和を達成するという。したがって法は強制できるが道徳は強制できないとされる。この場合に言われる道徳は宗教色の強いものであり、上記の主張は信仰の自由を保障する意図があるとされる。すなわち、ジョン・ロック（John Locke, 1632-1704）が『寛容についての書簡』で論じているように、個人の内部にある信仰については強制のしようがないから、良心の問題については立ち入るべきではないということだ。カントの合法性と道徳性という区別（⇒3・2）も、トマジウスとはやや異なった仕方ではあるものの、やはり外面的な行為と内面的な動機を区別している。[5]

しかし、内面性と外面性を強調するこのような法と道徳の理解は、道徳の特徴付けのみに限ったとしても、今日的な視点から見るといささか不十分である。今から半世紀以上前の倫理学の教科書でも「法律と道徳とは二つ別々ではなく、互いに補い合う事柄である。だがしかし、法律があくまでも社会的・客観的・外面的であるのに対して、道徳はちょうどその分だけ個人的・主観的・内面的であるということができる」（佐藤 1960, 13）とあり、例えば医療倫理の講義においてもこのような解説が今でもなされることがある。だが、このような法と道徳の理解では、例えば医学研究の審査を行なう倫理委員会、行政や学会が作成している倫理指針、また専門職が自らを律するために作っている倫理綱領などについては、うまく説明することができない。これらはしばしば法的拘束力を持たないため、道徳規範に属するものと考えられるが、明らかに個人の内面だけではなく、外面的な行為をも指導しようとするものだからである。

内面性と外面性の区別を重視する理解について、法理学（法哲学）研究者の田中成明は次のように指摘している。「道徳のとらえ方が狭く限定されすぎており、多種多様な道徳に共通する基本的属性とは言い難い。道徳の内面性を強調することは、良心・動機の純粋性を問題とする個人道徳の場合には妥当するとしても、個人の自律的選択よりも慣習や伝統に主たる基礎をおく実定的な社会道徳の場合には、そのまま妥当するかどうか疑わしい」（田中 2011, 170）。ここで言われる個人道徳とは、個人の良心や自律的選択など、内面的・主観的心情にウエイトをおき、個々人の抱く道徳的理想の独自性と多様性を尊重するものであり、一方、社会道徳とは、社会成員によって主として相互の外面的行動を規制するものとして一般的に受容され共有されている実定的・客観的な道徳原理・規範であり、一定の社会的サンクションによって裏打ちされており、社会の存立と発展に不可欠とみなされているものである（田中 2011, 170–71）。トマジウス的な道徳理解だと、社会道徳の存在が見落とされ、あたかも個人道徳しか存在しないかのように思われてしまう可能性がある。だが先ほども述べたように、価値観の多様性が承認されている社会であっても、このような社会道徳あるいは公的道徳が、実定道徳として存在していることは否定できないだろう。

反対に、社会道徳だけがあり、個人道徳というものは存在しないと考える逆の誤りもある。そのような人は、道徳を自分の外部にあるものとしか考えていないのだろう。だが、社会道徳に従わない人でも、ある種の道徳に従っている場合はある。例えば米国で黒人差別と闘ったマーチン・ルーサー・キング牧師の行動のように、社会道徳（実定道徳）に反する行為を信念に基づいて行なうとき、その人はその人なりの個人道徳に基づいて行動していると言える（cf. シンガー 1999, 11）。

社会道徳と法は、実質的に重なるところがあるが、必ずしも同一ではない。社会道徳と法はそれぞれ別のサンクションを伴う規範であり、両者の役割分担をどのようにするかというのが、大きな問題となる。例えば、ドイツの法学者であったゲオルグ・イェリネック（Georg Jellinek, 1851-1911）は、「法は倫理の最小限」であると述べ、法は二重の意味で倫理の最小限、すなわち客観的には法は社会倫理の最小限しか要求せず、主観的にも、社会的心情の最小限で満足すると述べた（田中 2011, 171）。これはとりわけ個人の自由を最大限尊重しようとする自由主義的な社会においては重要な指摘であるが、法と道徳の区別としてはこれだけではまだ不十分であり、どこまでが倫理の最小限としての法の領域になるのか、どこからが道徳の領域になるのかを明確にする必要がある。そこで以下では、少し立ち入って、法と道徳に関するベンタムの見解を見てみることにする。これによって、法と道徳の関係がより明確になることが期待される。

3　法と道徳に関するベンタムの見解

功利主義者として知られるジェレミー・ベンタムの『道徳と立法の諸原理序説』(1789)の最終章は、法と道徳の関係についてさまざまな論点が含まれている大変興味深い章である。そこでは、法と道徳の分類と、人間の行為の分類という二つの重要なことがなされている。

法と道徳の関係についてベンタムは一見すると煩雑な分類をしているが、彼の分類を理解することはこの問題を考えるうえで有用だと思われる。まず倫理一般とは、利害関係がある人に最大量の幸福を生み出すべく、人々の行為を指導する術であるとされる。これは功利主義的な規範理論が前提されている定義であるが、「人々の行為を指導する術」として広義に定義されている点が重要である。次に、指導可能な行為は、自分自身のものと、他者のものに分かれる。そこで、自分の行為を指導する術としての倫理は、自己統治の術あるいは私的倫理と呼びうる。指導可能な他者の行為について、ベンタムは人間と動物に分かれると述べている。この箇所はピーター・シンガーが『動物の解放』において引用して有名になったところだが（⇒6・3）、ここでは省略してひとまず人間に限る。すると、他者の行為を指導する術としての倫理は、統治の術と呼ばれ、その手段が一時的なものの場合は行政であり、恒常的なものの場合は立法であるとされる。また、未成年に関しては、統治の術は教育の術と呼ばれる。

ベンタムの上記の著作のタイトルでは「道徳」と「立法」が対比されているが、今見たようにベンタムは倫理を、私的倫理（これは前述の個人道徳と理解できるだろう）だけでなく、立法および教育も含む非常に大きなカテゴリーで理解している。この意味で理解された倫理を研究対象として扱う倫理学は、狭義の道徳だけでなく、法も関心の対象とする広いものとなるだろう。第1章でも述べたように、本書ではベンタムの区別を大枠で踏襲し、倫理は彼の言う倫理一般、すなわち法と道徳を含む広義のものとして用いて、道徳はあくまで法とは異なる別の規範の意味で用いている。そこで、倫理学は法規範や道徳規範を含む規範一般を扱う学問ということになる。

功利主義は、ベンタム、ミル、シジウィック、ヘア、シンガーと時代を下るにつれ、より個人道徳（私的倫理）における指針としての性格を強めたように見えるが、近年では加藤尚武（加藤 1997）やロバート・グッディン（Goodin 1995）らが功利主義の初期の精神を復活させ、功利主義の統治あるいは立法の術としての側面を評価し、この側面こそ倫理学が考えるべき問題だと述べたと言える。[6] それに対して、例えばシンガーはもっぱら、各人がどう生きるべきかという個人道徳の道標として功利主義を採用していると言える。

次に、人間の行為の分類について見る。ベンタムは人の行為を、自分自身の幸福にしか影響を与えない行為と、自分のみならず他者の幸福にも影響を与える行為の二つに大きく分ける。そのうえで、ベンタムは私的倫理と立法はそれぞれ、どの行為類型を規制すべきかという問いを立てている。これは文章表現はまったく異なるものの、J・S・ミルが『自由論』で論じている問い——すなわち個人の行為を法や道徳（世論）によって正当に干渉しうる範囲はどのようなものであるか——と問題設定がかなり重なっている。ベンタムの答えはあとにミルが定式化する考えを基本的に先取りするものであり、私的倫理は上記のすべての行為類型に関して適用されるべきだが、立法は自分自身の幸福のみに影響を与える行為には適用されるべきではなく、基本的に他者の幸福に影響を与える行為のみを規制すべきだというものである[7]。というのは、自分自身の幸福のみに関わる行為に関しては、基本的に各人は自分の幸福を増進しようとする十分な動機付けがあるためであり、また個人の行為に影響を与えるべく立法により刑罰を課したとしても、そうした刑罰が有効でなかったり、社会の幸福を増やすという観点からすれば刑罰を課すことで幸福の総量が減ったりする可能性があるからだ。

さらに、他人に影響を与える行為については、他者の幸福を減らす行為と他者の幸福を増やす行為に大きく分かれ、このうち立法が主に関与すべきであり、これまでにも実際に関与してきたのは、他者の幸福を減らす行為、すなわち他人に危害を与える行為だとベンタムは述べている。これはミルの「他者危害原則」と同じ発想である（⇒5・1）。このようにしてベンタムは功利主義から自由主義の原則を導き出しており、イェリネックの言う倫理の最小限としての法の領域、すなわち個人は「他人に危害を加えない限り」自由に幸福追求をしてよいという原則を打ち立てていると言える。

他方、ベンタムは他者の幸福を増やす行為、いわゆる善行についても興味深い指摘をしている。善行の多くは同情や友愛といった動機からなされなければその価値を失う可能性があるため、基本的には私的倫理に任されるべきものであるが、第7章で紹介したようにこれまで以上に法が介入すべき余地もあるという（⇒7・4）。このような「悪しきサマリア人（bad Samaritan）」に刑事責任を課す法律はその後実際に諸外国で作られることになるが、善行をしない、あるいは他人に生じる危害を防がないという不作為について個人がどこまで法的責任および道徳的責任を負うかについては、今日でも大きな論点である。(8)

このようにベンタムは、伝統的な「法の外面性・道徳の内面性」という区別を取らず、法と個人道徳のそれぞれが個々人の行為のどの部分を規制するのが適切かという観点から区別を行なっている（表10-1）。言い換えると、ベンタムの法と道徳の区別においては、良心や動機のよさといった個人の内面性が顕著に不在であり、その代わりに幸福の増大という功利主義の見地から法と道徳の役割分担が行なわれている。

表10-1　ベンタムの倫理の分類

	倫理一般	
	私的倫理	立法、行政
自分のみに関わる行為	介入	原則不介入
他人に関わる行為：危害	介入	原則介入
他人に関わる行為：善行	介入	原則不介入（本文参照）

ところで、先の不倫のケースについてベンタムならどのように考えるだろうか。彼は不倫（姦淫）を法によって禁止することは適切ではないと考えているが、それは不倫が倫理的に不正でないとか、当事者間で解決されるべき問題だという理由からではなく、むしろ法律によって取り締まることはそれを上回る害悪が伴うからである。彼は刑罰が適さない事情として、(1)そもそも不正でないため根拠がない、(2)効果がない、(3)刑罰のコストと見合わない、(4)訓育などの他の手段でできるため必要ない、の四つに分けている（Bentham 1970, chaps.

13, 17)。このうち、不倫は刑罰による効果と、犯罪を見つけて罰するためのコストが見合わないという三つ目の理由から、法による禁止は適切でないとしている。とはいえ、不倫が一般的に有害であること自体は認められており、不倫や無礼、裏切り、忘恩など法律による禁止が困難なものは私的倫理（個人道徳）によって統制を受けてしかるべきだと述べている（Bentham 1970, 287–89）。要するに、不倫は倫理的に悪いことだが、それを取り締まる場合の害悪の方が大きいので、功利主義的には法的な介入はやめておこうという考え方だ。これに対して、同性愛行為の場合は、そもそも取り締まるべき不正が存在しないという一つ目の理由が当てはまる。

法と道徳の関係を考える上で、以上のベンタムの議論は有用だと思われる。ただし、彼の議論には不満の残る点もある。それは、ベンタムがこの図式の中に明示的に世論あるいは社会道徳を位置付けていない点である。ベンタムの私的倫理は「人が自分自身の行為を指導するもの」であり、世論を含まないと思われる。他人からの道徳的サンクションを課すべきなのはいつか、という問題設定がベンタムの議論には明確には存在しないように見える。一方、ミルは基本的に世論を法と同様に捉え、世論によって他人を強制してよいのは、他人に危害を与える場合のみだと考えている。だが、本章のこれまでの議論を踏まえると、法規範と社会道徳の役割や、法のサンクションと道徳のサンクションの違いを踏まえずに両者を同様に扱うのは、いささか乱暴に思われる。このように、ベンタムやミルにおいても法と（社会）道徳のあるべき関係が必ずしも明確ではないため、この点についてはさらなる明確化が必要である。

とはいえ、ここまでの議論から、ある行為が法律によって規制されていない場合でも、不倫のように道徳的には依然として不正だと考えられる場合もあれば、同性愛行為のように道徳的にも不正ではないという場合もあることが理解されただろう。また、法に制裁があるように、道徳にも制裁があるということも理解されただろう。こうした区別や理解に基づけば、法的に規制されていなければ何をしても許されるといった主張や、法的に規制されていない行為に社会的制裁を課すべきではないといった主張には混乱が含まれていることがわかるだろう。

まとめ

本章で見たように、法と道徳の関係にはさまざまな解釈や区別がありうるが、実定法と呼ばれる法規範と実定道徳と呼ばれる道徳規範が重なりながらも別個に存在していること、また、法と道徳と言われる場合の道徳には個人道徳と社会道徳がありうること、そして、そうした法や道徳に対する批判的なアプローチも、実定法や実定道徳に直面した人が個人としてどのように生きるべきかという個人的な観点と、どのような法や道徳を作っていくべきかという統治者・教育者としての観点がありうる点に留意しなければならないだろう。倫理学上の立場の違いは、倫理や道徳とは何か、またそれを研究する倫理学とはどのようなものかについての理解がそれぞれのアプローチの違いの一因になっている可能性があるため、法と道徳の問題や善行の義務の問題などを通して、道徳や倫理とは何かについて改めて問うてみることが有益でありうるだろう。

読書案内

法と道徳の関係については、法学（法哲学）の分野では、田中成明『現代法理学』（有斐閣、二〇一一年）や深田三徳・濱真一郎編著『よくわかる法哲学・法思想』（ミネルヴァ書房、二〇〇七年）などの教科書がある。自然法と実定法の関係や、悪法（不道徳な法）は法であるか、という古典的な問いについてはH・L・A・ハート『法の概念』（ちくま学芸文庫、二〇一四年）の第九章を参照。このテーマについて、倫理学における著作は少ないが、加茂直樹『社会哲学の諸問題』（晃洋書房、一九九一年）の第三章と第六章が有益である。なお、本文では触れなかったが、近年では、法や道徳やマナーなどを「規範（norm）」と包括的に捉えて分析する試みも出てきている。例えばBrennan et al. (2013), Plunkett and Shapiro (2017), Plunkett, Shapiro, and Toh (2019) を参照せよ。

同性愛行為の非犯罪化の歴史的議論は法と道徳の関係を考えるうえでは欠かせないものである。ベンタムの同性愛に関する見解については、児玉聡「功利主義による寛容の基礎づけ」（児玉 2003）、土屋恵一郎編『ホモセクシュアリティ』（弘文堂、一九九四年）を参照せよ。サイモン・リーの『法と道徳』（世界思想社、一九九三年）も参考になるだろう。

本章は児玉聡「法と倫理学」（児玉 2015b）および Kodama (2019) を改訂したものである。

おわりに

本書では加藤尚武の引用から出発した。

どうしても決めておかなくてはならないのは、法律的・公共的に悪いと決められるものと、許されているものとの違いである。「してよいこと」と「して悪いこと」の違いを明らかにするのが、倫理学の目的であって、言葉を換えれば「許容できるエゴイズムの限度を決めること」が、倫理学の課題である。（加藤 1997, 57–8）

しかし、これはミル流の自由主義の問いであり、倫理学の問いはこれに尽きないことを強調してきた。ある意味で、倫理学は「許容できるエゴイズムの限度」を決めたあとに始まるのだ。

本書では、下記のテーマについて功利主義や義務論などの理論を用いて検討してきた。

・死刑は存続させるべきか、廃止すべきか
・嘘をつくこと、約束を破ること
・自殺と安楽死
・喫煙の自由
・ベジタリアニズム
・善いことをする義務
・善いことをする動機
・津波てんでんこ
・法と道徳

第1章でも述べたように、今日の倫理学は典型的には下記のように分けられる。

・規範倫理学：功利主義、義務論、徳倫理学、ケアの倫理など
・メタ倫理学：相対主義、「倫理に答えはない？」、「なぜ道徳的になるべきか？」、認識論、存在論、道徳心理学、道徳言語の分析など
・応用倫理学：生命倫理、環境倫理、情報倫理、企業倫理、研究倫理など

規範倫理学についてはすでに本書でも扱ったが、さらに研究をしたい人は読書案内を参考にしてほしい。本書では規範倫理学やメタ倫理学の諸理論について詳しく論じることができなかったが、筆者の経験では、本書で論じられたような問題を十分に考えたことがなければ、こうした規範倫理学やメタ倫理学の問題に関心を持つことは難しいだろう。その意味で、本書は現代の倫理学への入門となっている。関心を呼び覚まされた読者はさらに学ぶことをお勧めする。

また、倫理学の一部の、法や政治に関わる規範的な問いは、法哲学〔法理学〕や政治哲学などの分野でも研究されている。社会心理学や進化心理学といったより実証的・記述的な研究分野も現代倫理学に重要な影響をもたらしつつある。分野を限定せずに、学際的にアプローチすることが、現代の倫理学には求められるだろう。本書がその出発点になれば幸いである。

最後に、倫理学の実践的な役割について述べておきたい。「どう生きるべきかを考えない人生は、生きるに値しない」とはソクラテスの言であるが、まさしく倫理学はどう生きるべきかを考えるための学問だと言える。倫理学を学ぶことは、これまでの生き方、固定観念を見直すことに役立つだろう。また、他者の意見を知ることにより、別の考えに開かれた柔軟な思考ができるようになるだろう。とはいえ、自由主義について検討したさいに戒めたように、安易な相対主義には陥らないことが重要である。「道徳哲学〔倫理学〕の目的は、道徳的問題についてよりよく——すなわち、より合理的に——考える方法を見つけることである」とヘアが述べていたように、我々は自分の思考と行動に一貫性を持つことに努め、それと同時に、自分も他者も共有できる倫理を見つける努力をしなければならない。倫理学の理論を学ぶことには、道具的な価値しかない。こうしたことを通じて、自分がこれからどう生きるべきかを考えることこそ、それ自体で価値のある最も重要な作業である。

あとがき

あとがきを映画のエンドロールに見たてるなら、まず本書の主要な登場人物について触れるべきだろう。

ジェレミー・ベンタムとJ・S・ミルは、筆者が長い間研究してきた近代功利主義の創設者とでも言うべき人物である。

ピーター・シンガーは現代最も影響力のある哲学者の一人で、倫理的なベジタリアニズムや飢餓救済(または効果的な利他主義)の議論で知られる、やはり功利主義者である。

加藤尚武は日本のヘーゲル研究と応用倫理学の第一人者で、筆者の恩師の一人である(ただし功利主義者ではない)。

この四人に加えて、イマニュエル・カントが最後の主要な登場人物である。少し読めばわかるように、本書ではカントの倫理思想に批判的である。筆者の考えでは、彼の倫理思想には間違いが多く含まれるため、その主要な価値は、我々の批判的思考を鍛えるための道具としての価値しかない。しかし、日本国内では、カントの倫理思想が真理としてありがたがられる傾向にあるように思われる。

以前、筆者がある大学で自殺禁止についてのカントの議論を（本書第3章で論じているように）批判したとき、授業後のコメントペーパーの一つに、「カントの議論について意味がわからないという人は、たぶんカントの思想を完全には理解できていないのだろう。カントの言葉は何回も吟味し、理解できれば、きっと納得できるはずだ。カントの議論がわからない人はたぶん哲学には向いていないのだと思う」という趣旨のコメントがあった。その後、筆者はカントについて何か書こうとするたびにこのコメントを思い出して自分の理解が十分かどうか、より慎重に考えるようになった。その意味でこのコメントをしてくれた学生には深く感謝している。

しかし、筆者には「カントの言っていることを理解できれば、きっと納得できる」というのは正しい主張だとは思われない。カントに限らず、哲学者の難解な思想を繙けば真理が潜んでいるはずだというのは、学問に対する真摯な姿勢を表しているとも取れるが、権威に対する盲目的な信仰を表明しているとも言える。哲学は「ある思想家が言っていることはすべて正しい」という前提から始めることはできない。思想家が述べていることをできるだけ正確に理解することは重要だが、理解に努めるだけでなく批判的に検討する必要がある。

とはいえ、本書における筆者のカント批判が誤解に基づく可能性は十分にある。また本書は、ベンタムやミルの思想の解釈も含めてシンガーの『実践の倫理』と加藤の『現代倫理学入門』から強く影響を受けて書かれており、そのため功利主義者の主張に対する批判的見解が少ないという意見もあるかと思うので、読者は本書の主張を鵜呑みにせず、自らの批判的思考を磨いてもらいたい。

＊＊＊

次に、本書の成り立ちを簡単に記しておきたい。本書は、二〇一五年度と二〇一六年度に京都大学の吉田南（いわゆる旧教養部）で行なった講義、二〇一七年度の龍谷大学および同志社大学での非常勤の講義、および二〇一八年度の京都大学のＩＬＡＳ（少人数）ゼミで使用した講義ノートが元になっている。本書の企画は二〇一五年からあったが、子育てや学内業務に忙しく、なかなか完成させられないでいたところ、二〇一九年度に英国オックスフォード大学で長期研究休暇をとる機会に恵まれ、ようやく完成に漕ぎ着けた。

本書のいくつかの章は、以下に記すように、すでに発表したものに加筆修正したものである。転載を認めて下さった各出版社に感謝する。

第二章　「死刑」宇佐美誠・児玉聡・井上彰・松元雅和『正義論──ベーシックスからフロンティアまで』法律文化社、二〇一九年、一八八〜二〇八頁。
第三章のコラム　「「思考実験」とは何か──新科目「公共」でどう扱えばよいか」『数研ＡＧＯＲＡ』七二号、数研出版、二〇一九年、一〜三頁。
第五章　「喫煙の自由とその限界」宇野重規・井上彰・山崎望編『実践する政治哲学』ナカニシヤ出版、二〇一二年、五〜三四頁。

第九章 「津波てんでんこと災害時における倫理」若松良樹編『功利主義の逆襲』ナカニシヤ出版、二〇一七年、二三〜三四頁。（内容の初出はKodama, Satoshi. "Tsunami-Tendenko and Morality in Disasters." *Journal of Medical Ethics*, vol. 41, no. 5, 2015, pp. 361–63.）

第一〇章 「法と倫理学」井上達夫責任編集『法と哲学』創刊第一号、信山社、二〇一五年、八三〜九一頁。（また、本章と重複する内容を以下でも論じている。Satoshi Kodama, «Bentham's Distinction between Law and Morality and Its Contemporary Significance», *Revue d'études benthamiennes* [En ligne], 16|2019. http://journals.openedition.org/etudes-benthamiennes/6378）

＊＊＊

最後に、本書の成立にあたってお世話になった方々への謝意を記したい。

京都大学や非常勤先の大学の講義で積極的にコメントをくれた学生諸君、本書の草稿の一部にコメントをくれた坂井昭宏先生、田中美穂さん、また、初校に一通り目を通して貴重なコメントをくれた大前景子さん。

オックスフォード大学での一年間の研究を可能にしてくださった南川高志先生、水谷雅彦先生、および京都大学文学研究科の皆さま。また、とりわけオックスフォード大学にあるOxford Uehiro Centre for Practical Ethicsでの滞在を可能にしてくださったJulian Savulescu所長と、上廣倫理財団の皆さま。

今回も大変お世話になった勁草書房編集者の土井美智子さん。

そして、今回は自分の研究で忙しかったようで初校を読んでもらえなかったものの、いろいろな面でサポートをしてくれた妻の石川涼子と、道徳教育についていくらかの示唆を与えてくれた娘。ここに名前を挙げた方々、またその他の方々にも感謝しつつ、筆を擱くことにしたい。

二〇二〇年初春　オックスフォードにて

児玉　聡

人名索引

ハ行

マ行

ヤ行

ラ行

事項索引

タ行

ナ行

ハ行

マ行

ヤ行

ラ行

アルファベット

注

第1章

(1) “Jodie and Mary: The medical facts”（BBC News, 2000年12月7日）. http://news.bbc.co.uk/1/hi/health/920487.stm

(2) 文部科学省「小学校学習指導要領解説　特別の教科　道徳編」平成27年7月, 76頁.

(3)「「ママ, 苦しい…」 3歳児にかかと落とし, ガラス棚に投げ飛ばし 「人生に悔いなし…」と語る20歳男の鬼畜の所業」（産経ニュース, 2016年2月1日）. 記事の引用において、固有名の登場する部分は割愛した. http://www.sankei.com/premium/news/160130/prm1601300035-n1.html

(4) 応用倫理学の代わりに実践倫理学（practical ethics）という表現を好む論者もいる.

第2章

(1) 全文は以下.「死刑制度の廃止を含む刑罰制度全体の改革を求める宣言」. https://www.nichibenren.or.jp/document/civil_liberties/year/2016/2016_3.html

(2) 世界各国の動向はアムネスティ・インターナショナルのウェブサイトを参照. http://www.amnesty.or.jp/human-rights/topic/death_penalty/statistics.html
　また, 米国各州の状況についてはDeath Penalty Information Centerの情報が詳しい. http://www.deathpenaltyinfo.org/

(3) 以下は主に法務省が2012年3月9日にとりまとめた「死刑の在り方についての勉強会」の資料, および日弁連のQ&Aを参考にした.
法務省「「死刑の在り方についての勉強会」の取りまとめ報告について」. http://www.moj.go.jp/keiji1/keiji12_00055.html
日弁連「死刑廃止を考える［Q4］ どのような犯罪をすると死刑になるのですか」. http://www.nichibenren.or.jp/activity/human/criminal/deathpenalty/q04.html

(4) 法務省「死刑を法定刑に定める罪」. http://www.moj.go.jp/content/000096607.pdf

(5) アムネスティ・インターナショナルのウェブサイトより. https://www.

amnesty.or.jp/human-rights/topic/death_penalty/statistics.html

(6) GLOBAL NOTE「世界の殺人発生率　国別ランキング」. http://www.globalnote.jp/post-1697.html

なお，ここでの殺人の定義は原則として「非合法かつ意図的に他人を死に至らしめたもの」で，殺人未遂，過失致死，正当防衛による死亡，法的介入による死亡，戦争・武力紛争による殺害は含まれない，とされる.

(7) 以下の論点整理については，下記を主に参考にした.
法務省「資料４　死刑制度の存廃に関する主な論拠」. http://www.moj.go.jp/content/000096609.pdf
「あなたはどっち？　死刑制度は必要か」（毎日新聞，2016年6月16日）. http://mainichi.jp/articles/20160616/org/00m/100/013000c

(8) 功利主義者のジェレミー・ベンタムも，同害報復の一番の問題は，多くの犯罪においてこの原則は実施不可能であり，最も適用可能と思われる他人の身体に対する犯罪に関しても，情状酌量などに対応できないという柔軟性のなさ（inflexibility）という欠点を持つことにあるとしている（Bentham 1843, 409ff）.

(9) 応報感情や応報的行動の社会的重要性は，進化心理学の議論でも論じられている．例えばジェイムズ（2018, chap. 4）を参照．しかし，こうした進化論の議論は，我々がいかにして応報的感情を持つようになったかや，一定の条件を置けば応報的行動が進化的に安定的な戦略でありうることを説明するものではあるが，そのような応報感情に基づいて、死刑制度を存続させるべきか，あるいは他の事由も考慮して廃止すべきかといった規範的な問いに対しては決定的な答えを出せない点に注意せよ.

(10) 内閣府「基本的法制度に関する世論調査」2020年1月. http://survey.gov-online.go.jp/r01/r01-houseido/2-2.html

なお，こうした政府による調査に対して，調査の質問が誘導的であり，信頼性がないという批判もありうる．たしかに，質問紙調査がきちんとしたものであることは重要であり，誘導的な調査はよい調査とは言えないだろう．しかし，本文で述べるように，仮に理想的な調査が行なわれたとしても，倫理学の論証においては，一般市民の考えを決定的な根拠として使うことはできない．それゆえ，この批判はここでは本質的には重要でない.

(11) 法務省の資料「死刑廃止前後の世論調査結果について（フランス）」（平成23年11月28日）より. http://www.moj.go.jp/content/000081719.pdf

同「死刑廃止国における死刑廃止の経緯等について」も参照せよ. http://www.moj.go.jp/content/000081714.pdf

(12) 倫理と世論の関係については，法と道徳について論じた第10章も参照せよ.

(13) 法務省の資料「死刑に関する主な最高裁裁判例」より．その他に，絞首刑を合憲とした判例，死刑の適用基準についての判決などがある. http://www.moj.go.jp/content/000053166.pdf

なお，上記判決の全文は裁判所ウェブサイト（http://www.courts.go.jp）にて読める．

(14) こう言ったからといって，憲法や最高裁の判決に従わなくてよいというわけではない．かつて自然権論を批判したベンタムが法治国家におけるよき市民のモットーは「自由に批判し，きちんと遵守すること」と述べていたように（Bentham 1977, 399），法を遵守するかどうかと，法を批判するかどうかは，別の問題である．ここで述べているのは，ある法がよい法なのか悪い法なのかを吟味すべきだということであり，その法あるいは法一般を守らなくてよいということではない．

(15) 例えば日弁連も参照している米国のDeath Penalty Information Center（DPIC）のウェブサイトを参照せよ．http://www.deathpenaltyinfo.org/facts-about-deterrence-and-death-penalty

また，一ノ瀬（2011, 50ff）も参照．

(16) 以下の記述は主にMindsガイドラインセンターの「Minds診療ガイドライン作成マニュアルVer. 2.0（2016.03.15）」を参考にしたが（104頁以降），関心のある読者は元の文書に当たってほしい．http://minds4.jcqhc.or.jp/minds/guideline/pdf/manual_all_2.0.pdf

(17) 例えば以下の報告書では，英国で進んでいる「エビデンスに基づく政策（Evidence-Based Policy）」を紹介し，日本においても政策一般の形成においてRCTのような研究に基づくエビデンスを重視する必要があるとしている．三菱UFJリサーチ＆コンサルティング「政策研究レポート　エビデンスで変わる政策形成」2016年2月12日．http://www.murc.jp/thinktank/rc/politics/politics_detail/seiken_160212.pdf

また，有本ら（2016, chap. 8）も参照せよ．

(18) 「「死刑願望」凶行多発　殺人・未遂事件，今年3件」（朝日新聞，2008年5月10日），「予告通り控訴取り下げ　土浦連続殺傷，死刑確定へ」（朝日新聞，2009年12月29日）．萱野（2017, chap. 2）でも詳しく説明されている．

(19) 「小5女児殺害，無期懲役判決　地裁小倉支部」（朝日新聞，2016年10月14日），「福岡小5殺害，更生教育の実効性に疑問　出所後，所在確認も難しく」（西日本新聞，2016年10月5日）．

(20) 「検察「過去の死刑例と同等」　豊前事件求刑　被告「申し訳ない」」（朝日新聞，2016年9月21日）．

(21) 「小5女児殺害，48歳男の無期確定へ　福岡・豊前市」（産経新聞，2017年10月24日）．http://www.sankei.com/west/news/171026/wst1710260104-n1.html

(22) NPO法人全国被害者支援ネットワーク「犯罪被害者の権利宣言」．http://nnvs.org/network/sengen/

(23) とはいえ，事前指示のような形で，死刑か無期懲役かを被害者が生前に希望

を残すか，遺族が被害者の気持ちを代弁するというのは，可能かもしれない．この点については，美達（2010, 177）を参照．また，実際にもある程度，裁判の陳述において遺族の意見が判決と量刑に影響を及ぼしているという研究もある．詳しくはジョンソンら（2013, chap. 9）を参照．

(24)　2002年4月3日の第154回国会法務委員会議事録より．http://www.shugiin.go.jp/internet/itdb_kaigirokua.nsf/html/kaigirokua/000415420020403005.htm

(25)　これに対して通常の三段論法は結論が当為を含意しない，すなわち行為を命令したり推奨したりしないという意味で理論的（theoretical）である．例えば「すべての人間は死すべき存在である．ソクラテスは人間である．ソクラテスは死すべき存在である」は，「ソクラテスは毒杯を仰いで死ね」と命じているのではなく，「ソクラテスも人間だからいつかは死ぬ」という事実を述べているだけである．

(26)　通常は「道徳的に重要な違い（morally relevant difference)」と表現されるが，本書第1章で行なった道徳と倫理の区別に従い，このように表記する．また，二つの事例の間に重要な違いがないにも拘らず異なる扱いをすることは，ダブルスタンダードであるとも言われる（⇒6・3）．

(27)　近年でもスキャンロンの契約説に基づいて死刑は正当化できないとする議論がある（Li 2017）．

(28)　日弁連ウェブサイト「死刑廃止を考える［Q12］ 死刑事件にえん罪はないのでしょうか？―えん罪と死刑」．http://www.nichibenren.or.jp/activity/human/criminal/deathpenalty/q12.html

なお，少なくとも戦後の日本では，このように死刑が執行されたあとに無罪が判明した事件はまだない．ただし，死刑が確定したあとの再審により無罪が確定した事件は4件ある．上記の日弁連のウェブサイトを参照のこと．

(29)　2014年度の日本の部門別二酸化炭素排出量を見ると，運輸部門の二酸化炭素排出割合は約17%で，そのうち船舶・鉄道・自動車から排出される割合は約86%である．平成28年版環境白書の107頁，およびエコドライブ推進協議会の「エコドライブと環境問題」のウェブサイトを参照．http://www.ecodrive.jp/eco_kankyo.html

(30)　法務省資料「20　イギリスにおける死刑廃止—その経過と現状」(http://www.moj.go.jp/content/000096625.pdf）および以下のウェブサイトを参考にした．

"Timothy Evans family's 60-year conviction wait"（BBC News, 2010年3月9日）．http://news.bbc.co.uk/2/hi/uk_news/wales/8556721.stm

(31)　特定の被害者にのみ目を向けることの問題は，ホープ（2007, chap. 3），また児玉（2010, chap. 10）などを参照．

第3章

(1)「がん告知，76%希望　延命治療77%望まず　朝日新聞社世論調査」（朝日新聞，2000年10月23日）．なお，米国でも告知をめぐる同じような世論の変化が1960年代から70年代にかけて起きた．詳しくはSisk et al. (2016）を参照．

(2)「道徳指導要領案／多様な価値観育んでこそ」（西日本新聞社説，2015年2月6日）．

(3) 以下の記述に当たっては，奈良（2017a）も参照した．

(4) より詳しくは『人倫の形而上学の基礎付け』（カント 1972a, chap. 2）を参照．なお，カントは一見すると約束を守るべき理由を，約束を破った場合の帰結の悪さに訴えているようにも見えるが（次の注のミルのように，そう解釈する者も多い），そうではなく自分のルールを普遍化しようとすると矛盾を起こす（意志の矛盾）という風に理解すべきだとフランケナ（1975, 53）は適切に述べている．ただし，約束の事例以外でもこのような方針で義務を説明できるかについては，彼は懐疑的である．7・3の議論も参照せよ．

(5) より厳密には，行為の道徳性は，その行為の結果のよしあしとはまったく関係がないという立場は，強い非帰結主義と呼ぶことができる．カントが，世界が滅びようとも正義がなされるべきだと主張する場合には，このような強い非帰結主義が採用されているように思われるが，実際にこのような立場を一貫して取れるのか，またカントがこの立場を本当に取っているのかについては議論がありうる．J・S・ミルは『功利主義論』において，カントの主張を整合的に理解しようとすれば，カントは行為の結果に言及していると考えざるをえないと早くから指摘していた（ミル 2010, chap. 1）．それに対して，行為の道徳性は，その行為の結果のよしあしのみだけでなく，別の考慮によっても決定されると考える立場を弱い非帰結主義と呼ぶことができる．この立場では，行為の結果も一つの考慮であるが，例えば行為の動機なども重要な考慮であり，行為の結果のみによって行為のよしあしを評価することはできないとされる．フランケナやジョン・ロールズなど，多くの非帰結主義者は弱い意味での非帰結主義を用いていると考えられる．

(6) ただし，カントは道徳的な人は幸福に値すると考え，道徳性と幸福の一致を最高善と考えていた．また，のちに述べる他人を助ける不完全義務というのは，他人の利益を促進することを義務だと述べているとも解釈しうる．その意味では，幸福は道徳とはまったく無関係とは言えないが，いずれにせよ，カントは自分や人々の幸福の追求を道徳の主題であるとは考えていなかった．

(7) この点に関連して，行為の善さ（goodness）と，行為の正しさ（rightness）は別だという言い方がなされることもある．正が善に先行するのが義務論で，善によって正が規定されるのが功利主義を含む帰結主義だと言われるが，これは専門家特有のわかりにくい表現と言える．関心があれば，児玉（2015）を参照．

(8) なお，義務の葛藤に関するカントの立場は，必ずしも常に明確に述べられてい

るわけではない．カントにおける義務の衝突の問題を論じているものとして，谷田（1997）がある．

(9)「その動機が何であろうと，或る行為と法則との単なる合致もしくは不合致は，合法性〔合法則性〕と名づけられる．他方，法則から生ずる義務の観念が同時に行為の動機でもあるような種類の合致・不合致は，行為の道徳性〔人倫性〕と名づけられる」(カント 1972b, 341).

(10) この他，お世辞やエイプリルフール，サンタクロースといった慣習についても規定する必要があるかもしれない．

(11) ヘアは，カントが「格率は単純なものでなければならない」と誤って信じているがゆえに，「例外的な状況においては嘘をつくことが許される」という格率は普遍化できないと考えているのだろうと指摘している．ヘアの考えでは，道徳的原則は単純で一般的なものでなくても，普遍化可能である（Hare 1997).

(12) タラソフの事例については，奈良（2017b）を参照した．

(13) シセラ・ボクも同様の指摘をしている（ボク 1982, 68)．厳密には，ここには結果の予測不可能性という論点と，自らの不作為により悪い事態が生じたときに責任を負うのは誰かという二つの問題がある．後者の論点は善行の義務に関する章（第７章）でさらに論じる．

(14) 帰結（consequence）とは,結果と同じような意味である.ちなみにconsequenceのアクセントは最初のoの上にあるので注意すること．consequentialismは二つ目のeの上にアクセントがある．

(15) 一般に，前者（実際になす行為が快苦によって決まる）が心理的快楽説(psychological hedonism)，後者（なすべき行為が快苦によって決まる）が倫理的快楽説（ethical hedonism）と呼ばれて区別される．ベンタムにおいてもこの両者は区別されているが，正確にどういう関係にあるのかは一つの争点である．

(16) ミルの議論については、ミル（2010, chap. 2）を参照．ミルがいわゆる快楽の質の話をするのもここである．なお，建築やデザインにおいて「功利（主義）的」と言えば，機能を重んじて美しさを軽んじる傾向を指すことが多いと思われるが，これも功利主義が考慮に入れる快苦を狭くとった理解に基づくと言える．

(17) とはいえ，現在の医療技術評価で用いられるQALYやDALYは，医療や健康という限定された文脈ではあるが，快楽計算の発想と親和的である．児玉(2017a, 2019a）を参照せよ．

(18) ベンタムはそのような比較衡量の結果，死刑制度は社会的に割に合わないという理由から，殺人罪に対する死刑の廃止を提案するに至っている．詳しくはBedau (1983)を参照．

(19) 例えばミルは次のように述べて，行為の正しさはその意図によって評価されるとする．「行為の道徳性は完全に意図に左右される．つまり，行為者が何をしようと意志しているかに左右される」(ミル 2010, 348)．なお，行為の動機がそ

の道徳性について果たす役割については第8章を参照せよ.

(20) 以下の二つの事例はそれぞれSmart (1968, 350) とMcCloskey (1968, 468) の事例を少し改変したものである. 二人について詳しくは児玉 (2010, chap. 6) を参照.

(21) 上記の記述は「日本医師会　医師の職業倫理指針H16.2」より. なお, 原則に対する例外を認めるという意味での例外の他に, このような規則に従って意思決定することに対する例外を認めるという意味での例外もありうる. これは, 普段は規則功利主義的に規則に従っているが, 非常に例外的な状況においては功利原理に基づいて, 行為功利主義的に帰結の計算を行なうということである. これは直観的思考と批判的思考の使い分けを論じたヘアの立場である. ヘアの立場については次章の「まとめ」で説明する.

(22) R・M・ヘアは, 教育は基本的に原則 (規則) を教えるという営みであることを強調して次のように述べている.「何かをすることを学ぶことは, けっして個々の行為をするのを学ぶことではない. それはいつでもある種の状況においてある種の行為をするのを学ぶことである. そしてこのことは、原則を学ぶことである. ……原則なしには、私たちは先輩から何事も学ぶことはできないであろう」(ヘア 1982, 83).

(23) プラトン (1979, 108ff). なお, ギュゲスの話はヘロドトスの『歴史』(ヘロドトス 1971, 13ff) の初めにも出てくるが, こちらにはギュゲスの指輪の話は出てこない.

(24) トロリー問題については例えばFoot (1967) やサンデル (2010) を参照. 本書でこの事例を扱わなかったのは, 一つにはこのような誤解に基づく批判があるためである.

第4章

(1) 本章は自殺を勧めるものではない. 念のため, 自殺を考えている人のための電話相談窓口は, 0570-064-556である. 詳しくは厚生労働省の以下のウェブサイトを参照のこと.「自殺対策　電話相談」. https://www.mhlw.go.jp/stf/seisakunitsuite/bunya/hukushi_kaigo/seikatsuhogo/jisatsu/soudan_tel.html

(2) 以上の記述は,「笑顔の向こうは　大津いじめ事件 (上・下)」(朝日新聞, 2012年8月18日, 8月20日),「大津市・いじめ訴訟　市と両親和解」(朝日新聞, 2015年3月18日) などを参照した.

(3) 厚生労働省の2019年版自殺対策白書より. https://www.mhlw.go.jp/wp/hakusyo/jisatsu/19/index.html

ただし, 10代の自殺では, 学校問題, 健康問題, 家庭問題の順で多い.

(4) 日本でも「自殺」という言葉を嫌って「自死」という表現を使うという動きがあるが, 英米圏でもAssisted DyingやAid in Dyingというような形で自殺 (suicide) という表現を避ける傾向がある (Singer 2011, 156–57). なお, PASは

「パス」と発音されることもある.

(5) YouTubeは以下のウェブサイトで閲覧可能. http://thebrittanyfund.org/category/videos/

なお，ここで言われる致死薬は，バルビツール酸系の薬品である．この薬は米国では死刑にも使われており，死刑に反対する欧州から米国への同薬品の輸出が禁止になったため，2015年からはいくつかの薬品を混ぜ合わせたものを使用している．この点も含め，下記の二つのFAQが参考になる.

Death with Dignity. https://www.deathwithdignity.org/faqs/

Oregon Health Authority, Death with Dignity Act. https://public.health.oregon.gov/ProviderPartnerResources/EvaluationResearch/DeathwithDignityAct/Pages/faqs.aspx

(6) メイナード自身の言い分に関しては，以下も参照. "My right to death with dignity at 29"（CNN，2014年11月2日）. http://edition.cnn.com/2014/10/07/opinion/maynard-assisted-suicide-cancer-dignity/

(7) すべりやすい坂論法は，砂山のパラドクス（砂山から一つずつ砂粒を取っていった場合に，どの段階で砂山でなくなるかは明確ではないという問題．すなわち，砂山から一粒の砂をとっても砂山はなくならない．もう一つ砂粒をとってもやはり砂山のままである．すると，それを続けていき，最後の一粒になってもまだ砂山と呼ぶべきだろうか）と結びつけられて，よいものと悪いものの間に明確な線を引くことはできないという論理的な主張として定式化されることもあるが，ここでは経験的な主張と理解する.

(8) オレゴン州改正法（Oregon Revised Statute）の127.815 s.3.01. "Attending physician responsibilities" による. http://public.health.oregon.gov/ProviderPartnerResources/EvaluationResearch/DeathwithDignityAct/Pages/ors.aspx

(9) 田中・児玉（2017, 137），および以下より．なお，オレゴン州の人口は約383万人で，人口規模は静岡県と同じぐらいである.

"Death with Dignity Act Annual Reports". https://www.oregon.gov/oha/PH/PROVIDERPARTNERRESOURCES/EVALUATIONRESEARCH/DEATHWITHDIGNITYACT/Pages/ar-index.aspx

"Death with Dignity in Oregon: No Evidence of Abuse or Misuse".（Medscape Medical News, 2016年9月20日）. http://www.medscape.com/viewarticle/869023#vp_1

(10) 各国の状況について，詳しくは田中・児玉（2017, chap. 6）．米国については下記のCNNのウェブサイトも参照した. "Physician-Assisted Suicide Fast Facts"（CNN, 2019年8月1日）. https://edition.cnn.com/2014/11/26/us/physician-assisted-suicide-fast-facts/index.html

(11) アウグスティヌスは，法あるいは神に則った場合を除き，女性が暴行を避け

るためや暴行を受けたのちに自殺することも許されないと説いている．

(12) なお，自殺法は自殺幇助を犯罪としている．イギリスにおける自殺法の概説については，“When suicide was illegal”（BBC News, 2011年8月3日）を参照．https://www.bbc.co.uk/news/magazine-14374296

(13) なお，遷延性の意識障害の患者は，かつては「植物人間」あるいは「植物状態」と呼ばれたが，今日では差別的表現とみなされ避けられる傾向にある．

(14) この点については第3章の「ギュゲスの指輪と思考実験」のコラムも参照せよ．

(15)「3冠馬ディープインパクト，死ぬ」（朝日新聞夕刊，2019年7月30日）．

(16) 緩和ケアについて詳しくは，田中・児玉（2017, chap. 5）を参照せよ．

(17) 既に引用したCNNの記事より．“My right to death with dignity at 29”. http://edition.cnn.com/2014/10/07/opinion/maynard-assisted-suicide-cancer-dignity/

(18) このような意図と予見の区別については次節で論じる．なお，致死薬の処方については医師や薬剤師などの医療従事者が関わる必要があるが，投与については，例えば家族や友人など，医師や医療従事者以外の者が手伝うことも可能であろう．しかし，専門家でないために失敗する可能性も高いと考えられ，医師などの専門家がその仕事を引き受けることには一定の合理性がある．ただし，このような場合に医療者の良心に基づく拒否を認めるかどうかという，いわゆる良心的拒否（conscientious objection）の問題があるが，これについてはWicclair (2011)を参照せよ．

(19)「措置入院，退院後ケアは　相模原殺傷，政府が再発防止策検討」（朝日新聞，2016年7月29日）より．

(20) カトリックにおける二重結果論のより詳しい説明については山本（2003）およびFoot（1967）を参照．

(21) このような考え方が日本の法学者にも見られることについて，田中・児玉（2016）を参照せよ．

(22) これは消極的責任（negative responsibility）の問題として，バーナード・ウィリアムズが功利主義に対して向けた批判の一つとして知られている（Smart and Williams 1973, 93ff）．

第5章

(1)「たばこに関するJTの基本認識」．http://www.jti.co.jp/corporate/enterprise/tobacco/recognition/index.html

(2) もっとも，喫煙が「ペイ」するかという経済的視点について言えば，喫煙の問題は，国民の健康，生命という「人間の尊厳」に関わることであるゆえに，「そもそもたばこ事業を財政収入の問題としてとらえる発想それ自体が，基本的に誤っている」という主張（伊佐山 1999, 180）は，倫理学的な論点と言えるだろ

う．つまり，経済効率性と人命の優先順位についてどう考えるかというのは，倫理学の問題である．例えばハーバード大学の公衆衛生学大学院教授であるイチロー・カワチは，「日本が国として，人の命と売り上げのどちらを優先させるべきかは明らか」だと述べている（「受動喫煙対策　全面禁煙で公害化を止めよ」朝日新聞，2017年6月2日）．筆者もこの主張に同意するが，毎年多くの死傷者が発生するにも拘らず社会的に容認されている自動車交通などを考えてみると，人の命が常に優先されているかどうかは自明ではなく，議論が必要である．

(3) WHOたばこの規制に関する世界保健機関枠組条約前文を参照せよ．外務省ウェブサイト．http://www.mofa.go.jp/mofaj/gaiko/treaty/pdfs/treaty159_17a.pdf

以下も参考になる．WHO, "Dismantling tobacco industry myths". http://www.who.int/tobacco/communications/events/wntd/2007/dismantling/en/index.html

厚生労働省「喫煙と健康問題について簡単に理解したい方のために（Q&A）」．https://www.mhlw.go.jp/topics/tobacco/qa/

厚生労働省の「喫煙の健康影響に関する検討会報告書」（2016年）は包括的にこの問題を論じている．https://www.mhlw.go.jp/stf/shingi2/0000135586.html

(4)「喫煙と健康に関するJTの考え方」．https://www.jti.co.jp/tobacco/responsibilities/guidelines/responsibility/index.html

(5) なお，私的・公的という区別について付言しておくと，私的空間での喫煙ということでここで念頭においているのは，自宅の自室など他の人に影響を与えないような環境で一人で喫煙することである．ただし，純粋な意味での私的空間は実際のところはなかなか存在せず，集合住宅のベランダでの喫煙が周囲との軋轢を生みだすような事例も問題になっている（「「ホタル族耐えられない」住まいの受動喫煙　進まぬ対策」朝日新聞，2010年9月17日）．また，英国では，子どもを受動喫煙から守るために，場合によっては自宅での喫煙にも介入すべきだという議論もある（Nuffield Council on Bioethics 2007, 109）．

(6)「イヤホンし運転の自転車衝突　横断中の77歳死亡」（朝日新聞，2015年6月12日）．なお，大学生は重過失致死容疑で書類送検となった．「死亡自転車事故　少年を書類送検」（朝日新聞，2015年8月7日）．

(7)「交通事故死　これで三千人が救える…　高まるベルト着用義務化の動き」（朝日新聞，1973年4月3日）．なお，現在の交通死者数は年間約4000人である．

(8) 警察庁ウェブサイト「全ての座席でシートベルトを着用しましょう」．https://www.npa.go.jp/bureau/traffic/anzen/seatbelt.html

(9)「生食の牛レバー，来月から禁止　厚労省」（朝日新聞，2012年6月13日）．

(10)「年末年始，食卓から息災に　餅がのどに詰まる事故　急性アルコール中毒」（朝日新聞，2016年12月30日）．

(11) 日本における禁煙・分煙をめぐる歴史については，例えば以下を参照せよ．

タバコ問題情報センター「日本の禁煙問題30年史」. http://www.tbcopic.org/tbc_info/jpn_problem.htm

なお，JTの前身の日本専売公社が1965年に開始し2018年まで続けていた「全国たばこ喫煙者率調査」によれば，「1965年は男性喫煙率82・3%，女性15・7%だったが，2018年は男性27・8%，女性8・7%に減った」とされる（「ＪＴ喫煙率調査，半世紀の歴史に幕　厚労省は「残念」」（朝日新聞，2018年12月13日）.

(12)「公共の場の禁煙，進まぬ関西　中村通子記者が加藤尚武さんに聞く」（朝日新聞大阪版，2009年3月23日）.

(13) 厚生労働省「受動喫煙防止対策について」（2003年4月30日厚生労働省健康局長通知）. https://www.mhlw.go.jp/seisakunitsuite/bunya/kenkou_iryou/kenkou/tobacco/dl/tuuchi-030430.pdf

(14) 以下のウェブサイトを参照. 厚生労働省「受動喫煙対策」. https://www.mhlw.go.jp/stf/seisakunitsuite/bunya/0000189195.html

(15)「条例で路上喫煙を規制する自治体が増え，全国で100を超えている」（「路上たばこ「ダメ」浸透　区域以外で半減も」朝日新聞夕刊，2009年5月30日）. なお，千代田区における路上喫煙禁止の経緯については，千代田区生活環境課（2003）も参照せよ.

(16)「広めたい，たばこ規制」（朝日新聞，2009年10月23日）. ただし対象施設により分煙か完全禁煙を選択可能である. なお，この記事の中で，当時神奈川県知事だった松沢成文も，「たばこを吸わない人にとって，隣の人に勝手にたばこを吸われるのは，迷惑を超えて危害です」と述べている.

(17) 都の条例について詳しくは以下のウェブサイトを参照. 東京都福祉保健局「東京都受動喫煙防止条例」. http://www.fukushihoken.metro.tokyo.jp/kensui/tokyo/kangaekata_public.html#shisetsu

(18) 北海道の千歳市のハイヤー・タクシー業者の団体が2011年7月1日から全車で全面禁煙を実施したことにより，47都道府県の全域でタクシー全面禁煙が実施されることになった.「全国最後の喫煙タクシー，7月から禁煙に」（朝日新聞，2011年5月26日）.

(19)「喫煙の芽，摘み取れ　キャンパス禁煙107校に」（朝日新聞，2010年5月17日）.

(20) この点について，WHOは，屋内の分煙では完全には健康被害を防止できないため，全面禁煙にすべきだと主張している（World Health Organization 2007, 7）.

(21)「新橋に全席喫煙のカフェ―「肩身が狭い」愛煙家の人気集める」（新橋経済新聞，2009年5月27日）. http://shinbashi.keizai.biz/headline/604/

(22) ウォルフェンデン報告について詳しくは，児玉（2010, chap. 8）を参照せよ.

(23) 「ウィーン　カフェ苦境　禁煙の波　改装費が経営圧迫」(朝日新聞，2010年2月10日).

(24) 「公共の場の禁煙，進まぬ関西　中村通子記者が加藤尚武さんに聞く」(朝日新聞大阪版，2009年3月23日). 以下も参照.「たばこは文化か健康問題か　山崎正和，内山充，加藤尚武3氏の意見」(朝日新聞夕刊，1998年6月18日).

(25) 「喫煙する中学生，保護者7割「容認」　市教委，市立146校で調査／神奈川県」(朝日新聞横浜版，2010年12月9日),「喫煙：中学講師，生徒にたばこせがまれて暴れ防止に——三重・尾鷲」(毎日新聞夕刊，2011年7月21日),「子ども喫煙，黙認は罪　親や売った店，書類送検1259人」(朝日新聞，2014年4月16日).

(26) グッディンの著書は奥田 (2001) が詳しく紹介している.

(27) 以下のまとめは，Boonin and Oddie (2005, 639)を参考にした.

(28) WHOによるたばこ規制の国際比較によると，健康被害に関する情報提供については，日本は4段階評価で下から2番目の水準にある (World Health Organization 2019, 154). また，とくに未成年に対する規制がいまだ不十分だという指摘もある (谷畑 2011).

(29) なお，認知症との関係について付言しておくと，喫煙習慣がアルツハイマー病の発症率を高めるのか低めるのかについては，双方の立場を支持する論文が国際誌で報告されているため，WHOや厚生労働省のウェブサイトなどでは言及されていない.

(30) 「増税機に禁煙挑むも「6割」が失敗，ニコレット禁煙支援センター調査」(J-CASTニュース，2010年12月8日). https://www.j-cast.com/trend/2010/12/08082844.html

(31) 実際にそのような試みも行なわれている. 2010年の研究によれば，食品と薬物の使用による他人に対する危害と自分に対する危害を合わせて比較すると，アルコールが一番害が大きいとされる (Nutt, King, and Phillips 2010).

(32) 「アルコール規制，酒業界ピリピリ　ＷＨＯ，指針案採択」(朝日新聞夕刊，2010年1月23日).

(33) e-ヘルスネット「禁煙治療ってどんなもの？」. https://www.e-healthnet.mhlw.go.jp/information/tobacco/t-06-007.html

第6章

(1)「動物虐待動画　後絶たず」(朝日新聞，2018年6月7日).

(2) 詳しくは同法を参照. なお，ここで言われる愛護動物とは,「1牛，馬，豚，めん羊，山羊，犬，猫，いえうさぎ，鶏，いえばと及びあひる　2その他，人が占有している動物で哺乳類，鳥類又は爬虫類に属するもの」とされる.

(3) 動物実験の制限を認めるならば肉食の制限も認めないと一貫性がないという議論については，Langton and Holton (2018)を参考にした.

(4) ベジタリアンやヴィーガンが食事や栄養において何を気をつけるべきかは，英国保健省の傘下にあるNHSの次のウェブサイトが参考になるだろう．妊婦や子どもの食事についての助言もある．“Eat Well: Healthy eating for vegetarians and vegans”．https://www.nhs.uk/live-well/eat-well/healthy-eating-vegetarians-vegans/

日本語では日本ベジタリアン協会のQ&Aで簡単な説明がある．http://www.jpvs.org/QandA/index.html

(5) 日本のチンパンジー研究については京都大学霊長類研究所のウェブサイトを参照せよ．「チンパンジー・アイ：心の進化をさぐる」．http://langint.pri.kyoto-u.ac.jp/ai/index-j.html

(6) この有名な「種差別」という言葉は，シンガー自身の造語ではなく，彼が1960年代終わりに出会ったリチャード・ライダーという動物の権利論者の造語である．シンガーが1973年に書いた書評論文「動物の解放」（シンガー 1993, 195）およびRyder (1971, 81)参照．

(7) 国連食糧農業機関（FAO）によると，人為的に排出されている温室効果ガスの14.5%が畜産業に由来している．毎年家畜（主に牛）からゲップとして放出されるメタンガスの量は，石油約1億4400万トンに匹敵するという．温室効果ガスは飼料の製造・加工過程で最も多く排出され，その排出量は全体の約45%を占める．一方，動物が放出するガスは全体の約39%に上る．「地球温暖化ガスの14.5%，家畜に由来 FAO報告書」（AFPBB News, 2013年10月1日）．https://www.afpbb.com/articles/-/3000579

また，国連の気候変動に関する政府間パネル（IPCC）が2019年8月に出した特別報告書においても，「食品ロスを減らすこと」と「肉食を減らすこと」が気候変動対策になるという指摘を行なっている．

「肉食を減らそう……地球温暖化を抑えるために私たちができること」（ニューズウィーク日本版，2019年8月14日）https://www.newsweekjapan.jp/stories/world/2019/08/post-12762.php

(8) 政府広報オンライン「もったいない！ 食べられるのに捨てられる「食品ロス」を減らそう」（2019年7月8日）．https://www.gov-online.go.jp/useful/article/201303/4.html

第7章

(1)「中国で2歳女児ひき逃げ，通行人ら相次ぎ無視に怒り殺到」（ロイター，2011年11月13日），「見て見ぬふり防止へ 善人法」（朝日新聞，2017年3月15日）．

(2) 加藤尚武自身も，この点には気付いており，それゆえ以下の本文で説明する「超義務」の話を導入するようになったと思われる．この点に関心のある読者は『現代倫理学入門』（加藤 1997）とその前身である『倫理学の基礎』（加藤

1993）を比較するとよい．なお，加藤尚武はこれまで慈善の問題（やれば賞賛されるが，やらなくても非難あるいは罰されない事柄）として考えられてきたものが，正義の問題（やらないと非難あるいは罰される事柄）として論じられるようになった現代倫理学の潮流を，「不完全義務の完全義務化」という表現で言い表している（シューメーカー（2001）の解説 189 頁参照）．

(3)「中国人に感謝状，安倍首相が手渡しへ　大阪・増水の川で男児救助」（朝日新聞夕刊，2013 年 10 月 31 日）．とはいえ，功利主義的にはこの行為を公的には賞賛せずに，非難すべきとさえ言えるかもしれない．賞賛される様子を見て他の人が真似をしたら，死ぬ可能性が高いからだ．

(4)「猫が猛犬に体当たり，飼い主の子ども救う　米」（CNN，2014 年 5 月 15 日）．https://www.cnn.co.jp/usa/35047911.html

(5) 以下の議論は主にシンガー（2014; 2018）を参照した．

第8章

(1)「「私は最後」救出優先」（京都新聞，2014 年 4 月 22 日），「船長，無期懲役が確定　セウォル号事故，殺人罪適用」（朝日新聞，2014 年 11 月 13 日）．

(2) ここで論じている問題は，心理的利己主義としても知られている議論である．また，ピーター・シンガーは利他的な動機の存在を認めない社会の風潮を「自己利益追求の規範」と呼び，このような風潮が善行の妨げになるとして批判している（シンガー 2014, 95ff）．

(3) ベンタムは，このように他人の利益を促進することで自分の利益も促進されるという考えを，啓蒙された自己利益（enlightened self-interest）と呼んでいたが，この語はトクヴィルが『アメリカのデモクラシー』（トクヴィル 2008, pt. 2, ch. 8）で使ったことで知られており，今日でもビジネス界で広く使われている．

(4) “Reversal of Fortune”, *The Guardian Weekly*, February 12-18, 2004.

(5)「キーパーソンに聞く　やくみつるさん　プラン・スポンサーシップはとにかく楽しい！」（プラン・ニュース，2017 Summer, No. 105, 3 頁）．

(6) なお，こうした寄付行為が本人の幸福に与えるよい影響については，脳科学的にも研究が進んでいる．詳しくは阿部（2017, 161ff）を参照．

(7)「二階の欲求（second-order desire）」という言葉を最初に使ったのは米国の哲学者のハリー・G・フランクファートである（Frankfurt 1971）．ただし，この人間の心の階層性については，ジョゼフ・バトラー（バトラー司教）によるホッブズの心理的利己主義批判にも見られるものである．バトラーについて詳しくは児玉（2010, chap. 1）を参照．

第9章

(1) 東日本大震災から 5 年後に警察庁のまとめた被害状況（2016 年 2 月末まで）によると，死者は 1 万 5894 人，行方不明者は 2562 人であった．また，総務省

の調査によると，2016 年 3 月 1 日までに避難生活などで体調を崩すなどして亡くなった震災関連死も含めた死者は 1 万 9418 人であった（「不明なお 2562 人　東日本大震災」朝日新聞，2016 年 3 月 9 日）．

(2) 京都大学防災研究所の矢守克也の「「津波てんでんこ」の四つの意味」（矢守 2012）では，津波てんでんこが持つ効用として，自助原則の強調，他者避難の促進，相互信頼の事前醸成，生存者の自責感の低減の四つが挙げられている．二つ目は共助と言い換えられており，他人が逃げるのを見ると自分も逃げる気になるという群集心理が指摘されている．たしかにこれも津波てんでんこの効用と言いうるであろう．矢守の論文と異なり，筆者の以下の議論では津波てんでんこの個人の意思決定のための格率としての側面に焦点を絞り，人々がこの格率を採用するさいに主観的に感じる疑念あるいは困難に照明を当てて論じている．

(3)「子供救った三陸の知恵」（読売新聞，2011 年 3 月 29 日）．

(4)「特集ワイド：岩手・陸前高田ルポ　教えは「津波てんでんこ」」（毎日新聞夕刊，2011 年 4 月 19 日）．共倒れの問題については，山下（2008），五十嵐（1991）も参照．

(5) '40% of tsunami survivors didn't evacuate quickly' (*Daily Yomiuri*, 2011 年 8 月 18 日)．内閣府・消防庁・気象庁の共同調査による報告書は「平成 23 年東日本大震災における避難行動等に関する面接調査（住民）分析結果」．http://www.bousai.go.jp/kaigirep/chousakai/tohokukyokun/7/pdf/1.pdf

「検証・大震災：瞬時の判断，救った命　生徒全員避難で無事，釜石東中学校」（毎日新聞，2011 年 8 月 12 日）．「東日本大震災：「津波てんでんこ」選ばず集団避難　陸前高田の区長ら犠牲多数」（毎日新聞地方版／岩手，2011 年 4 月 25 日）．

(6)「子供救った三陸の知恵」（読売新聞，2011 年 3 月 29 日），「支局長からの手紙：命守ったてんでんこ」（毎日新聞地方版／兵庫，2011 年 6 月 6 日）．「防災担当教員全校にてんでんこ避難教える」（読売新聞，2011 年 11 月 15 日）．

(7)「窓　論説委員室から：てんでんこの意味」（朝日新聞夕刊，2012 年 2 月 14 日）．

(8)「証言 3・11：東日本大震災　答え出ない「てんでんこ」——岩手・釜石市嬉石地区」（毎日新聞，2011 年 7 月 3 日）．「記者の目：「津波てんでんこ」の教訓」（毎日新聞，2011 年 9 月 23 日）．

(9)「反射鏡：「てんでんこ」のジレンマとどう向き合うか」（毎日新聞，2011 年 9 月 25 日）．

(10) これに対して，「すべての関係者の幸福を最大化せよ」というのを行為指針にすれば，それは直接的功利主義となるだろう．アンドリュー・ショートリッジは，極限的状況において自分の命を優先する津波てんでんこは直接的功利主義によっても正当化されうると論じている（Shortridge 2015）．しかし，「すべての関係者の幸福を最大化せよ」という格率を子どもを含む人々に教えて，津波てん

でんこと同じ結果を得ることはおそらく無理であろう．その場での判断に任せた場合，一部の人は正答（ここでは津波てんでんこ）に辿りつくであろうが，多くの人は，誤った判断をしてしまうだろう．間接的功利主義であれば，津波が来たときは功利主義的な最大化について考えるのではなく，津波てんでんこの教えに従うことだけを考えればよいので，このような判断の迷いは生じない．

(11) カントは『人倫の形而上学』においても自殺の問題を扱っているが，そこでは決疑論的問題（個別の状況において生じる解決困難な事例）の一つとして，「祖国を救わんと……進んで必死の中に身を投じることは，自己殺害であるのか」という例を挙げているが，その答えは与えていない（カント 1972b, 580）．

(12) 「「べし」は「できる」を含意する」は，カントに由来すると言われる考えである．例えば，「この「べし」は，或る可能的行為を表示するものであり，（中略）この「べし」がかかる可能的行為に向けられている場合にも，この行為は同時に自然的条件に従って可能でなければならない」（カント 1961, 219）．この考えについての分析は，Stern (2004) も参照せよ．

(13) 「証言 3・11：東日本大震災答え出ない「てんでんこ」――岩手・釜石市嬉石地区」（毎日新聞，2011 年 7 月 3 日）．

(14) 「大災害の時代：第 29 回　消防団の苦闘　安全確保し救援活動を」（毎日新聞，2014 年 10 月 16 日）．

(15) 「記者の目：「津波てんでんこ」の教訓」（毎日新聞，2011 年 9 月 23 日）．

第 10 章

(1) ホリエモンの愛称で知られる堀江貴文（当時ライブドア社長）の発言（産経新聞，2005 年 3 月 1 日）．なお，彼はその後証券取引法違反（有価証券報告書の虚偽記載，偽計・風説の流布）の罪で実刑判決を受けた．

(2)「上西衆院議員を維新の党が除名」（朝日新聞，2015 年 4 月 5 日）．

(3) 瀬地山角「相次ぐ不倫騒動と「社会的制裁」から考える日本人の性意識」（2016 年 4 月 11 日）．https://www.nippon.com/ja/currents/d00214/

(4) ウォルフェンデン報告およびいわゆるハート対デブリン論争について、詳しくは児玉（2010, chap. 8）を参照．

(5) ロックの見解については『寛容についての書簡』（ロック 1968）．トマジウスはロックとは寛容の根拠については意見が異なる．プロテスタントの社会における国家権力と宗教権力の関係を問題にしていたトマジウスは，善悪無記（adiaphora）で宗教的な救済とは関係のないことについて，教会が法権力をもって強制することに反対しており，しかも，正統派と異端で問題になるような三位一体説のようなものもトマジウスに言わせれば善悪無記であったため，正統派と異端のいずれも市民的秩序を乱すのでない限りは共に許されるべきだと論じた．ただし，トマジウスはプーフェンドルフのように君主の絶対的権力を認めていたため，法が禁止してはならない領域を明確に定めていたわけではない

(Thomasius 2007)．トマジウスおよびカント的な法と道徳の区別について，詳しくは田中（2011, chap. 5）を参照．

(6) なお，加藤は功利主義を支持しているわけでは必ずしもなく，功利主義の着目点，すなわち統治や立法に注目した規範理論である点を評価していると言える．加藤（1997, 65）を参照．

(7) ベンタムはここで「立法（legislation）」という言葉を使っているが，先の「行政（administration）」も合わせた，広い意味での法を指しているものと思われる．

(8) Feinberg (1984, chap. 4)を参照．なお，ここで言う「悪しきサマリア人法」は人を救助しなければ刑罰を課す性質のものであり，善意から人を救助した場合には過失があっても責任を問わないとする「善きサマリア人法」とは区別されるものである点に留意せよ．

＊ウェブへのアクセスは2019年11月最終確認。

引用文献一覧

Asai, Atsushi. 2015. "Tsunami-Tendenko and Morality in Disasters." *Journal of Medical Ethics* 41(5): 365.

Bedau, Hugo Adam. 1983. "Bentham's Utilitarian Critique of the Death Penalty." *Journal of Criminal Law and Criminology* 74(3): 1033–65.

——. 2004. "An Abolitionist's Survey of the Death Penalty in America Today." In *Debating the Death Penalty: Should America Have Capital Punishment? The Experts from Both Sides Make Their Case*, edited by Hugo Bedau and Paul Cassell, 15–50. Oxford University Press.

Bentham, Jeremy. 1843. "Principles of Penal Law." In *The Works of Jeremy Bentham*, edited by John Bowring, 365–580. Edinburgh: William Tait.

——. 1970. *An Introduction to the Principles of Morals and Legislation*. Edited by J. H. Burns and H. L. A. Hart. Oxford: Clarendon Press.

——. 1977. *A Comment on the Commentaries and A Fragment on Government*. Edited by J. H. Burns and H. L. A. Hart. Oxford: Clarendon Press.

Boonin, David, and Graham Oddie. 2005. *What's Wrong? : Applied Ethicists and Their Critics*. Oxford: Oxford University Press.

Brennan, Geoffrey, Lina Eriksson, Robert E. Goodin, and Nicholas Southwood. 2013. *Explaining Norms*. Oxford: Oxford University Press.

Carson, Thomas L. 2010. *Lying and Deception: Theory and Practice*. Oxford: Oxford University Press.

Conly, Sarah. 2013. *Against Autonomy: Justifying Coercive Paternalism*. Cambridge: Cambridge University Press.

Cowen, Tyler. 2003. "Policing Nature." *Environmental Ethics* 25(2): 169–82.

Dawkins, Marian. 2015. "Animal Welfare and the Paradox of Animal Consciousness." *Advances in the Study of Behavior* 47: 5–38.

Ellis, Anthony. 2012. *The Philosophy of Punishment*. Exeter: Imprint Academic.

Feinberg, Joel. 1984. *Moral Limits of the Criminal Law. Volume 1, Harm to Others*. Oxford: Oxford University Press.

Foot, Phillippa. 1967. "The Problem of Abortion and the Doctrine of the

Double Effect." *Oxford Review* 5: 5-15.

Frankfurt, Harry G. 1971. "Freedom of the Will and the Concept of a Person." *The Journal of Philosophy* 68(1): 5.

Goodin, Robert E. 1989. *No Smoking: The Ethical Issues*. Chicago; London: The University of Chicago Press.

——. 1995. *Utilitarianism as a Public Philosophy*. Cambridge: Cambridge University Press.

Hampton, Jean. 1995. "The Moral Education Theory of Punishment." In *Punishment: A Philosophy & Public Affairs Reader*, edited by A. John Simmons and Jeffrie G. Murphy. Princeton: Princeton University Press.

Hare, R. M. 1989. "The Structure of Ethics and Morals." In *Essays in Ethical Theory*. Oxford: Clarendon Press.

——. 1997. "Could Kant Have Been a Utilitarian?" In *Sorting Out Ethics*. Oxford: Clarendon Press.

Hart, H. L. A. 1963. *Law, Liberty and Morality*. Stanford: Stanford University Press.

Honderich, Ted. 2006. *Punishment: The Supposed Justifications Revisited*. London: Pluto Press.

Hume, David. 1998. *An Enquiry Concerning the Principles of Morals*. Edited by Tom L. Beauchamp. Oxford: Oxford University Press.

Jamieson, Dale. 2013. "Constructing Practical Ethics." In *The Oxford Handbook of the History of Ethics*, edited by Roger Crisp. Oxford: Oxford University Press.

Jonsen, Albert R. 1986. "Bentham in a Box: Technology Assessment and Health Care Allocation." *Law, Medicine & Health Care* 14: 172–4.

Kodama, Satoshi. 2015. "Tsunami-Tendenko and Morality in Disasters." *Journal of Medical Ethics* 41(5): 361–3.

——. 2019. "Bentham's Distinction between Law and Morality and Its Contemporary Significance." *Revue d'études benthamiennes* [En ligne], 16|2019. http://journals.openedition.org/etudes-benthamiennes/6378

Langton, Ray, and Richard Holton. 2018. "Animals and Alternatives." *The Philosophers Magazine* 81: 14–5.

Lerner, Barron H., and Arthur L. Caplan. 2015. "Euthanasia in Belgium and the Netherlands: On a Slippery Slope?" *JAMA Internal Medicine* 175(10): 1640.

Li, Hon Lam. 2017. "Contractualism and the Death Penalty." *Criminal Justice Ethics* 36(2): 152–82.

McCloskey, H. J. 1968. "An Examination of Restricted Utilitarianism." In

Contemporary Utilitarianism, edited by Michael D. Bayles. Gloucester: Peter Smith.

Mill, John Stuart. 1974. *The Collected Works of John Stuart Mill, Volume VIII - A System of Logic Ratiocinative and Inductive, Being a Connected View of the Principles of Evidence and the Methods of Scientific Investigation.* Edited by John M. Robson. Toronto: University of Toronto Press.

——. 2006. *The Collected Works of John Stuart Mill, Volume XXVIII - Public and Parliamentary Speeches Part I November 1850 - November 1868.* Toronto: The University of Toronto Press.

Nuffield Council on Bioethics. 2007. *Public Health: Ethical Issues*. https://nuffieldbioethics.org/wp-content/uploads/2014/07/Public-health-ethical-issues.pdf

Nutt, David J., Leslie A. King, and Lawrence D. Phillips. 2010. "Drug Harms in the UK: A Multicriteria Decision Analysis." *The Lancet* 376(9752): 1558–65.

Oakley, Justin. 2015. "Can Self-Preservation Be Virtuous in Disaster Situations?" *Journal of Medical Ethics* 41(5): 364.

Paley, William. 2002. *The Principles of Moral and Political Philosophy*. Indianapolis: Liberty Fund.

Paton, H. J. 1947. *The Categorical Imperative: A Study in Kant's Moral Philosophy*. London: Hutchinson's University Library. 邦訳はペイトン（1986）.

Plunkett, David, and Scott Shapiro. 2017. "Law, Morality, and Everything Else: General Jurisprudence as a Branch of Metanormative Inquiry." *Ethics* 128(1): 37–68.

Plunkett, David, Scott J. Shapiro, and Kevin Toh eds. 2019. *Dimensions of Normativity: New Essays on Metaethics and Jurisprudence*. Oxford: Oxford University Press.

Pojman, Louis P. 2004. "Why the Death Penalty Is Morally Permissible." In *Debating the Death Penalty: Should America Have Capital Punishment? The Experts from Both Sides Make Their Case*, 51–75. Oxford: Oxford University Press.

Rachels, James. 1975. "Active and Passive Euthanasia." *New England Journal of Medicine* 292: 78–80.

Radelet, Michael, and Traci Lacock. 2009. "Do Executions Lower Homicide Rates?: The Views of Leading Criminologists." *The Journal of Criminal Law and Criminology* 99(2): 489–508.

Regan, Tom. 2003. *Animal Rights, Human Wrongs: An Introduction to Moral*

Philosophy. Lanham: Rowman & Littlefield Publishers.

Ross, W. D. 1954. *Kant's Ethical Theory: A Commentary on the Grundlegung Zur Metaphysik Der Sitten*. Oxford: Clarendon Press.

——. 2002. *The Right and the Good*. Edited by Philip Stratton-Lake. Oxford: Oxford University Press.

Ryder, Richard. 1971. "Experiments on Animals." In *Animals, Men, and Morals: An Enquiry into the Maltreatment of Non-Humans*, edited by Stanly Godlovitch, John Harris, and Roslind Godlovitch. London: Gollancz.

Scarborough, Peter, Paul N. Appleby, Anja Mizdrak, Adam D. M. Briggs, Ruth C. Travis, Kathryn E. Bradbury, and Timothy J. Key. 2014. "Dietary Greenhouse Gas Emissions of Meat-Eaters, Fish-Eaters, Vegetarians and Vegans in the UK." *Climatic Change* 125(2): 179–92.

Shapiro, Daniel. 1994. "Smoking Tobacco: Irrationality, Addiction, and Paternalism." *Public Affairs Quarterly* 8(2): 187.

Shortridge, Andrew. 2015. "Moral Reasoning in Disaster Scenarios." *Journal of Medical Ethics* 41(9).

Sidgwick, Henry. 1886. *Outlines of the History of Ethics for English Readers*. Indianapolis, Cambridge: Hackett Publishing Company.

Singer, Peter. 2011. *Practical Ethics*. Cambridge: Cambridge University Press. 邦訳はシンガー（1999）.

Sisk, Bryan, Richard Frankel, Eric Kodish, and J. Harry Isaacson. 2016. "The Truth about Truth-Telling in American Medicine: A Brief History." *The Permanente Journal* 20(3): 74–7.

Slezak, Michael. 2014. "Going Vegetarian Halves CO2 Emissions from Your Food." *New Scientist*, June 26, 2014. https://www.newscientist.com/article/dn25795-going-vegetarian-halves-co2-emissions-from-your-food/

Smart, J. J. C. 1968. "Extreme and Restricted Utilitarianism." In *Contemporary Utilitarianism*, edited by Michael D. Bayles, 99–115. Gloucester: Peter Smith.

Smart, J. J. C., and Bernard Williams. 1973. *Utilitarianism: For and Against*. Cambridge: Cambridge University Press.

Stern, Robert. 2004. "Does Ought Imply Can? And Did Kant Think It Does?" *Utilitas* 16(1): 42–61.

Thomasius, Christian. 2007. *Essays on Church, State, and Politics*. Edited by Ian Hunter, Thomas Ahnert, and Frank Grunert. Indianapolis: Liberty Fund.

Wicclair, Mark R. 2011. *Conscientious Objection in Health Care: An Ethical*

Analysis. Cambridge: Cambridge University Press.
World Health Organization. 2007. "Protection From Exposure to Second-Hand Tobacco Smoke: Policy Recommendations." https://escholarship.org/uc/item/0nb6z24q
——. 2019. "WHO Report on the Global Tobacco Epidemic, 2019." https://www.who.int/tobacco/global_report/en/

アームソン，J. O. 2004.『アリストテレス倫理学入門』（雨宮健訳）．岩波現代文庫．

アウグスティヌス．2014.『神の国　上（キリスト教古典叢書）』（金子晴勇他訳）．教文館．

赤林朗・児玉聡編．2018.『入門・倫理学』．勁草書房．

アニマルライツセンター．2018.『日本の動物達に起きていること――畜産：アニマルライツのウェルフェア』．https://arcj.org/issues/animal-welfare/textbook1/

阿部修士．2017.『意思決定の心理学――脳とこころの傾向と対策』．講談社選書メチエ．

有福孝岳・牧野英二編．2012.『カントを学ぶ人のために』．世界思想社．

有馬斉．2019.『死ぬ権利はあるか――安楽死、尊厳死、自殺幇助の是非と命の価値』．春風社．

有本建男・佐藤靖・松尾敬子．2016.『科学的助言―― 21世紀の科学技術と政策形成』．東京大学出版会．

安藤馨．2007.『統治と功利――功利主義リベラリズムの擁護』．勁草書房．

五十嵐之雄．1991.「津波災害をめぐるコミュニケーション状況」，『社会学研究』58: 99-123.

伊佐山芳郎．1999.『現代たばこ戦争』．岩波新書．

伊勢田哲治・戸田山和久・調麻佐志・村上祐子編．2013.『科学技術をよく考える――クリティカルシンキング練習帳』．名古屋大学出版会．

伊勢田哲治・なつたか．2015.『マンガで学ぶ動物倫理 ――わたしたちは動物とどうつきあえばよいのか』．化学同人．

依田高典・後藤励・西村周三．2009.『行動健康経済学――人はなぜ判断を誤るのか』．日本評論社．

井田良・太田達也編．2014.『いま死刑制度を考える』．慶應義塾大学出版会．

一ノ瀬正樹．2011.『死の所有――死刑・殺人・動物利用に向きあう哲学』．東京大学出版会．

ウィリアムズ，バナード．1993.『生き方について哲学は何が言えるか』（森際康友・下川潔訳）．産業図書．

梅原猛．2007.『梅原猛の授業　道徳』．朝日新聞社．

ウルフ，ジョナサン．2000.『政治哲学入門』(坂本知宏訳)．晃洋書房．

――．2016.『「正しい政策」がないならどうすべきか――政策のための哲学』(大澤津・原田健二郎訳)．勁草書房．

枝廣淳子．2018.『アニマルウェルフェアとは何か――倫理的消費と食の安全』．岩波ブックレット．

及川康．2017.「「津波てんでんこ」の誤解と理解」，『土木学会論文集F6 (安全問題)』73(1): 82–91.

大庭健・安彦一恵・永井均編．2000.『なぜ悪いことをしてはいけないのか (叢書倫理学のフロンティア 9)』．ナカニシヤ出版．

奥田太郎．2001.「「タバコ問題」の倫理学的検討――グッディンの喫煙論」，『生命・環境・科学技術倫理研究』VI: 230-42
小野原雅夫．2012.「災害のとき人は何をなすべきか」，直江清隆・越智貢編『高校倫理からの哲学　別巻　災害に向きあう』．岩波書店．

重田園江．2013.『社会契約論――ホッブズ、ヒューム、ルソー、ロールズ』．ちくま新書．

加藤尚武．1993.『倫理学の基礎』．放送大学教育振興会．

――．1995.『応用倫理学のすすめ』．丸善ライブラリー，丸善．

――．1997.『現代倫理学入門』．講談社学術文庫．

――．2003.『戦争倫理学』．ちくま新書．

加藤尚武・児玉聡編，監訳．2015.『徳倫理学基本論文集』．勁草書房．

亀山純生．1997.『うその倫理学』．大月書店．

加茂直樹．1991.『社会哲学の諸問題――法と道徳を中心にして』．晃洋書房．

萱野稔人．2017.『死刑　その哲学的考察』．ちくま新書．

カント，イマニュエル．1961.『純粋理性批判』(篠田英雄訳)．岩波文庫．

――．1972a.「人倫の形而上学の基礎づけ」(加藤新平・三島淑臣訳)，野田又男責任編集『世界の名著 32　カント』．中央公論社．

――．1972b.「人倫の形而上学」(森口美都男・佐藤全弘訳)，野田又男責任編集『世界の名著 32　カント』．中央公論社．

――．2002.「人間愛から嘘をつく権利と称されるものについて」(谷田信一訳)，『カント全集 13　批判期論集』．岩波書店．

キケロー．1974.『義務について』(角南一郎訳)．現代思潮社．

北尾宏之．2012.「カントの刑罰論」，『立命館文学』625: 933–43.

キムリッカ，ウィル．2005.『新版　現代政治理論』(千葉眞・岡崎晴輝訳者代表)．日本経済評論社．

錦光山雅子．2017.「どの動物が人間を一番殺しているのか…？ ビル＆メリンダ・ゲイツ財団がまとめた驚きの結果」，Huffpost, 2017 年 11 月 11 日．https://www.huffingtonpost.jp/2017/11/11/don_a_23273992/

葛生栄二郎・河見誠．1996.『いのちの法と倫理 (ベーシック・ブックス)』．法律

文化社.
工藤和男. 2009.『くらしとつながりの倫理学』. 晃洋書房.
——. 2010.『いのちとすまいの倫理学　改訂版』. 晃洋書房.
児玉聡. 2003.「功利主義による寛容の基礎づけ——ベンタムの同性愛寛容論を手がかりにして」,『倫理学年報』52: 135-146.
——. 2010.『功利と直観——英米倫理思想史入門』. 勁草書房.
——. 2012a.『功利主義入門——はじめての倫理学』. ちくま新書.
——. 2012b.「喫煙の自由とその限界」, 宇野重規・井上彰・山崎望編『実践する政治哲学』, 5–34. ナカニシヤ出版.
——. 2015a.「功利主義批判としての「善に対する正の優先」の検討」, 大瀧雅之・宇野重規・加藤晋編『社会科学における善と正義——ロールズ『正義論』を超えて』. 東京大学出版会.
——. 2015b.「法と倫理学」. 井上達夫責任編集『法と哲学』1: 83–91. 信山社.
——. 2017a.「医療資源の配分」, 赤林朗編『入門・医療倫理Ⅰ　改訂版』. 勁草書房.
——. 2017b.「津波てんでんこと災害時における倫理」, 若松良樹編『功利主義の逆襲』, 23–34. ナカニシヤ出版.
——. 2019a.「医療と健康」, 宇佐美誠・児玉聡・井上彰・松元雅和『正義論——ベーシックスからフロンティアまで』, 172-87. 法律文化社.
——. 2019b.「幸福を増大することが正義なのか」, 宇佐美誠・児玉聡・井上彰・松元雅和『正義論——ベーシックスからフロンティアまで』, 47-65. 法律文化社.
——. 2019c.「死刑」. 宇佐美誠・児玉聡・井上彰・松元雅和『正義論——ベーシックスからフロンティアまで』, 188-208. 法律文化社.
——. 2019d.「「思考実験」とは何か——新科目「公共」でどう扱えばよいか」.『数研AGORA』72: 1–3. 数研出版.
児玉聡・なつたか. 2013.『マンガで学ぶ生命倫理——わたしたちに課せられた「いのち」の宿題』. 化学同人.
小林亜津子. 2011.『はじめて学ぶ生命倫理——「いのち」は誰が決めるのか』. ちくまプリマー新書.
小谷野敦編著, 斎藤貴男・栗原裕一郎著. 2005.『禁煙ファシズムと戦う』. ベスト新書, ベストセラーズ.
佐伯胖. 2018.『「きめ方」の論理——社会的決定理論への招待』. ちくま学芸文庫.
佐藤岳詩. 2017.『メタ倫理学入門——道徳のそもそもを考える』. 勁草書房.
佐藤俊夫. 1960.『倫理学　新版』. 東京大学出版会.
澤登俊雄編著. 1997.『現代社会とパターナリズム』. ゆみる出版.
サンデル, マイケル. 2010.『これからの「正義」の話をしよう——いまを生き延びるための哲学』(鬼澤忍訳). 早川書房.

ジェイムズ，スコット．2018.『進化倫理学入門』（児玉聡訳）．名古屋大学出版会．

品川哲彦．2015.『倫理学の話』．ナカニシヤ出版．

篠澤和久．2012.「災害ではどんな倫理的問いが出されるのか」，直江清隆・越智貢編『高校倫理からの哲学　別巻　災害に向きあう』．岩波書店．

島内明文．2003.「死刑廃止，是か非か？」，加藤尚武編『倫理力を鍛える——Q&A善悪の基準がわかるようになるトレーニングブック』．小学館．

シューメーカー，ミリャード．2001.『愛と正義の構造——倫理の人間学的基盤』（加藤尚武・松川俊夫訳）．晃洋書房．

ジョンソン，デイビッド，T.・田鎖麻衣子．2013.『孤立する日本の死刑』．現代人文社．

シンガー，ピーター．1993.「動物の解放」（京都生命倫理研究会訳），シュレーダー゠フレチェット編『環境の倫理　上』，187–207．晃洋書房．

——．1998.『生と死の倫理——伝統的倫理の崩壊』（樫則章訳）．昭和堂．

——．1999.『実践の倫理　新版』（山内友三郎・塚崎智監訳）．昭和堂．

——．2007.『人命の脱神聖化』（浅井篤・村上弥生・山内友三郎監訳）．晃洋書房．

——．2011.『動物の解放　改訂版』（戸田清訳）．人文書院．

——．2013.『私たちはどう生きるべきか』（山内友三郎監訳）．ちくま学芸文庫．

——．2014.『あなたが救える命——世界の貧困を終わらせるために今すぐできること』（児玉聡・石川涼子訳）．勁草書房．

——．2018.『飢えと豊かさと道徳』（児玉聡監訳）．勁草書房．

スコフィールド，フィリップ．2013.『ベンサム——功利主義入門』（川名雄一郎・小畑俊太郎訳）．慶應義塾大学出版会．

ストッカー，マイケル．2015.「現代倫理理論の統合失調症」（安井絢子訳），加藤尚武・児玉聡編，監訳『徳倫理学基本論文集』．勁草書房．

セイラー，リチャード；キャス・サンスティーン．2009.『実践行動経済学——健康、富、幸福への聡明な選択』（遠藤真美訳）．日経BP社．

武田良夫．2007.『「タバコは百害あって一利なし」のウソ』．新書y，洋泉社．

田中成明．2011.『現代法理学』．有斐閣．

田中朋弘．2012.『文脈としての規範倫理学』．ナカニシヤ出版．

田中美穂・児玉聡．2016.「川崎協同病院事件判決・決定に関する評釈の論点整理」，『生命倫理』26：107–14．

——．2017.『終の選択——終末期医療を考える』．勁草書房．

棚瀬孝雄編．2000.『たばこ訴訟の法社会学——現代の法と裁判の解読に向けて（SEKAISHISO SEMINAR）』．世界思想社．

谷田信一．1997.「カントの実質的義務論の枠組みと『嘘』の問題」，牧野英二・福谷茂編『現代カント研究2　批判的形而上学とは何か』，228–72．晃洋書房．

谷畑健生．2011.「未成年へのたばこ対策の実態」，『保健師ジャーナル』67(5)：376-384.

団藤重光．2000．『死刑廃止論　第6版』．有斐閣．

蝶名林亮．2017．「自殺の悪さについての哲学的な議論の調査」，『社会と倫理』32(9)：57–76．

千代田区生活環境課．2003．『路上喫煙にno！──ルールはマナーを呼ぶか』．ぎょうせい．

柘植尚則．2021．『プレップ倫理学［増補版］』．弘文堂．

土屋恵一郎編．1994．『ホモセクシュアリティ（叢書イギリスの思想と文化2）』（富山太佳夫監訳）．弘文堂．

ディンウィディ，J. R. 1993．『ベンサム』（永井義雄・近藤加代子訳）．日本経済評論社．

ドゥグラツィア，デヴィッド．2003．『動物の権利（1冊でわかる）』（戸田清訳）．岩波書店．

トクヴィル，アレクシ・ド．2008．『アメリカのデモクラシー』（松本礼二訳）．岩波文庫．

直江清隆・越智貢編．2012．『高校倫理からの哲学　別巻　災害に向きあう』．岩波書店．

名取春彦・上杉正幸．2006．『タバコ有害論に異議あり！』．新書y，洋泉社．

奈良雅俊．2017a．「倫理理論」，赤林朗編『入門・医療倫理Ⅰ　改訂版』．勁草書房．

──．2017b．「守秘義務」，赤林朗編『入門・医療倫理Ⅰ　改訂版』．勁草書房．

ハート，H. L. A. 2014．『法の概念』（長谷部恭男訳）．ちくま学芸文庫．

ヒポクラテス．1963．『古い医術について──他八篇』（小川政恭訳）．岩波文庫．

ヒューム，デイヴィッド．2011．『奇蹟論・迷信論・自殺論──ヒューム宗教論集3　新装版（叢書ウニベルシタス）』（福鎌忠恕・斎藤繁雄訳）．法政大学出版局．

ファインバーグ，ジョエル．2018．『倫理学と法学の架橋──ファインバーグ論文選』（嶋津格・飯田亘之監訳）．東信堂．

深田三徳・濱真一郎編著．2007．『よくわかる法哲学・法思想（やわらかアカデミズム・〈わかる〉シリーズ）』．ミネルヴァ書房．

プラトン．1967．『ゴルギアス』（加来彰俊訳）．岩波文庫．

──．1979．『国家』（藤沢令夫訳）．岩波文庫．

フランケナ，W. K. 1975．『倫理学　改訂版』（杖下隆英訳）．培風館．

ヘア，R. M. 1982．『道徳の言語』（小泉仰・大久保正健訳）．勁草書房．

──．1994．『道徳的に考えること──レベル・方法・要点』（内井惣七・山内友三郎監訳）．勁草書房．

ペイトン，H. J. 1986．『定言命法──カント倫理学研究』（杉田聡訳）．行路社．

ヘーゲル，G. W. F. 1998．『精神現象学』（長谷川宏訳）．作品社．

ベッカリーア，チェザーレ．2011．『犯罪と刑罰』（小谷眞男訳）．東京大学出版会．

ベラー，R. N. 1991.『心の習慣――アメリカ個人主義のゆくえ』（島薗進・中村圭志共訳）．みすず書房．

ヘロドトス．1971.『歴史』（松平千秋訳）．岩波文庫．

ベンサム，ジェレミー．1979.「道徳と立法の諸原理序説」（山下重一訳），関嘉彦責任編集『世界の名著 49　ベンサム，J. S. ミル』．中央公論社．

ホープ，トニー．2007.『医療倫理（1 冊でわかる）』（児玉聡・赤林朗訳）．岩波書店．

ボク，シセラ．1982.『嘘の人間学』（古田暁訳）．TBS ブリタニカ．

眞嶋俊造．2016.『正しい戦争はあるのか？――戦争倫理学入門』．大隅書店．

松田純．2018.『安楽死・尊厳死の現在――最終段階の医療と自己決定』．中公新書．

松元雅和．2013.『平和主義とは何か――政治哲学で考える戦争と平和』．中公新書．

水野俊誠・前田正一．2017.「終末期医療」，赤林朗編『入門・医療倫理 I　改訂版』．勁草書房．

美達大和．2010.『死刑絶対肯定論』．新潮社．

宮沢賢治．1962.「農民藝術概論綱要」，『角川版昭和文学全集　第 18　宮沢賢治』．角川書店．

宮島英紀．2007.『まだ，タバコですか？』講談社現代新書．

ミル，J. S. 1979.「自由論」（早坂忠訳），関嘉彦責任編集『世界の名著 49　ベンサム，J. S. ミル』．中央公論社．

――．2010.「功利主義論」（川名雄一郎・山本圭一郎訳），『功利主義論集』．京都大学学術出版会．

森山花鈴．2018.『自殺対策の政治学』．晃洋書房．

山下文男．2008.『津波てんでんこ――近代日本の津波史』．新日本出版社．

山田卓夫．1987.『私事と自己決定』．日本評論社．

山本芳久．2003.「「二重結果の原理」の実践哲学的有効性――「安楽死」問題に対する適用可能性」，『死生学研究』1：295–316.

矢守克也．2012.「「津波てんでんこ」の 4 つの意味」，『自然災害科学』31(1)：35–46.

リー，サイモン．1993.『法と道徳――その現代的展開（SEKAISHISO SEMINAR）』（加茂直樹訳）．世界思想社．

ルソー，ジャン＝ジャック．1954.『社会契約論』（桑原武夫・前川貞次郎訳）．岩波文庫．

レイチェルズ，ジェームズ．2010.『ダーウィンと道徳的個体主義――人間はそんなにえらいのか』（古牧徳生・次田憲和訳）．晃洋書房．

――．2017.『新版　現実をみつめる道徳哲学』（次田憲和訳）．晃洋書房．

ロック，ジョン．1968.「寛容についての書簡」（生松敬三訳），大槻春彦責任編集

『世界の名著第 27　イギリス古典経験論と近代思想』. 中央公論社.

著者略歴

1974年　大阪府に生まれる
2002年　京都大学大学院文学研究科博士課程研究指導認定退学
　　　　博士（文学、2006年）
現　在　京都大学大学院文学研究科教授
著　書　『功利と直観』（勁草書房、2010年）
　　　　『功利主義入門』（ちくま新書、2012年）
　　　　『COVID-19の倫理学』（ナカニシヤ書店、2022年）
　　　　『オックスフォード哲学者奇行』（明石書店、2022年）
　　　　『予防の倫理学』（ミネルヴァ書房、2023年）
　　　　『マンガで学ぶ生命倫理』（共著、化学同人、2013年）
　　　　『終の選択』（共著、勁草書房、2017年）
　　　　『正義論』（共著、法律文化社、2019年）ほか

実践・倫理学
現代の問題を考えるために　　けいそうブックス

2020年 2 月20日　第 1 版第 1 刷発行
2024年 8 月20日　第 1 版第 7 刷発行

著　者　児《こ》玉《だま》　聡《さとし》
発行者　井　村　寿　人

発行所　株式会社　勁《けい》草《そう》書　房
112-0005　東京都文京区水道2-1-1　振替　00150-2-175253
（編集）電話　03-3815-5277／FAX　03-3814-6968
（営業）電話　03-3814-6861／FAX　03-3814-6854
堀内印刷所・松岳社

ISBN978-4-326-15463-0　　Printed in Japan

赤林朗・児玉聡 編　入門・倫理学　A5判　三五二〇円

児玉聡　功利と直観　英米倫理思想史入門　四六判　三五二〇円

P・シンガー　あなたが救える命　世界の貧困を終わらせるために今すぐできること　児玉・石川訳　二七五〇円

P・シンガー　飢えと豊かさと道徳　児玉聡監訳　二〇九〇円

田中美穂・児玉聡　終の選択　終末期医療を考える　A5判　三五二〇円

赤林朗 編　入門・医療倫理I〔改訂版〕　A5判　三六三〇円

加藤尚武・児玉聡 編　徳倫理学基本論文集　加藤・児玉監訳　四一八〇円

佐藤岳詩　メタ倫理学入門　道徳のそもそもを考える　A5判　三三〇〇円

A・V・キャンベル　生命倫理学とは何か　入門から最先端へ　山本・中澤他訳　二九七〇円

＊表示価格は二〇二四年八月現在。消費税10％が含まれております。